Manfred Dierks
Der Wahn und die Träume

Manfred Dierks

Der Wahn und die Träume

Eine fast wahre Erzählung
aus dem Leben Thomas Manns

Artemis & Winkler

Für Christiane

Die Deutsche Bibliothek – CIP-Einheitsaufnahme:

Dierks, Manfred:
Der Wahn und die Träume: eine fast wahre Erzählung
aus dem Leben Thomas Manns / Manfred Dierks. – Düsseldorf;
Zürich: Artemis und Winkler, 1997
ISBN 3-538-07048-2

Satz: Fotosatz Moers, Mönchengladbach
Druck und Bindung: Clausen & Bosse, Leck
Printed in Germany
ISBN 3-538-07048-2

Inhalt

Antrittsbesuch

Marie stand auf dem Bauplatz und hatte ein Auge auf die Arbeiter, die das auch merken sollten. Wilhelm saß mit dem jungen Mann am Gartentisch und beantwortete seine Fragen. Der junge Mann wollte Schriftsteller werden und war hier, weil Wilhelm Jensen bis zum heutigen Tage 90 Bücher veröffentlicht hatte. Wer wäre zuständiger gewesen?

Von Sankt Salvator schlug es die dritte Nachmittagsstunde. Die Kornäcker standen in ihrem Glanz, leuchtend umrandet von Zyanen, Mohn und Raden. Blau lag unten der Chiemsee. Eine Idylle – und mitten darin würde nun bald das Häuschen stehen. Jensen freute sich, er hatte das verdient. Hier am Chiemsee hatte einst der wesentliche Teil seines Lebens begonnen, als er Marie kennengelernt und sie schon nach acht Tagen um ihre Hand gebeten hatte. Das war 1864 gewesen – nun dreißig Jahre her, ein wackeres deutsches Dichterleben insgesamt, den Spätherbst noch ungerechnet, den er hier und in München tätig verbringen wollte. Sicherlich würde er ihm noch manchen Roman, manches empfundene Gedicht eintragen.

Über die dazu nötige Grundstimmung war sich Jensen mit Marie einig: milde Freude. Er hatte sie auch schon einmal ins lyrische Bild gefaßt. Darin sah er sich und Marie als Starenpärchen, das die Brut aufgezogen hat und nun das letzte Nest bewohnt:

Noch wärmt sie die Sonne, noch freut sie der Tag –
Da zwitschern wie einstmals im blühenden Hag
Ihr Liedchen noch fort sie im herbstlichen Jahre
Die alten Stare.[1]

Diese Strophe, humorvoll rezitiert, hatte die höfliche Billigung des jungen Mannes gefunden. Der konnte zwar mit solcher Gestimmtheit nichts anfangen, aber eines spürte er dahinter: Wilhelm Jensen fürchtete sich sehr vor dem Alter.

Man kam auf die Gegenwartslyrik zu sprechen. Jensen hatte in der »Gesellschaft für modernes Leben« einen Vortrag über *Die Lyriker von gestern und heute* gehört. Darin war er, wohl als von vorgestern, nicht einmal mehr erwähnt worden. Daraufhin waren ihm ein paar schöne polemische Strophen eingefallen, die er nun vortrug. Die Kernzeile machte ihm besondere Freude:

Die Lyriker von heute –
Sie haben Huren als Bräute[2]

Zu diesem Thema konnte nun auch der junge Mann etwas beitragen. Er zog Korrekturfahnen aus der Tasche – die erste Erzählung von ihm, die gedruckt werden sollte, im November, und zwar in der *Gesellschaft.* Sie hieß *Gefallen* und hatte in der Tat einen Lyriker zum Helden, der eine Hure liebte. »Aha!« rief Jensen und sah nach, ob das in der Erzählung etwa noch gefeiert würde. Soweit er erkennen konnte – der junge Mann war stilistisch leider noch ziemlich unentschieden –, war dies nicht der Fall. Vor allem aber fand sich ein schönes Gedicht, Jensen zitierte daraus mit Anerkennung. Das könne er ja selbst nicht besser!

Nein, lehn dein Haupt, dein süßes Haupt
so angstvoll nicht an meins,

noch lacht der Frühling unentlaubt
voll lichten Sonnenscheins![3]

Dem habe auch er nichts hinzuzufügen, das sei echt.

Merkwürdigerweise war das dem Verfasser peinlich. Er habe das Gedicht seinem Lyriker nur in den Mund gelegt, um seine Naivität anzuzeigen. Dennoch sei es echt, meinte Jensen: »Es ist ja von Ihnen.« Und er ermahnte den jungen Mann: »Wo Werk sich nicht mehr mit Echtheit verträgt, wie will einer arbeiten?«

Er gab ein eigenes Beispiel. 1871 habe er mit den Liedern eines Soldaten aus Frankreich[4] einen außerordentlichen Erfolg gehabt. In ihnen fand man die Opferbereitschaft und den hohen Mut der vaterländischen Krieger offenbar gelungen ausgedrückt. Nur sei er, Jensen, überhaupt nicht im Krieg gewesen. Er habe sich damals von Flensburg aus in die Schlacht vor Metz eingefühlt. Da habe ihm Freund Raabe in Braunschweig aber den Kopf zurechtgerückt! Die Vortäuschung, der Verfasser der Lieder sei ein Landwehrmann vor Metz gewesen, sei einfach nicht gestattet.[5] Es gehe in der Dichtung nun einmal um die Wahrheit, und die sei immer der Ausdruck des tatsächlich vorhandenen Eigenen. Wie sollte der aber mit vorgehaltenen Formen und Masken gelingen? Er habe das schließlich angenommen und sei gut damit gefahren. Daß er so leicht produziere, führe er darauf zurück, daß er sich nicht verstellen müsse.

Der junge Mann machte dazu ein trauriges oder ein überhebliches Gesicht, das war nicht so genau zu erkennen. Wilhelm Jensens Eindruck von seinem Besucher hält dann sein Tagebuch fest: »Thomas Mann aus Lübeck. So ehrgeizig wie undeutlich. Lyrisches Talent.«[6]

Jensen mochte es auch diesmal nicht ablehnen, für einen jungen Lübecker den Mentor zu spielen. Alle Jahre wieder kam so einer aus der Heimat, der malen oder dichten wollte und dem ohnedies seine Lehrer am Katharineum den sicheren Untergang prophezeiten. Jensen war es ja nicht anders gegangen. »Du vermagst keinen herkömmlichen Beruf auszufüllen!« hatte ihm sein alter Gymnasialdirektor zum Abschied vorausgesagt.[7] Das schien sich dann 1860, als er immerhin zum Dr. phil. promoviert hatte, bewahrheiten zu wollen. Jensen konnte in keinen besoldeten Beruf hineinfinden – statt dessen verfaßte er Gedichte und Reisebilder sowie Tragödien nach Shakespeare, die aber niemand drucken wollte. In dieser trübseligen Lage hatte er damals Emanuel Geibel um Rat gebeten. Geibel, hochberühmter Landsmann, war schon längst für alle kunstsinnigen Lübecker eine Instanz geworden. Er saß, vom bayrischen König mit dem persönlichen Adel versehen, als Literaturpapst in München und präsidierte als »Urkrokodil« dem Dichterkreis der »Krokodile«. Mochte beteiligt gewesen sein, daß Jensen wie Geibel im Katharineum auf just demselben Platz hinter der Säule gesessen oder daß ein gemeinsamer Freund, Makler Schunck, nachgeholfen hatte: Geibel jedenfalls forderte den jungen Kollegen auf, nach München zu kommen. Dort fand er bald als Gast-Krokodil Einlaß zum »Dichterteich«. So hatte Jensens Laufbahn als Schriftsteller begonnen. Er hütete Geibels Brief heute noch als Reliquie und hielt sein Vorbild in Ehren.

Das war seitdem so manchem jungen Nordlicht zugute gekommen – Ida Boy-Ed beispielsweise. Ihr hatte er durchgeholfen, seit sie 1878 Knall und Fall Lübeck samt Mann und Kindern verlassen hatte, um in Berlin als freie Schriftstellerin zu leben. Die Lübecker hatten sie dann wieder eingefangen und bei Mann und Kindern festgesetzt – doch sie schrieb unermüdlich weiter, bis tatsächlich der Erfolg sich einstellte. »Hol der Teufel die Prüderie!«, das war so ihr Tonfall gewesen, wenn *Schorers Familienblatt* ihr eine Novelle »unpassender Motive« halber abgelehnt hatte. Sie liebte

Thomas Mann um 1910

wie Jensen das deutliche Wort. Nun hatte sie ihm den jungen Mann ans Herz gelegt. Für dessen Gedichte mochte sich etwas tun lassen.

Schwierig aber der Fall eines anderen Ausbrechers aus Lübeck, wiederum weiblich – der Fanny Reventlow. Kaum volljährig, war sie in Schwabing aufgetaucht, angeblich um zu malen. Jensen kannte Fanny seit Kindesbeinen. Ihr Vater, der Landrat zu Husum, war sein Freund gewesen – ein sarkastischer und schneidiger Mann allerdings, gewiß kein Mädchenvater.[8] Doch Fannys unglaublichen Oppositionsdrang erklärte das nicht. Von früh auf rannte die Kleine gegen jede Autorität an – Mutter, Lehrer, Pastor waren das erst mal gewesen. Dann hatte man Briefe bei ihr gefunden, unter anderem vom Sohn Konsul Fehlings. Einige hatten einen Ton, den man zu Jensens Zeit nur in den Schenken an der Trave kannte. Den allerdings lernte man nun auch im Lübecker »Ibsen-Club« – er verstand sich als »frei«. Jensen war nicht eng. Er hatte Fanny seine Hilfe angeboten und sie zu sich eingeladen. Gekommen war sie allerdings noch nicht, denn sie hatte im Sommer geheiratet – »sehr vorläufig«, wie man schon von ihr vernommen hatte. Unordentlich war das wie so mancher Anfang eines Künstlerlebens, Jensens eingeschlossen – nur: Konnte die kleine Gräfin überhaupt malen? Da lobte er sich im Grunde Freund Raabes Tochter, die ihren Malstudien sehr gewissenhaft nachging, wenn auch sicherlich nicht mit herausragendem Talent. Traf man sie auf der Theresienstraße, hatte sie fast immer ihre Skizzenmappe dabei, und man wurde gebeten, ihre jüngste Landschaft auf Korrektheit hin zu prüfen. Gretchen Raabe stand auf seiten der Sezession und war im neuen Bund mit Pflanze und Tier, den sie recht genau nahm.

Von Heiligenhafen nach Freiburg

SOHN EINER MAGD

Wilhelm Jensen wurde 1837 als unehelicher Sohn des damaligen Kieler Bürgermeisters und späteren Landvogts auf Sylt, Schwen Hans Jensen, und der Dienstmagd Doris Bahr in Heiligenhafen geboren. Er bekam seine Eltern nie zu Gesicht. Der Dreijährige fand als Pflegekind schließlich Aufnahme im Hause des Professors Moldenhawer, des Botanikers an der Universität Kiel. An die folgenden Jahre erinnert sich Jensen später als an eine glückliche Kindheit. Sie nahm ihr Ende mit dem Besuch des Kieler Gymnasiums, eines pedantisch engen und pietistisch strengen Instituts mit einem alttestamentarisch strafenden Direktor, genannt »der Papst«, an der Spitze. Jensen hat in den zahlreichen autobiographischen Passagen seines Werks diese Zeit mit dem Gefühlsbild von Kälte und Erstarrung ausgedrückt. Im Jahre 1845 gab es jedoch auch die Sommerferien im Blekendorfer Pfarrhaus des Pastors Ernst Claudius, eines Enkels des Wandsbecker Boten. Dieses Erlebnis eines harmonischen, gemütvollen Familienlebens auf dem Land hinterließ bei Jensen einen unauslöschlichen Eindruck.

Pastor Claudius hatte sechs Töchter und drei Söhne, zu denen Wilhelm Jensen bald ein geschwisterliches Verhältnis gewann. Besonders zu Maike, einem anmutigen, flachsblonden Mädchen, faßte der Achtjährige eine tiefe Zuneigung. Hier entstanden gemischte Gefühle, die Jensen sein Leben lang begleiteten: Maike hat er zärtlich als Schwester verehrt, und doch gelten ihr so früh auch schon Neigungen, die der ehrliche Jensen später deutlich als erotische erkennt. Über solche Kindheitserinnerungen schreibt Jensen später in einer autobiographischen Betrachtung, und er meint Maike:

Wer gedenkt seiner Kindheit, ihres wirklichen, wesentlichen und wechselnden Inhaltes mit klarer Deutlichkeit? Man gewahrt Momente aus ihr, besonders freudige und besonders trübe, oftmals in Wahrheit nur flüchtige, vorübergeflogene Momente; aber trotzdem werfen sie dem Gedächtnis ihre Strahlen und ihre Schatten weit über die Grenzen ihrer Zeitdauer und ihres Raumes. Und zu anderem Male bleibt eine Erinnerung vor der Seele stehen, vielleicht das ganze Leben hindurch, immer so wundersam deutlich, als habe das Gestern sie erst eingeprägt. Sie mischt sich noch in die Träume des Greises, wie sie einst schon die des Jünglings durchzogen, und vergeblich sinnen beide, warum.[1]

Eine stehende Erinnerung fürs Leben ist die Urszene mit Maike. Sie spielt auf der Blekendorfer Heide. Über ihr flimmert die Hitze des Sommermittags. Große bunte Falter ziehen durch die Baumkronen. Da tritt das Mädchen aus dem Gebüsch. Ein wenig neigt sein Kopf sich vor, dessen blonder Scheitel aus dem leichten Tuch hervorkommt, das ihm auf den Nacken zurückfällt. Maike glaubt sich unbeobachtet, und mit kokettem Griff rafft sie ihr langes, faltiges Kleidchen. So werden die nackten Füße in den Sandalen sichtbar. Nie zuvor hat Wilhelm Jensen gesehen, wie anmutig

Wilhelm Jensen (1837–1911), um 1903

Maikes Gang doch ist. Ihr linker Fuß hat sich vorgesetzt, und der rechte, im Begriff nachzufolgen, berührt nur lose mit den Zehenspitzen den Boden, während die Sohle und Ferse sich fast senkrecht emporheben. Diese Bewegung ruft ein Doppelgefühl überaus leichter Behendigkeit der Ausschreitenden wach und zugleich eines sicheren Ruhens auf sich. Das verleiht ihr, ein flugartiges Schweben mit festem Auftreten verbindend, die eigenartige Anmut. Und Wilhelm sieht sich fest an Maikes nackten Füßen.[2]

Das ist die Erinnerung, die zeitlebens vor Wilhelm Jensens Seele steht. Sie durchzieht sein Werk, und sie mischt sich noch in seine Greisenträume, wonach er sie abermals in einer seiner schönsten Novellen feiern wird. Wenn Sigmund Freud und Carl Gustav Jung im Jahre 1907 ihr langes Gespräch über Jensen und seine *Gradiva*-Novelle führen, wird seine frühe Kinderliebe darin eine bedeutende Rolle spielen. Und noch Thomas Manns *Tod in Venedig* verdankt der *Gradiva* viel an Rat und Beistand.

Das letzte Schuljahr verbrachte Jensen 1855 in Lübeck. Die Stadt muß damals einen merkwürdigen Anblick geboten haben. Ihre Einwohnerzahl war drastisch von hunderttausend auf knapp fünfundzwanzigtausend zurückgegangen, und so standen die oft wenig genutzten oder leeren Häuser aus Mittelalter und Renaissance wie eine übergroße Geschichtskulisse um die mindere Gegenwart. Hier bildete sich Jensens Sinn für Historie. Besonders das Katharineum hatte daran Anteil. Es war damals noch die alte Klosterschule aus dem gotischen Mittelalter, und Jensen verbrachte sein Primanerjahr im ehemaligen Refektorium, übrigens auf dem ehemaligen Platz Emanuel Geibels genau neben der Mittelsäule. Aus dem Lübecker Jahr datieren für Jensen lebenslange Freundschaften, so die zu Ferdinand Fehling, dem späteren Bürgermeister, und die zu dem kunstsinnigen Makler Heinrich Schunck.

Danach bezog Jensen die Universität. Er studierte erst Medizin, dann Philologie und promovierte schließlich mit einer Arbeit über die Nibelungen. In dieser Zeit bildet sich der antiklerikale Freigeist Jensen, der überdies schon früh den Reichsgedanken verficht.

Den Lebenswendepunkt bringt das Jahr 1862. Jensen, der sich für keinen Beruf entscheiden kann und sich erfolglos in Kiel als Schriftsteller versucht, schickt einen Hilferuf an Geibel, den deutschen Dichterfürsten. Der antwortet mit einer Einladung nach München. München strengte sich seit Jahren an, zu Deutschlands Kunstmetropole aufzusteigen. Das vollzog sich unter maßgeblicher Beteiligung von Literaten und Wissenschaftlern, die Maximilian II. aus den nördlichen deutschen Ländern berufen hatte. Zu diesen Nordlichtern gehörten neben Geibel Friedrich Bodenstedt, der Shakespeare-Übersetzer und Sänger des *Mirza Schaffy*, und Paul Heyse, dessen Dichtungen mit riesigem Erfolg von Liebe und Leidenschaft handelten. Wer sich wie diese Dichter um Münchens Ansehen Verdienste erwarb, konnte schließlich mit dem persönlichen Adel rechnen. Da die eingesessenen Münchener sich von den »anmaßenden« Nordlichtern zurückhielten, gründeten diese einen eigenen Dichterkreis, nach einem Gedicht Hermann Linggs »Die Krokodile« benannt.[3] Als ihr Meister galt Geibel, das »Urkrokodil«, der die deutsche Lyrik wieder in strenge Zucht genommen hatte.

Wilhelm Jensen kam nach München als Verfasser der unaufgeführten Tragödie *Dido* (von der Gastheimat des Äneas und von der verlassenen Geliebten handelnd) und zweier Novellen – *Magister Timotheus* (über einen lebensuntauglichen Träumerprofessor) und *Im Pfarrdorf* (von der Tochter eines Heidepfarrers). Hier hat Jensen seine Themen schon gefunden. Zunehmend schreibt er auch Verse, sehr unter dem Einfluß Heines und Geibels. Das kommt ihm im

Münchener Dichterkreis gut zustatten, in den er auf Geibels Empfehlung dann auch als Gastkrokodil aufgenommen wird.

In München lernte Jensen das literarische Leben kennen. Es wimmelte von Dichtern und Journalisten, die an dem Aufstieg zur Kunststadt teilhaben wollten. Die Konkurrenz war groß. So war die »poetische Tafelrunde« der »Krokodile« mitnichten die »fröhliche Dichtergemeinde«[4], für die sie sich ausgab. Die Krokodile standen unter enormem Druck. Es galt, einen großbürgerlichen Lebensstil zu finanzieren, der durch die Pensionen des Königs nicht gedeckt war – so führten beispielsweise Bodenstedt und Heyse ihre großen Stadtvillen als Mittelpunkte des gesellschaftlichen Lebens. Auch entstand in jenen Jahren die Neigung Münchener Künstler, den erworbenen Rang durch den Bau eines Landhauses zu bekräftigen. All das mußte durch Verlagshonorare, Theatertantiemen und Sonderzuwendungen des Königs finanziert werden. Im Wettbewerb um diese Geldquellen entstand manche Feindschaft, die sich für das Publikum dann als Literaturfehde ausgab.

GEIBEL UND BODENSTEDT

»Argwohn, Heuchelei und Verleumdung wucherten als Giftkräuter aus verborgenen Ecken« – so Jensen später.[5] Er hat aus nächster Nähe die Auseinandersetzung zwischen Geibel und Friedrich Bodenstedt beobachtet. Geibel mochte Bodenstedt nicht. Er schätzte nicht, was er schrieb und wie er übersetzte, und hatte ihn überdies in Verdacht, seine Beziehungen zum Münchener Hoftheater ungebührlich für die eigenen Stücke auszunutzen. Daß Bodenstedt und seine schöne Frau ein glänzendes Haus führten, tat ein übriges. Geibel aber besaß das Ohr des Königs. Melchior Meyr, der als Lyriker sehr zum Philosophischen neigte, hatte das bereits ein Jahresgehalt gekostet. »Meyr ist kein Dichter«, hatte Geibel einmal zu König Max gesagt, und das hatte genügt. »So oft Melchior diese Geschichte erzählte, spielte ein trauriges Lächeln um seine Lippen«, bemerkte ein Freund.[6]

Ähnlich befaßte sich Geibel nun mit Bodenstedt. »Es ließen sich Bücher darüber schreiben, wie dieser zarte Lyriker mit der melodischen Brüllstimme seit sechs Jahren störend in meine Verhältnisse eingegriffen hat«, notiert dieser in seinem Tagebuch.[7] Zum Eklat kam es, als Geibel Bodenstedt um den Maximiliansorden brachte. Einstimmig hatte das Ordenskapitel Bodenstedt vorgeschlagen, doch Geibel bekam den König dazu, seine Zustimmung zu versagen – ein bis dahin unerhörter Fall. Viele tonangebende Münchener waren wütend und protestierten, darunter Kaulbach und Lachner. Karl von Lützow erbot sich zu vermitteln. Er behauptete, Geibel werde von seinem Literaturjuden und Posaunenengel Hopfen über Bodenstedt falsch informiert. Jensen wurde nun im Dezember 1862 Zeuge jener Szene, in der Geibel von Lützow über Bodenstedt aufgeklärt wurde. Geibel, dem die Folgen seiner Tat längst unheimlich geworden waren, nutzte die Gelegenheit, um total umzuschwenken. Befriedigt notiert sich Bodenstedt im Tagebuch: »Geibel ist windelweich geworden dabei. Er hat gestanden, daß er acht Jahre lang eine starke Antipathie gegen mich gehabt, die erst im vorigen Jahr in Freundschaft umgeschlagen sei; ferner, daß er meine Bücher eigentlich gar nicht kenne, sie jetzt aber mit liebevoller Hingebung studieren werde, endlich, daß er nur aus knabenhaftem Trotz meine Wahl verhindert habe (...). Er möchte nun gerne wieder mit mir anbinden. Das kann ich nun aber nicht.«[8] Jensen war an diesem Tag äußerst verblüfft über Geibels Wandlungsfähigkeit.

Bodenstedt verhielt sich daraufhin zu Geibels mißtrauischem Unbehagen einige Zeit sehr spröde. Der erstaunte Jensen beobachtete nun Geibels vergebliche Versuche, alles wieder durch eine Umarmung und gerührte Stimmung vergessen zu machen.[9] Allmählich schien dann auch Bodenstedt die Zeit offener Feindschaft etwas zu lange zu dauern, überdies mochte er an Melchior Meyr denken. Er ergriff nun seinerseits eine sich bietende Gelegenheit – das Tagebuch hält das am 15. März 1863 fest:

Wir haben gestern unsern guten König zum Grabe geleitet. Ich ging an der Seite Geibels, den ich dazu aufgefordert hatte. Er nahm die bei dieser traurigen Gelegenheit ihm gebotene Hand herzlich an.

Jensen hat diesen Vorgang mit großer Befremdung verfolgt. Die Beweglichkeit, die Geibel und Bodenstedt zeigten, besaß er nicht. Auch der Anschluß an »Mitstrebende« fiel ihm schwer, er ging nur mit wenigen guten Freunden um – unter ihnen allerdings bald Paul Heyse und Hermann Lingg. Der selbst sehr wandlungsfähige Heyse, der widerspruchslos in der Münchner Gesellschaft und zunehmend auch in der Literatur herrschte, förderte den ernsthaften und zurückhaltenden Schleswiger Jensen. Er führte ihn im Weinhaus Murschel am Dultplatz ein und später auch bei der einflußreichen Staatsrätin Ledebour, die etwas für sein *Dido*-Drama tun wollte. Baron Schack hatte ihn bereits auf der Straße erkannt und gegrüßt. Im Literatenlokal »Affenkasten« hielt man schon einen Stuhl für ihn frei. Da wurde Jensen zur Lesung in den Krokodils-Teich gebeten. Es war eine Ehre – und man riß sich um eine solche Einladung.

Die Krokodile waren im Saal von Darburger versammelt.[10] Als endlich auch Geibel eingetroffen war, bekam Jensen das Zeichen. Er las eine stark empfundene Ballade. Als er geendet hatte, neigte er sich über seine Handschrift, als ob er darin blättere. Einen Augenblick waltete tiefes Schweigen. Dann erhob Geibel die sonore Stimme und machte eine Einwendung gegen den Grundgedanken des Gedichts, welcher ihm nicht besonders neu und wahr erschien. Das lief bald in das Gebiet der Psychologie hinüber, und weder der dichterische Philosoph Carrière noch der philosophische Dichter Melchior Meyr ließen sich die Gelegenheit entgehen, die Berechtigung des zum Lied gewordenen Gefühls zu untersuchen. Das Gespräch wollte sich in die Breite verlieren, da wandte Paul Heyse seinen Lockenkopf nach dem nervös gewordenen Jensen. Heyse aber fragte nicht nach der psychologischen Berechtigung seines Gefühls. Diese Berechtigung suche er nur im Gedicht selbst, in der Art, wie der Gedanke zur Form geworden sei – und hier allerdings fand er den Grundfehler des ganzen Gedichts. »Es ist nicht herausgekommen, wie es empfangen und empfunden wurde«, sagte er mit feinem Lächeln. Hopfen ergänzte, es sei eben gar nichts herausgekommen, das sei lediglich gereimte Prosa. Der Schweizer Leuthold wurde noch gröber. Er untersuchte die Echtheit der Reime, die grammatische Exaktheit der Wendungen mit unerbittlicher Sonde und bedauerte, daß der »wackere Freund« sich »diesmal« mit einem gänzlich verfehlten Produkt blamiert habe. Dann herrschte Schweigen – es war wieder die Reihe an dem nun vollends verwirrten Jensen. Mühsam dankte er für Gehör und förderliche Kritik und versprach, sein Gedicht nach diesen neuen Einsichten zu überarbeiten. Während er sich erhob, wandte man sich schon dem nächsten Lesegast zu.

Nach dieser Erfahrung schlief Jensen schlecht. Er verstand seine Freunde nicht. Geibel hatte er die Ballade doch vor einiger Zeit vorgelesen, und der hatte sie ausdrücklich als »hübsche neue Erfindung« gelobt. Und Heyse und Leuthold hatten ihm vor seiner Lesung ausdrücklich Mut gemacht – ihres Beistands könne er sicher sein. Auch blieb sein

Mißgeschick nicht ohne Folgen. Bestimmte Kollegen und Journalisten zögerten jetzt, ihn zu grüßen. Im »Affenkasten« rückte man nur noch nach deutlicher Aufforderung für ihn zusammen. Und mehrere Nachmittage hintereinander stand er bei der Staatsrätin Ledebour mit seinem Teeglas allein herum. Eine Zeitlang war er wieder so einsam wie in Kiel.

MARIE

Im Frühjahr 1864 reiste Jensen zu einem längeren Aufenthalt auf die Fraueninsel im Chiemsee. Hier nahm er einen neuen Sonettenkranz in Angriff, den er Cotta anbieten wollte. Das konnte den Durchbruch bringen. Heyse hatte sich schon als Vermittler angeboten. Bei einem Uferspaziergang lernte er eine junge Dame kennen, die er seit einigen Tagen von ferne beobachtet und in ihrem schottischen Reisekostüm für eine Engländerin oder Amerikanerin gehalten hatte. Es war Marie Brühl, Tochter des Wiener Literarhistorikers und Herausgebers der *Generalkorrespondenz* Moritz Brühl. Das schöne dunkelhaarige Mädchen war Malerin und mit einer Freundin hierher gereist, um Frühlingswiesen zu malen. Jensen las den beiden bereits fertiggestellte Sonette zum selben Gegenstand vor, die Marie mit kritischem Beifall aufnahm. Sie war von einer erstaunlichen Selbständigkeit. Ihre Mutter war früh gestorben, und als Älteste hatte sie schon bald die Sorgen ihres beruflich glücklosen Vaters zu teilen gehabt. Auf abendlichen Spaziergängen kam es rasch zu vertraulichen Gesprächen. Nach nur acht Tagen ereignete sich, was Jensen dann in einer elegischen Rückschau genau besungen hat:

Marie Jensen (1845–1921), Selbstporträt um 1885

Es war ein Tag im jungen Mai, am weißen Strande saßen wir,
Und träumerisch mit stummem Blick die Abendfernen maßen wir;
Die Sterne zogen langsam auf, die Augen irrten mählich ab
Und fanden sich und hielten sich, und Welt und Stern vergaßen wir.[11]

Der diskrete Jensen dichtet hier nicht weiter. Doch oft genug deutet er jedenfalls an, wie ganz ohne Umstand und Vorbehalt die Vereinigung mit der Geliebten doch geschehen sein muß – »auf Knall und Fall« nämlich. Mit gutem Grund spielt hier auf der Fraueninsel auch Jensens erotisch stärkste Erzählung *Hunnenblut.* Darin liebt der Held, ein deutscher Ritter, zwei Frauen: Willibirg, die wilde Witwe auf der Steinburg, und Adelgard, die keusche, zarte Fürstentochter. Willibirg ist schwarzhaarig, und Adelgard ist blond. Willibirgs »kraftstrotzende, wundervoll gerundeten Arme glänzen von den Achseln an entblößt«, und sie hat »weiße Zähne durch die leicht klaffenden Lippen vorschimmernd; darüber ein Augendoppelgestirn, nächtig wie Kohle, doch mit einem heißen Geflimmer an die Schwärze eines Meilers erinnernd, über dem von verborgener Glut die Luft zittert«[12]. Von Adelgard dagegen heißt es: »So goldgleich leuchtete kein Haar im Chiemgau von einer Jungfrauenstirn in die Ferne«[13]. Dem Ritter Dankwart macht das die Wahl sehr schwer. Am Ende aber wird Willibirg von ihrem Knecht erwürgt, und Dankwart freit die blonde Adelgard. So ist er von seinen gemischten Gefühlen befreit.

Kein Zweifel: Hier spricht Jensen auf doppelte Weise von Marie. Sie ist Willibirg und Adelgard zugleich. Seit jener Kinderliebe in Blekendorf steht Jensen den Frauen mit gemischten Gefühlen gegenüber, und er hilft sich durch genaue Einteilungen: Sie sind schwarz oder blond, sind aus Süd oder Nord, spenden Lust oder Liebe. Ein einziges Mal aber hat Jensen eine Frau getroffen, die beides in sich vereinigte – Marie. Er hat das auch sofort erfaßt: Hier hatte er seine *Eheschwester.* Und Marie Brühl wiederum muß Jensen mit ihren Gefühlen auch sofort geantwortet haben: Dies war ihr Mann. Nach nur acht Tagen Bekanntschaft haben die beiden sich damals verlobt.

EIN ENGES GLÜCK

Marie liebte die Literatur, aber sie verachtete die Literaten. Mit ihnen hatte sie in Wien zu schlechte Erfahrungen gemacht – aus nächster Nähe: Die Feder ihres Vaters hatte man mieten können. Wer die *Generalkorrespondenz* des Dr. Brühl mit mehreren Jahresabonnements unterstützte, konnte sich darauf verlassen, daß sie seine Sache nach Kräften unterstützte. Vor allem machte sie gut Wetter für einige kleinere Balkanstaaten, die im Verdacht standen, Traditionen wie Leibeigenschaft und Blutrache fortzuführen. An hohen Festtagen legte Dr. Brühl dann deren riesige und bunte Orden an, die ihm für seine Verdienste verliehen worden waren. Daß der Vater damit aber auch einen Überlebenskampf für seine Familie führte, blieb Marie allerdings genausowenig verborgen. Das war nun ihr Blickwinkel auf die berufsmäßigen Literaten. Gefiel ihr ein Buch, achtete sie darauf, nicht seinem Verfasser zu begegnen.

Nachdem ihr Bruder wegen einiger Betrügereien vor Gericht gekommen war, hatte der Vater Marie fortgegeben. Er mochte an eine ungünstige Familienveranlagung gedacht haben, denn er schickte seine Tochter auf eine katholische Ordensschule strenger Observanz ins westfälische Münster. Hier fiel Marie bald durch ihre klare, bewegliche Intelligenz auf und auch durch ihre künstlerischen Talente. Vor allem malte sie gut. Das kluge und schöne Mädchen erfuhr bald die besondere Förderung ihres Lehrers Dr. Franz Hülskamp, der sich offensichtlich in sie verliebte.[14] Marie nahm die Verliebtheit des Priesters gelassen und dankbar hin und hat offenbar dafür gesorgt, daß er nicht in Verlegenheit kam.

Ihren Aufenthalt auf der Fraueninsel hatte Marie Brühl auch dazu benutzen wollen, um über ihre Zukunft nachzudenken. Sie war nun neunzehn Jahre alt und schwankte, ob sie den Beruf der Erzieherin ergreifen oder eine Ausbildung als Kunstmalerin beginnen sollte. Die Begegnung mit Jensen enthob sie einer Entscheidung. Beide waren sich bald sicher, daß sie eine Familie gründen sollten.

Hierfür stellte Marie eine grundsätzliche Bedingung: Jensen müsse sich um einen Brotberuf kümmern. Und der Umgang mit berufsmäßigen Literaten solle auf das nun einmal nötige Maß beschränkt bleiben. Deshalb dürfe man auch keinesfalls in München oder in Berlin leben. Jensen, der seine Erfahrungen mit Geibel und den Krokodilen durchaus noch nicht verwunden hatte, verstand die junge Frau sehr gut. Wie er dann aber berühmt werden solle, war allerdings noch zu fragen. Das müsse er nicht, sagte Marie ihm noch auf der Fraueninsel – dafür aber werde er *glücklich.* Auch in Kiel oder Oldenburg, wo es doch reichlich eng sei? Gewiß, sagte Marie, dann gebe es eben ein *enges Glück.* Das wurde für beide bald zum Motto.

Maries Vater war von der plötzlichen Verlobung alarmiert. Er bestand auf einem Jahr des Abwartens und der Prüfung für die beiden und lud Jensen nach Wien ein. Geibel gab ihm einen Empfehlungsbrief an Heinrich Laube mit, der seit einigen Jahren Direktor des Burgtheaters war. Und auf den Kreis um Laube beschränkten sich dann in jenem Wiener Jahr Jensens literarische Beziehungen.[15] Marie hintertrieb energisch die Aufnahme jeder weiteren Literaturbekanntschaft. Statt dessen wanderte das junge Paar viel. Als Jensen Anfang Mai 1865 in einer Schutzhütte auf dem Semmering neben Marie einen stundenlangen Platzregen abwartete, merkte er, daß er *glücklich* war.

Die Heirat war Mitte Mai 1865. Dr. Brühl hatte einige Zeit mit seinem Segen gezögert, und aus Münster warnte der eifersüchtige Hülskamp vor jeder Überstürzung. Es war dann Marie gewesen, die das Hochzeitsdatum festgesetzt hatte, und alle hatten sich gefügt. Jensen hatte in Wien auch seinen Brotberuf gefunden: Auf Laubes Anraten war er Journalist geworden und hatte bereits für einige norddeutsche Blätter aus Österreich berichtet. Journalist – das war ein Kompromiß. Man durfte schreiben, aber man führte ein normales Leben.

Laube hatte Stuttgart empfohlen. Dort war man liberal und demokratisch, auf der Straße sah man noch die Alt-Achtundvierziger aus der Uhland-Zeit, bejahrte Jünglinge mit Hecker-Hut, und man erwartete auch Freiligrath bald aus der englischen Verbannung zurück. Auch der Ästhetiker Vischer, einer der Köpfe der realistischen Literatur, mochte aus Zürich wohl bald wieder nach Stuttgart heimkehren. Die schwäbische Dichterschule hatte hier einige Verlage und Zeitungen gefördert und zum Blühen gebracht. Laube stellte die Verbindung zu Hackländer und Notter her. Friedrich Wilhelm Hackländer gab für den Verlag Hallberger die Zeitschrift *Über Land und Meer* heraus, in der er mit seinen humorvoll plaudernden Geschichten selbst der erfolgreichste Autor war. Nachdem er einige Proben Jensens gelesen hatte, stellte er ihn als Redakteur seines expandierenden Blattes ein. Zu Friedrich Notter, dem Dante-Übersetzer, kam Jensen nur allmählich ins Verhältnis. Notter war weiterhin politisch tätig für die Ideale der Paulskirche, die Jensen aber fernlagen. In der Politik interessierte ihn nur der schleswigsche Freiheitskampf.

Man lebte sich rasch ein. Neben seiner Redaktionsarbeit fand Jensen noch Zeit genug für die eigene Produktion. Sein erfolgreicher Roman *Karin von Schweden* entstand in kurzer Frist, *Die braune Erika* folgte noch im selben Jahr, und im nächsten schrieb Jensen in einem Zug die grausig schöne Novelle *Eddystone*. Die Bücher hatten Erfolg, und es kam ausreichend Geld herein. 1867 wurde Tochter Thea, 1868 Sohn Paul geboren.

Das Stuttgarter Leben war gesellig und heiter. Einer seiner Mittelpunkte war das »Bergwerk«. Es war eine von Hackländer gegründete Künstlergesellschaft, die für ihre Zusammenkünfte Sprache und Umgangsweise der Bergleute angenommen hatte. So gab es eine Hierarchie vom Tagewerksjungen bis zum Obersteiger, man bekleidete sich mit der Bergmannstracht, und die Sitzungen hießen »Schicht«. Nachdem das Lied vom *geilen Bergmann* erklungen und beifällig »behämmert« worden war, hielt jemand einen künstlerischen Vortrag. Es wurde viel Bier getrunken. Wilhelm bekam als Gewerksjunge den Bergnamen Kiel, was auf seine flotte Feder wie auf seine Herkunft hinweisen sollte.[16] Marie fand den Verein und seine Spielregeln allerdings albern und zog Wilhelm gerne damit auf. Der hielt dagegen, daß er diese beruflichen Beziehungen brauche. Solange die Literaturkonkurrenz sich auf so kindischem Niveau abspiele, sei sie es denn zufrieden, meinte Marie. Bei den Krokodilen war es in der Tat schärfer zugegangen.

RAABE

Im Sommer 1866 siegten die preußischen Truppen bei Königgrätz über die Österreicher.[17] Jetzt stand die kleindeutsche Lösung bevor. Preußen würde die deutschen Staaten führen, und Österreich blieb vor der Tür. In Stuttgart jedoch war man mehrheitlich für einen süddeutschen Staatenbund mit der Mainlinie als Grenze – das vereinte sogar die Alt-Achtundvierziger mit den Monarchisten. Im Gegenzug gründeten die schwäbischen Anhänger Preußens die »Deutsche Partei«. Auch Jensen wurde nun politisch. Als Schleswiger war er natürlich für Preußen und trat der »Deutschen Partei« bei. Barhäuptig stand er auf den Rednertribünen und warb fürs Reich. Unten johlten die Schwaben unter ihren Demokraten-Hüten. Eines Abends im August räumte ein starkes schwäbisches Kommando eine Versammlung der »Deutschen« und warf die Redner vor die Tür, wo sie sich unfreiwillig in die Arme fielen. So begann die Freundschaft Jensens mit dem Braunschweigischen Schriftsteller Wilhelm Raabe.

Raabe war schon seit 1862 in Stuttgart. Jeden Morgen gegen neun sah man ihn von der Hermannstraße zur Lesegesellschaft »Museum« wandern. Er war geachtet für seine Romane, vor allem für den *Hungerpastor.* Die *Chronik der Sperlingsgasse* stand in allen Leihbüchereien. Schon am ersten Abend bei den Jensens am Feuerseeplatz las er ihnen aus seinem neuen Werk vor – *Abu Telfan* war ein wahrheitsbitterer, doch auch phantastischer Roman über einen Außenseiter der Gesellschaft. So etwas hatte Raabe bisher noch nicht geschrieben. Er wollte den Leuten aber fortan die Wahrheit sagen, der Romanzeitungsliteratur war er überdrüssig. Jensen stimmte ihm zu. Doch er warnte auch: »Mehr Kinder als Gretchen werden Sie damit nicht ernähren können.« Er für seine Person habe vier Kinder ins Auge gefaßt.

Bald begann ein intensiver freundschaftlicher Verkehr. Man traf sich zum Sonntagsfrühstück oder zum herbstlichen Gänseessen. Abends lasen die Dichter sich und ihren Frauen vor. Marie kritisierte mit viel Charme, las Raabes schon gedruckte Arbeiten auch auf eigene Hand und wußte daraus passend zu zitieren. Dem Verfasser gefiel das sehr. Seine Frau Bertha befaßte sich nicht mit seiner Literatur und wurde im übrigen, je länger die Freundschaft mit den Jensens dauerte, immer schweigsamer. Sie fühlte sich von der lebhaften und kunstverständigen Marie an die Wand gespielt.

Ihr spröder, oft dunkel gestimmter Mann aber blühte auf in Maries Gegenwart. Sie brachte eine bis dahin ungekannte Heiterkeit in sein Leben. In ihren Einladungs- und Grußbilletts dichtete sie so unbekümmert und graziös drauflos, als wolle sie es ihrem Gatten gleichtun. Tatsächlich aber verhielt es sich so, daß sie Raabes schwieriges und angestrengtes Künstlertum höher achtete als das ihres Mannes, dem seine schwere Jugend jedenfalls mit einer leichten Feder vergolten wurde. Es kam hinzu, daß sie mit Raabe die Begabung zum Malen und Zeichnen teilte und er ihr darin manches raten konnte. Daß der kraftvolle, dunkelhaarige Mann mit den »goldenen Augen der Waldeskönigin« – dies Storm-Zitat wiederholt Marie in ihren Briefen immer wieder – sie auch als Frau nicht gleichgültig ließ, merkte Bertha Raabe als erste. Jensen ließ das ruhig gewähren. Er war sich seiner Frau sicher.

Das ging zwei Jahre – für drei von den vieren eine gelächtervolle und produktive Zeit. Dann kam jener Sommernachmittag auf dem Hasenberg. Man hatte sich zum Spaziergang verabredet, doch Bertha Raabe war nach einem Streit zu Hause geblieben. Jensen wollte erst später dazu stoßen, weil noch Redaktionsarbeit zu tun war. Raabe und Marie gingen allein. Beim Waldtempel blieb Marie stehen und sagte, daß sie sich liebten. Raabe stand lange in tiefer Erschütterung. Dann aber nannte er die Namen von Frau und Tochter. Er wandte sich um, nahm Maries Hand und zog sie mit sich auf den Heimweg. Zum Schluß liefen sie beide gemeinsam davon.

Marie, die zu allem entschlossen gewesen war, verstand Raabe. Er hatte Angst vor dem ganz Neuen gehabt – für ihn schien es wohl das Chaos. Das hätte ihm die Ruhe zu schreiben genommen. Marie verstand – aber hinnehmen mochte sie das nicht. Sie bewog Jensen, eine Stellung bei der *Norddeutschen Zeitung* in Flensburg anzunehmen. Er sollte dort den Reichsgedanken gegen die dänische Propaganda verfechten – die preußische Politik schätzte seine Angriffslust. Für Raabe war der Wegzug der Jensens eine Katastrophe. Er verlor die geliebte Frau aus eigener Schuld, und mit Jensen ging ein Freund, der ihn hoch achtete und ihm sehr das Selbstgefühl stärkte. Ihm blieben die enttäuschte, zunehmend matronenhafte Bertha und die kleinen Kinder, deren Lärm ihn so störte.

Die beiden Paare verbrachten noch einen elegischen Herbst. Einladungen gingen hin und her zu Gans und Hammelbraten, Hase und Champagner. Marie und Raabe sahen sich absichtlich nicht mehr allein. Seine Arbeit am *Schüdderump* stockte, nahm allenfalls noch seine Verzweiflung auf. Im November kaufte Raabe sich Schopenhauers *Welt als Wille und Vorstellung* und die beiden *Parerga*-Bände. Auf Dauer begründete das einen geistigen Gewinn im Verlust. Auch Freund Jensen empfahl er Schopenhauer, als ob der das genauso nötig hätte. In der Tat kaufte sich auch Jensen die Bücher. Nötig hatte er sie wohl auch. Am 8. Dezember traf man sich zum Abschiedsessen bei Raabes. Am 10. standen alle auf dem Bahnsteig des Stuttgarter Hauptbahnhofs. Raabe hustete, er hatte wieder sein Asthma. Jensen hatte geschwollene Mandeln. Marie weinte, was jeder verstand, nur jeweils anders. Bertha Raabe bewahrte am besten die Fassung. Sie würde jetzt die Heimkehr nach Braunschweig durchsetzen.

UNTER WAFFEN

Die nun folgenden drei Flensburger Jahre hielten Jensen ständig *unter Waffen* – so verstand er seine deutsch-nationalen Leitartikel gegen die Dänen in Nordschleswig. Tatsächlich wurde er für seine Schärfen in der *Flensburger Norddeut-*

schen Zeitung auch mehrfach tätlich bedroht. Als man im ersten Kriegsjahr 1870 täglich das Einlaufen dänischer Fregatten in die Förde befürchtete, ließ Jensen sich eine geheime Tapetentür in die Schlafzimmerwand schneiden, durch die er bei plötzlicher Überrumpelung unbemerkt entweichen konnte.[18] Monatelang saß Marie auf gepackten Koffern. Als am ersten Weihnachtstag dann mit Maina das dritte Kind zur Welt kam, war auch die drohende Gefahr überstanden. Sie war immerhin eindrucksvoll genug gewesen, daß Jensen seine Feder mit dem realen Schwert verwechselte und Kriegslieder zu dichten begann. In ihnen kämpfte er als einfacher Landwehrmann vor Metz.

Marie hatte nie zuvor geglaubt, daß es irgendwo so windig sein konnte wie hier im Norden. »Gräulich ist es hier, und ich habe viel Heimweh«[19], schrieb sie bald an Raabes. Allmählich jedoch richtete sie sich ein – die immer noch wachsende Familie gab ihr viel zu tun. Mit Wilhelm Raabe – aber immer waren ja auch Bertha und Jensen einzuschließen – stand sie in ständigem Briefwechsel. Gleich in der ersten Erkundigung nach der Abreise aus Stuttgart hatte sich Raabe fortan als »wirklich guter Freund«[20] angeboten. Dabei blieb es nun.

Mit dieser Entwicklung war Marie bald einverstanden. Raabes Natur wäre zu schwer und zu dunkel für sie gewesen – sie hatte ihn schließlich genau erkannt. Auch mit seiner Reizbarkeit und Wirklichkeitsferne hätte sie große Mühe gehabt. Und sie konnte ja nicht gut wie Bertha zur Matrone abstumpfen, um das auszuhalten. Auch Wilhelm Jensen war gewiß ein schwieriger Mann, voller Seelennarben aus seiner armen Kindheit. Im Grunde war er ein Melancholiker. Doch er besaß auch diese merkwürdige Leichtigkeit in seinen schwarzen Zuständen, wie wenn sie nicht ganz ernsthaft wären. Seine Verzweiflungen waren wie die eines Kindes, heftig, manchmal laut und oft mit zwei guten

Worten zu beheben. Zuweilen zwar erschreckte er sie durch tagelanges Brüten. Doch merkwürdigerweise wuchs auch dann unter seiner Feder das Manuskript. Um ihre und der Kinder Zukunft hatte Marie nie Angst mit diesem Mann. Es ließ sich ganz gut leben mit Wilhelm Jensen.

1872 gab Jensen den Redakteursposten auf und zog mit der Familie um nach Kiel. Dort wohnten sie im Moldenhawerschen Hause, wo Jensen seine Kindheit verbracht hatte. Allerdings war es hier noch zugiger als in Flensburg, fand Marie. Doch es war auch geselliger. Jensen war nun ein angesehener Mann – als Verfasser der *Karin von Schweden,* der Geschichte von Leidenschaft und Liebesverzicht einer Königin, des in allen Leihbibliotheken ausliegenden Romans von der *Braunen Erika* und vor allem jener in Flensburg entstandenen Kriegslieder aus Frankreich. Der Germanist Weinhold lud ihn zum Sedantag in die Universität ein, und am geselligen Mittwoch des Richtervereins las er aus Entstehendem.

In Kiel bildete sich jetzt ein Freundeskreis fürs Leben. Mit Heyse in München war das über eine gute Bekanntschaft doch wohl nicht hinausgekommen, und der so viel ältere Geibel war eher ein Mentor. Er war nun übrigens nach Lübeck zurückgekehrt, ausgestattet merkwürdigerweise nicht mit einer bayrischen, sondern einer königlich-preußischen Pension. Jensen nahm die Beziehungen zu Klaus Groth wieder auf. Groth war jetzt Professor für Niederdeutsch an der Universität und tat sich als ehemaliger Volksschullehrer etwas viel darauf zugute. Er versöhnte Marie jedoch immer wieder mit den vorzüglichen Garonne-Weinen, die er mitbrachte – sein Schwiegervater war ein reicher Bremer Weinhändler. Daß er bei seinen Besuchen außerdem noch eine Miniaturausgabe seines *Quickborn* mit sich führte, erwies sich oft als belastend – er rezitierte endlos aus seinen Gedichten.[21] Doch der gesellige Verkehr war eng und herzlich. Aus Lübeck kamen recht oft der Rechtsanwalt Ferdinand Fehling mit seiner Frau Marie, der Tochter Geibels, herüber. Mit Emanuel Geibel selbst und dem kunstsinnigen Lübecker Makler Schunck verbrachten Jensens zweimal den ganzen Sommer in Bad Schwartau. Man las und schrieb, sammelte Pilze und Brombeeren, und mittags lag Jensen allein auf der heißen Heide und hatte Erinnerungsgesichte. In Husum besuchte er des öfteren Theodor Storm, mit dessen junger Frau er verwandt war. Eng befreundet aber war er mit dem Grafen Ludwig von Reventlow, der als erster preußischer Landrat in seinem alten Husumer Schloß residierte. Sein Töchterchen Fanny nannte ihn Onkel. 1874 bekamen auch die Jensens noch eine Tochter, das vierte Kind. Käthchen kam an einem Sonntag zur Welt.[22]

STORM UND GEIBEL

Storm mochte Geibel nicht. Als Jensen ihm erzählte, wie Geibel Bodenstedt mitgespielt hatte, noch immer verwundert über des Dichters Wendigkeit und jederzeit parate große Gesten, sagte Storm, genauso kenne er ihn – seit seiner Jugend. Geibel sei ein Komödiant und durch und durch unwahr. Fast alles sei er durch Beziehungen geworden. Die Universität Jena habe ihn promoviert auf die feierliche Zusage hin, noch eine Dissertation nachzureichen. Die sei natürlich nie eingetroffen. Und in Lübeck sei er der faulste Lehrer gewesen, der je am Katharineum unterrichtet hätte.[23] Und im Jahre 42 habe er in einem Gedicht den Demokraten Herwegh angegriffen und ihm den Aufruhr verwiesen. »Ich sing um keines Königs Gunst«, habe er dabei versichert, und dafür war dann unverzüglich eine hübsche Summe vom preußischen Hof gekommen.[24] Und im Jahre 1852, als er, Storm, Berufsverbot von den Dänen erhalten und nach Berlin habe flüchten müssen, habe der *Freiheitssänger* Geibel sich eine Professur ausgerechnet in München arrangiert. Auf dieser habe er dann in sechzehn Jahren natürlich nur fünf Vorlesungen gehalten – immer unpäßlich oder gerade ehrenvoll für den König tätig, wenn die Fakultät ihn mahnte.[25] Dafür habe er sich zum *Herold des Reiches* hochgesungen.

Storm schien Geibel nicht aus den Augen zu lassen. Nun war der wieder in Lübeck und verzehrte dort einen preußischen Ehrensold. Wieso keine bayrische Pension? Storm kannte auch diesen Vorgang. Seit langem schon hatte es den Witwer Geibel wieder nach Lübeck gezogen, wo seine Tochter lebte. Für eine bayrische Pension aber hätte er noch mindestens zehn Jahre in München ausharren müssen. Da begann er, König Ludwig öffentlich zu provozieren. Er äußerte etwa seine Sympathie für Preußen oder seinen Abscheu gegen Richard Wagner. Dergleichen mußte man in Berlin natürlich beobachten. Im Sommer 1868 gab es denn auch Bemühungen am Hof, Geibel durch einen Ehrensold an Preußen zu binden. Dieser half nach. Am 13. September fand König Wilhelm bei einem Frühstück in Lübeck ein mit Eichen- und Lorbeerblättern geziertes und mit den norddeutschen Farben eingerahmtes Gedicht vor, das ihn als den künftigen deutschen Kaiser begrüßte. Geibel bestritt nicht, der Verfasser zu sein. Die bayrischen Zeitungen reagierten empört, und König Ludwig strich sofort sein Gehalt. Dafür erschien ein lebenslanges Jahressalär aus Preußen. Geibel aber erkannte fortan in Deutschland die glückliche Verlobte Wilhelms: »Dein Bräut'gam naht, dein Held und Kaiser!«[26] Storm wußte jede Einzelheit.[27]

Nun ging Geibel wieder durch die Straßen Lübecks, im hohen Schlapphut und ein gefaltetes Plaid über der Schulter. Man erwies ihm großen Respekt. Sein weit entfernter Blick aber hielt die Menschen auf Abstand. Zuweilen hüstelte er und bedeckte sich mit dem Plaid. Er war den Süden gewohnt, Griechenland. Was machte er hier? Die Lübecker kannten das Opfer, das er ihnen brachte, und wußten ihm ehrenvollen Dank. Selbst die Schauerleute vom Hafen sagten: »Dat is unsen Geibel.«

Storm war dem alten Histrionen in Lübeck verschiedentlich begegnet. Einmal sah er, wie Geibel sich über die Hand der Konsulin Mann beugte, die sie ihm arglos gereicht hatte. Er nämlich kam aus Ländern, wo man Damen die Hand küßte! Storm erzählte noch Wochen später davon. Und dann passierte ihm ein merkwürdiger Ausbruch. Es war auf einer Feier seines Geburtstags, die ihm die Stormgemeinde jährlich ausrichtete. Als Storm, im Frack, seine Orden auf der Brust, für eine Ansprache zu danken hatte, entglitt ihm die Rede. Plötzlich sprach er nur noch von einem anderen, dessen Namen er nicht nannte, doch jeder wußte, daß Geibel gemeint war. Mit dessen dichterischen Leistungen verglich er seine eigenen und beschwerte sich mit tiefer Empörung darüber, wie er gegen jenen sein Leben lang zurückgestellt worden sei. Er sah sich als den wirklichen Dichter, turmhoch über dem eigentlich Nichtsbedeutenden. Alles saß in Pein und hoffte auf ein baldiges Ende der Rede. Doch Storm setzte mit anderen Worten immer wieder zum selben Thema an, das ihm wie ein Stachel im Sinn steckte: über den Hellen, Sinnlichen und so Verlogenen, *den* dort in Lübeck, den er so sehnsüchtig haßte. Als er endlich einhielt, lag eine beklemmende Stille im Saal. Keiner, der Storm einer solch tiefen neidischen Feindschaft für fähig gehalten hätte.[28]

Marie verstand Storm. Der konnte gewiß mehr als Geibel, versauerte aber in Husum. Eigentlich gäbe er was drum, Konsulinnen die Hand zu küssen und mit Senatoren übers Wetter zu reden. Dazu fehlten ihm aber Geibels fragwürdige Talente, meinte Marie. Und Jensen gehe es schließlich nicht anders. Wenn sie nun wieder in den Süden zögen, dann gewiß nicht nach München, auch nicht nach Stuttgart – sondern dorthin, wo möglichst wenig Literaten angehäuft seien.

Pfingsten 1876 nämlich hatte man beschlossen, Kiel wieder zu verlassen. Sieben Monate waren Jensen und die Kinder erkältet gewesen, denn das Kieler Klima bestand aus Regen, Kälte und Wind. Erst am Pfingstdienstag konnte man das Heizen aufgeben.[29] An diesem Tag wußte man auch, wohin man wollte – nach Freiburg im Breisgau. Dort war es warm.

DIE KIELER KRISE

1874 hat Jensen eine schwere Krise. Mit seinen siebenunddreißig Jahren sieht er sich in der Lebensmitte, denkt schon häufiger an den Tod und erinnert sich seiner Kindheit.[30] Er macht sich nun doch Gedanken, wer er ist und woher er kommt. Eines Morgens nach nervöser Nacht reist er unvermittelt in seine Geburtsstadt Heiligenhafen, um die Spur seiner Anfänge zu suchen. Hier hat seine Mutter in Dienst gestanden und war bei einer Schiffstaufe dem Bürgermeister von Kiel, Schwen Hans Jensen, begegnet. Der wurde dann der Vater, den sein Sohn nie zu Gesicht bekam. Jensen läuft den ganzen Tag durch die Gassen und über den Strand, doch in Heiligenhafen findet sich nichts. Als er aber in Kiel wieder aus dem Zug steigt, hat er ein paar Verse im Kopf:

> Erschauen wollt ich, ob Erinnrung dessen
> Mir aufstieg aus der Kindheit Morgenland,
> Was lang wie Traumgebilde ich vergessen,
> Dahinter wesenlos mein Selbst mir schwand.

Vielleicht, daß hier, was graunvoll mich umschleicht,
Das Qualgespenst aus sterndurchhöhten Nächten
Wie Dunst vor meiner Kindheit Sonne weicht –
Und dunkel flog ein Vogel mir zur Rechten.

Marie fand, das Gedicht solle er zu Ende schreiben. *Nel mezzo del cammin*, zitierte sie ein wenig spöttisch. Auch Jensen dachte an Dantes Ersten Gesang. *Um meines Lebens Mittag* nannte er denn auch, was da zustande kam – ein schweres Lied über die Unwirklichkeit von Welt und Leben. Als er es aber fertig hatte, war eine Tür offen. Jensen begann einen Roman, der sollte nur von ihm selbst handeln. Vielleicht half er gegen das Nachtgespenst. Marie beobachtete fortan oft, daß Jensen im Schreiben innehielt und sich an irgendeinem Gegenstand »festsah«. Er ließ aus dem fixierten Punkt die Bilder kommen. Die Feder kam ihnen kaum nach. Was da entstand, war Marie allemal lieber als die dritte Fassung der *Dido*-Tragödie. Die stabte auf Biegen und Brechen und enthielt tatsächlich den Vers: »Denn du denkst, Dido, dir das Dümmste doch!« Den hatte die empörte Marie auch sofort an Raabe weitergepetzt.[31] Der fand nun seinerseits: Jensens dunkler Vogel – das sei doch im Grunde er, Raabe.[32]

Da war Jensen schon mitten in seinem autobiographischen Roman, und er hatte alle fremden Federn und Vögel vergessen:

Nach langer Abwesenheit kommt Reinold Keßler mit dem Zug im verräucherten Bahnhof seiner norddeutschen Vaterstadt an. Draußen stehen die zweispännigen schwarzen Droschken in einer Reihe – er nimmt keine davon. Er geht zu Fuß, geht langsam, den unablässigen Druck des feuchten Windes im Gesicht...

Das Kieler Wetter! Es beherrscht die Eingangspartien des Romans, und wenn Jensen ihn *Nach Sonnenuntergang*[33] betitelt, so meint er, daß in Kiel mit der Sonne erster Kindheit auch die reale untergegangen sei. Der Bronchitiker rächt sich:

Der Winter dauerte von September bis in den Juni, und in der übrigen Zeit pflegte es zu regnen. Es gab sogenannte Frühlingstage, an denen beides nicht zutraf; dann pfiff der Ostwind vom heiteren Himmel durch die Gassen, daß landesunkundige Reisende die Veilchen beschuldigten, keinen Geruch zu haben, während einfach die Nasen aller Tadler vom Schnupfen verstockt waren. Im allgemeinen zeichnete der Winter sich gleicherweise durch Milde, wie der Sommer durch Kälte aus.[34]

Unter solchem Himmel also war der elternlose Reinold Keßler aufgewachsen – zuerst im Knabenpensionat des Dr. Pomarius, einer pietistisch strengen Zuchtanstalt, in der einzig Tante Dorthe, die schüchterne Haushälterin, ein wenig menschliche Wärme schenkte. In der Stadtschule dann die gleiche Herzenskälte, ebenso im Gymnasium. Dessen Lehrer waren eine Ansammlung verkauzter Philologen und sadistischer Frömmler, der über sie herrschende Direktor wurde »der Papst« genannt. Reinold Keßler flüchtete sich vor dieser Welt früh in Träume von künftiger Größe und in eine genaue Liebe zur Natur.

Nach Sonnenuntergang wird es kalt: Kälte und Erstarrung sind die zentralen autobiographischen Motive bei Jensen. Sie lösen sich durch die Liebe – und beim Schreiben. Jensen hat das immer wieder dargestellt. *Nach Sonnenuntergang* zeigt das in einer Traumszene. Reinold Keßler sitzt im Karzer seiner Schule eine Strafe ab. Da erscheint ihm im Wachtraum der uralte Pedell Kähler. Er liegt wunderlicherweise mit Reinold unter einer Decke.

Nur ward es mir allmählich deutlicher, daß es eine Schneedecke sei ... Ich schlief nicht, denn ich sagte mir: »Unsinn, es ist Sommer und nirgends Schnee vorhanden; die Kälte kommt vom offenen Fenster, besser wär's, aufzustehen und es zuzumachen.« Aber ich stand nicht auf, und nach Minuten wisperte der alte Kähler mit seiner dünnen Stimme ...[35]

Doch Reinold erstarrt nicht unter dem Schnee. Ihn rettet die Liebe. Plötzlich wird er aus seinem Kältetraum von dem Mädchen Lea geweckt, das am Weinstock vor dem Fenster zu ihm hinaufgeklettert ist. Sie bringt ihm wärmende Decken, und schließlich, als er sie zärtlich seine Schwester nennt, schlingt sie den Arm um seinen Hals und schläft mit ihm ein. Vor solcher Seelenwärme aber schmilzt das Gefühlsbild des Schnees und geht über in ein anderes von

weiter grüner Saat. Und blauer, unendlicher Frühlingshimmel legte sich darüber, und auf weichem Flügel trug der Nachmittagswind hundert trillernde Lerchen in die Lüfte ...[36]

Reinold Keßler ist die Liebe widerfahren – doch er kann sie nicht auf Dauer annehmen: Lea ist Jüdin.

Jensen ist nicht mehr Antisemit als Raabe. Er kennt gute Juden und schlechte Juden, bei Marie hat er überhaupt vergessen, daß sie's ist. Nur, wenn Dr. Brühl zu Besuch kommt, wird er unangenehm daran erinnert. Es gibt einen besonderen Grund dafür, daß Reinold Keßlers erste Liebe Jüdin ist, und der ist nicht eigentlich antisemitisch. Als Jensen nämlich in seinem Lebensroman bei seiner ersten Liebe Lea ankommt, sträubt sich ihm die Feder: Reinold Keßler *begehrt* doch tatsächlich die *Schwester.* Der erschrockene Jensen hat dafür aber bald eine Lösung – er teilt das Problem auf. Lea, die Jüdin, bleibt das Mädchen, das er begehrt. Doch ein zärtlich verehrtes, mitnichten begehrtes erfindet er sich noch dazu: Magda Helmuth, die reiche Kapitänstochter mit dem zarten, vergeistigten Antlitz. Leider hinkt sie.

Lea wächst heran zu einer sehr reizvollen jungen Frau, Reinold liebt und ersehnt sie – und er fürchtet sich vor ihr. Wie eine anmutige Schlange erscheint sie ihm dann, und bedrohlich wird Reinold an ihre Muhme im Paradies erinnert.[37] Der Roman kommt ihm nun sehr zu Hilfe. Die Staatsgewalt unter Beteiligung des Oberlehrers Tix vertreibt Lea und ihre Familie ungerechterweise aus der Stadt. Nun bleibt Reinold nur Magda Helmuth, die ihm so ähnlich ist – die träumt, hinkt und immer hinfällt.

Eines Tages aber kehrt Lea als Mitglied einer Schauspieltruppe zurück. Reinold ist nun Schriftsteller und weiß sofort, wer sie eigentlich ist: »die Tochter der heißen Wüste«[38]. Wie sie jetzt aussieht, verfällt ihr sofort jeder Mann in der Stadt: »knisternde gelbe Seide« umschloß »den üppigschlanken Leib, und die dunkle Nacht ihres Haares thronte über dämonischer Schönheit ihres Antlitzes«[39]. Lea rächt sich nun für die Ungerechtigkeit der Vertreibung. Sie fesselt den Oberlehrer Tix an sich, der ihretwegen Haus und Familie verläßt und schließlich verdirbt.[40] Und Fritz Hornung erschießt sich um ihretwillen. Da erkennt der von seiner Begierde äußerst bedrohte Reinold Keßler noch rechtzeitig, daß Lea zur *Dirne* geworden ist und nicht mehr in Frage kommt. Und Magda Helmuth? Sie ist ja nie in Frage gekommen. Am Schluß des Romans stirbt sie noch durch ein Unglück. Reinold aber nimmt nun den rechten Weg ins Leben.

Als Jensen *Nach Sonnenuntergang* abschließt, weiß er, daß er die Krise gemeistert hat – wenn auch anders als gedacht. Die Sonne der Kindheit würde ihm nie wieder aufgehen. Aber Wärme war ihm gewiß – von Marie, der *Eheschwester.* Sie war ihm Lea und Magda zugleich, gab ihm beides – Lust und Zärtlichkeit. Mit ihr blieb er nie erstarrt, würde ganz sicher immer wieder so flüssig wie Tinte. Das hatte er wohl noch einmal erfahren müssen. Dankbar gab er das Signal zum Kofferpacken. Freiburg wartete.

Und die Träume von Ruhm und Größe? Freiburg war kein Ort dafür. Jensen beschloß, sie seinem *engen Glück* zu opfern. Marie bestand auf Freiburg, wo Literatur und Literaten nur mäßig vertreten waren. Weit war von hier der Weg zu den großen Blättern, zu den Verlagen in Leipzig und zu Heyse und seiner Clique in München. Dafür gab es ruhige Nächte und einen sonnigen Garten, lange Wanderungen und kurze Wege zum Wein in reizvollen Schenken – Marie rechnete das ganz praktisch auf. Ruhm und Größe? Die mußten sich nun in Jensens Geschichten ereignen.

In denen aber ist er nun ganz ohne Maß ruhmvoll und groß. Hier ist er Waldemar Attertag, ein Übermensch von gewaltiger Leibeskraft, Unerschrockenheit und alle bezwingendem Charme. Ihm gehört die Liebe der Frauen – aber auch das Recht, grausamste Rache zu nehmen für die kleinste erlittene Unbill.[41] Denn auch seine Kränkungen rächt Jensen grausam beim Schreiben. Sven Taken dann, der blonde Riese mit Jensens Vaternamen: Er lehnt aus Überzeugung ein Duell ab, und der Herausforderer höhnt. Gleich aber wird er blaß. Sven Taken hat so ganz nebenbei auf einem Schießstand seine enormen Pistolenkünste gezeigt – nein, Angst hatte der gewiß nicht, nur eine Überzeugung! Und immer wieder dieselbe Situation, in die Jensens Held rettend eingreift: »Die junge Schöne vom rasenden Stier bedroht, von der Schlange gebissen, in Gefahr des Ertrinkens, im Freien heillos verirrt, vom Wüstling verfolgt oder vom wütenden Pöbel umringt«[42]. So waren die Träume vom großen Wilhelm Jensen beschaffen, die sich in seinen Geschichten erfüllten.

FREIBURG, ORT ALLER ORTE

Freiburg war der Ort aller Orte, wärmer, schöner und billiger als sonstwo in Deutschland. Jensens kauften sich bald ein Haus an der Dreisam, in der Luisenstraße. Es hatte vierzehn Zimmer und einen großen Garten mit Lauben und Rebland. Marie bekam ein Atelier, Jensen ein großes Schreibzimmer im zweiten Stock. Aus seinen Fenstern konnte man Schwarzwald, Vogesen und den Kaiserstuhl sehen. Über dem Garten stand die rote Pyramide des Münsters. Ganz nahe rauschte die Dreisam. Im ersten Sommer hatte sich Jensen einen Eisschrank gekauft und kühlte nun jedes Getränk mit kleinen Eisblöcken, auch den Morgenkaffee. Noch im Herbst war beständiger Juni. Zu Raabes Geburtstag schickte man ihm eine riesige Melone nach Braunschweig, damit er eine konkrete Vorstellung vom Klima bekäme. Er meldete dafür Reif im August und Minusgrade im September. Im übrigen pfeife er vor Bronchitis wie ein Flötist.[43] Jensens meinten, er solle doch auch nach Freiburg übersiedeln. Aus Raabes Ablehnung hörte man Berthas Stimme.

Die Familie vergrößerte sich bald noch einmal – mit Wilhelm kam wieder ein Sohn hinzu. Jensen wurde zum leidenschaftlichen *Pater familias.* Er veranstaltete das Familienleben geradezu nach Programm, und wenn der Tag gelungen war, schrieb er abends ein Gedicht auf das Jugendglück seiner Kinder.[44] Marie malte wieder nach der Natur. Allmählich stellten sich neue Freunde ein. Jensen war *glücklich.* Nur, wenn aus München ein Ausstellungskatalog kam oder von Heyse die neueste Novelle, wurde es *eng* in Freiburg.

Seltsames Naturverlangen

IM TALGANG DES KAISERSTUHLS

In Freiburg wird Jensen zum Wanderer. Die Landschaften um die Stadt – Schwarzwald, Rheintal, Kaiserstuhl – sind sehr verschieden und haben doch eines gemeinsam: Sie liegen im Maße des Menschen. Nie geht die Distanz zwischen den Dörfern über die Kraft, verliert sich der Blick im Leeren, immer sind Feld oder Wald begrenzt durch ein Tagwerk. Als Landmarken liegen die Gasthöfe darin, erreichbar und zu verlassen im Zeittakt der täglichen Mahlzeit. Und kommt man wie Jensen vom nassen und kalten Norden, glaubt man schon den blauen Himmel des Südens darüber gebreitet. Tatsächlich verläßt ihn hier bald die Bronchitis.

Sein Leben dem Takt der Natur einzupassen, ist längst eine künstliche Unternehmung. Jensen versucht das auch nicht ernsthaft. Doch hegt er eine Naturillusion und verstärkt sie durch Requisiten. Dazu gehören ein offenes Turnerhemd, ein Knotenstock und der breitkrempige Demokratenhut, den der fürs Kaiserreich votierende Jensen sich allerdings nur aus freigeistig-antiklerikaler Gesinnung aufsetzt. Es gehört dazu auch, den Spuren altdeutscher Geschichte in der Landschaft nachzuforschen, ins Gespräch zu kommen mit Pfarrern und Lehrern, Winzern und Wirten. Jensen wandert, und daraus entstehen als natürliche Folge Bücher. 1877 steigt er zum Hochblauen empor und hinüber nach Tennenbronn, davon kommt dann *Der Teufel in Schiltach*. Oft durchstreift er das Elsaß um Kolmar und Straßburg, und es entstehen *Die Pfeifer vom Dusenbach* und das dramatische Gedicht *In Wettolsheim*. Der Talgang des Kaiserstuhls von Vogtsburg bis Burkheim ist ihm bald vertraut, und so heißt natürlich auch eine Erzählung Jensens. Tatsächlich gelingt Wilhelm Jensen das Kunststück, Literatur und Natur lebensfreundlich zu verbinden.

Vor allem liebt Jensen den Kaiserstuhl. Das ist ein vereinzelter Bergstock vulkanischen Ursprungs in der Mitte des Breisgaus, achtzehn Kilometer von Freiburg. Der Boden ist braun und fruchtbar, Wein, Obst und eine Vielzahl seltener Pflanzen gedeihen hier. Der Löß- und Mergelboden speichert die Sonnenstrahlung – es ist Deutschlands wärmster Ort. Eine Reihe von Dörfern, meist keltischen und römischen Ursprungs, liegt in den Tälern. In jedem Dorf gibt es zwei Wirtshäuser. Hier finden wir Jensen in den Tiefen der Hohlwege bei Achkarren, dem keltischen Ahtecarle, oder auf der Vogelsanghöhe über Vogtsburg, dem alten Bockesberg, mit dem Käscher auf Insektenjagd. Im Mai blüht die Küchenschelle am Badberg, und auf der baumlosen Kuppe erkennen wir Jensen weithin am mächtigen Schlapphut. Ist es Herbst, knallt's auf der Flur, und Jensen bringt manchen Fasanen mit heim.

Hierher führt er auch seine Freunde: Wilhelm Raabe natürlich, bei seinem Besuch im Spätsommer 1880, den Psychologen Wilhelm Wundt und den Germanisten Otto Behaghel, und als aus Jena der verehrte Ernst Haeckel herüberkommt, kehrt man zu Nüssen und Wein in die Schelinger »Krone« ein, die dieser strenge Darwinist dann nach einigen Flaschen als »Krone der Schöpfung« besungen hat. Es muß also noch von den Kaiserstühler Wirtshäusern die Rede sein, denn hier ganz besonders vollzog sich für Jensen die Begegnung von Landschaft und Literatur, oft unter deutschem Gesang. Hatte man gut gegessen (Rebhuhn mit Kraut?) und gut getrunken (Oberrotweiler Elbling?), kehrte poetische Stimmung ein, und literarische Pläne wurden geboren. Jensens *Die Heiligen von Amoltern* sind von Geheimrat Behaghel inspiriert[1] (»Stube«, Kiechlingsbergen), *Augen der Seele* geht auf Anregungen Wilhelm Raabes zurück (»Ochsen«, Königsschaffhausen), und als der alte Lübecker Freund Ferdinand Fehling nach einem heiteren, sonnigen Wandertag Jensen des Verrats an der Heimat zeiht, ruft das die reuige Erzählung *Flut und Ebbe* hervor (»Hechten«, Bahlingen).

Bemerkenswert ist die Entstehung von *Mutterrecht. Im Talgang des Kaiserstuhls.* Jensen hat diese Novelle erst 1903 zu Ende geschrieben, als er unter dem Einfluß von Fanny Reventlow und Ludwig Klages sich wieder mit Johann Jakob Bachofens Mutterrechts-Mythologie beschäftigt. 1880 hat er sie das erste Mal studiert und auf einer Kaiserstuhlwanderung Wilhelm Wundt davon berichtet. Man saß im »Schwarzen Adler« zu Oberbergen. Es muß ein hochbefeuerter Sommernachmittag gewesen sein, die Schanktochter kam nicht zur Ruhe. Mit am Tische saß Franz Keller, der Adlerwirt. Man sprach von der keltischen Urbevölkerung im Kaiserstuhl, und der Völkerpsychologe Wundt begann ausgelassen zu phantasieren. Warum nicht gleich eine frühe Weiberherrschaft in dieser Gegend vermuten? Für die damit verbundene Liebesgeschichte war Jensen zuständig, der sie unverzüglich erfand: Ein geheimnisvolles Mal auf dem vollen Arm einer schönen Frau hielt sein Gespinst zusammen. Franz Keller steuerte Kenntnisse über den Pfandherrn Lazarus von Schwendi bei, der im 16. Jahrhundert im nahen Burkheim gesessen hatte. An diesem poesie- und weinbegeisterten Sommertag entstand so unter Zutun der beiden andern der Plan zu Wilhelm Jensens kühnstem Werk. Es schildert den Versuch einer mutterrechtlichen Revolution im Kaiserstuhl, den Lazarus von Schwendi gerade noch abwehren kann, nicht ohne Hilfe des Oberbergener Adlerwirts. Eine tragende Rolle kam darin dem Wein von der Mondhalde zu.

Am nächsten Morgen aber riet der ernüchterte Wundt denn doch dringend ab, die Geschichte auszuführen – die Zeit sei für derlei noch nicht reif. Allen Beteiligten aber blieb die Erinnerung an diesen inspirierten Tag unvergeßlich. Noch 1905 erinnert sich Wundt daran, der wieder einmal im »Adler« eingekehrt ist, und schickt Jensen ein donnerndes Preisgedicht aus »Oberbergen im Thalgang«[2]. Wieder Jahre später kann der Adlerwirt Jensen für das endlich erschienene Buch danken.[3] Er hat auch Grund: Ihm wird darin ein Denkmal gesetzt. Der »Adler« und sein Wirt Franz Keller kommen im Jahre 1563 ausgiebig vor. Unverändert sind sie dann durch die Jahrhunderte gewandert und jetzt (1903), so schließt Jensens Novelle, heißen sie genauso: Wer heute bei Oberbergen wandert,

> findet dort nicht allein den »Schwarzen Adler« noch, sondern in seinen Fässern auch vom Besten des Kaiserstühler Weins. ... Und wie der Zufall es bisweilen eigen mit sich bringt, führt der »vinarius«, der Adlerwirt, zur Zeit dort wiederum den Namen Franz Keller.[4]

Jensen ist damals im Kaiserstuhl aufgegangen, was das ist – ein mythischer Typus. Das hat Epoche gemacht in seinem Leben. In seiner *Florentiner Poetik* von 1893 wird er diesen Gedanken ausführen.

DER WANDERER

Gegen Jensen, den sentimentalen Wanderer, könnte man einiges einwenden. Über seine Naturgedichte beispielsweise ließe sich sagen: »Es ist die Lyrik eines heimatsüchtigen Melancholikers, der sich aus den intellektuellen Zusammenhängen des Jahrhunderts hinaussehnte in den Stillstand.«[5] Gewiß, Jensens Verlangen gilt zunehmend der Sicherheit, der Wiederholung, dem Einfachen – aber nie doch verkennt er dabei die absolute »Fragwürdigkeit von Sprache und Kunst«[6]. Marie läßt ihm die kurze Täuschung in der Natur. Sie verhilft ja durchaus einer verborgenen Wahrheit ans Licht: Es war schön, mit Jensen durch die Landschaft zu gehen. Der Schritt war elastisch, der Blick in die Bäume hell. Hier war seine ganze Kraft befreit. Jensen war groß und *glücklich,* das trat in seine Augen und teilte sich den andern schwerelos mit.

In aller Morgenfrühe verlassen die Jensens schon das Haus, die vier verschlafenen Kinder an der Hand. Vom Wiehrebahnhof nehmen sie den Zug ins Höllental. Ab Himmelreich geht es dann auf einem Schwarzwaldkamm zu Fuß weiter bis spät in den Nachmittag hinein. Oft hält Jensen dabei an. Er will eine Pflanze, ein Tier sehr genau besehen, sie dann nach Linné und Brehm in Art und Unterart bestimmen. So mustert er die Gegend durch, auf diese Weise wird sie ihm vertraut. Dann hat er den Überblick, den er braucht. Zuweilen aber sieht er sich fest. Ein Insektenflügel, ein Blütenkorb füllt seinen Blick aus, bis er starr wird und gar nichts mehr wahrnimmt.

Auf dem Rückweg muß man die beiden Jüngsten auf dem Arm tragen. Als der Tag ausklingt, schreibt Jensen sich noch die Hexameter auf, die er schon beim Wandern gemacht hat – über den Abend, der dann im Hause auf ihn wartet:

Schweigen befriedet die Welt, und es bannt auf den Lippen der Kinder
Auch das Gespräch, und sie schaun stiller ins Dunkel hinaus,
Sternlicht flimmert herab, und es murmelt verschlafen die Dreisam[7].

Und ganz von selbst ergeben sich noch einige Verse auf eine schöne Aussicht, die man am Tage genossen hatte:

Auf dem Grat des Berges,
An der Kirche liegt
Niederes Pfarrerhäuschen.[8]

»Genauso war es!« sagte Marie vergnügt. Die Wanderung hatte sich gelohnt. Das fanden auch die Kinder. Noch auf der Terrasse der Sachsen-Meininger Strandvilla in Amalfi wird später das Käthchen, dann Freifrau und Kunstmalerin, den Schwarzwald überm Höllental rein aus der Erinnerung auf die Leinwand bringen. Genauso war er. Sie hat den Vater gut verstanden.

Denn war dessen Naturliebe nicht eher eine Gemütsanstrengung als ein unmittelbares Verhältnis? Das Gedicht *Seltsames Verlangen* ist ein Bekenntnis Jensens. Hier umgibt ihn der August mit leuchtenden Farben, eine »weiße Wolke strahlt im Ätherblau« und »bunte Falter gaukeln«. Doch merkwürdig! sagt Jensen, »nun faßt mich tiefer Drang

Am frostgen Winternachmittag zu sitzen,
Von grauem Wolkennebel trüb umhüllt,
Den Regen an die Scheiben klirren hörend,
Und bangend mich nach solchem Sommertag
Zu sehnen. Denn die Sehnsucht ist das Glück.[9]

Selige Sehnsucht am Schreibtisch – hier erst findet Wilhelm Jensens Naturliebe ihre ganze Erfüllung. Hier vervollständigt dieser Pantheist seine Alleinheitserlebnisse, und hier erfährt er beim Blick durchs Fenster spätabends das kosmisch Erhabene:

Das Sterngewühle,
Das kein Denken ermißt –
Steh schweigend und fühle,
Wie nichtig du bist![10]

Am Schreibtisch ficht der Zwiespältige auch seine Zweifel durch. Er hat Tage, da verachtet er die Natur – die Stuttgarter Schopenhauer-Lektüre wirkt dann nach. An solchen Tagen geht Jensen, der Melancholiker, mit schwarzem Blick in die Landschaft und hört nur ein törichtes »Lachen blinder Gegenwart«[11]. Dann sieht er in der Natur nur den sinn- und ziellosen Lebenswillen. Alles stirbt, alles blüht wieder auf, ewig rollt das Rad des Seins, erkennt Jensen. So faßt er Anfang August 1881 den Gedanken der Ewigen Wiederkehr – und es ekelt ihn:

Fürwahr, ich mag es nicht mehr sehn
Dies ewige Werden und Vergehn.[12]

Es gab nur einen Ort, an dem dieser Gedanke noch erträglich war: das Hochgebirge. In seiner kargen Vegetation nahm sich das Werden und Vergehn doch sehr zurück. So reist Jensen bald mit der ganzen Familie auf die Wengernalp im Jungfraugebiet.[13] Hier allerdings stößt ihm ein erschütterndes Erlebnis zu, das alles umkehrt: Von da an *will* er das ewige Werden und Vergehn – auch des Kleinsten. Als er zurück in Freiburg ist, hat er sich zur Bejahung der »großen schönen Lüge«[14] der Natur durchgerungen. Wie wenn sie die Wahrheit löge, will er jetzt ihren »süßen Fabeln« zuhören:

Und sie sollen mich betören,
Und ich will dein kaltes Herz,
Wie in Mutterglück und Schmerz,
An dem meinen pochen hören.[15]

So klingt Jensens Ja-und-Amen-Lied. Wenn er nun aus dem Studierzimmer tritt, wartet die Welt wie ein Garten auf ihn. In dem wandert er dann.

Die Welt
ein »bleiches Schattenschweben«

DICHTERBERUF

Jensen war scheu und ein Träumer. Schon die erste von ihm erzählte Figur, der weltverlorene *Magister Timotheus* (1863), ist ein Selbstbild, und der Träumerprofessor in der *Gradiva* (1903) ist es noch immer. Besonders die Lyrik verrät, wie stark Jensen der Wirklichkeit entfremdet ist: Die Welt ist oft nur »bleiches Schattenschweben« – unwirkliche *Sansara*-Täuschung, das weiß er mit Schopenhauer.

Man merkt dieser Überzeugung an, daß sie auch ein Trost sein soll für eine enorme Sensibilität und Kränkbarkeit. Wenn das Gewicht der Welt so gering ist, dann schmerzen auch ihre Kränkungen nicht so sehr. Jensen hat das gut verborgen. Er galt in seinem Kreis als ein Muster an Weltfreundlichkeit – alle Berichte rühmen die Geselligkeit im Hause Jensen. Ihn selbst im mächtigen Barte sehen wir am Kopf der Tafel im »Dreisamzimmer«, humorvoll das Gespräch beherrschend, zum Umtrunk munter das Glas erhebend – ein Vivat auf das Deutsche Reich! Gerne las er auch vor, vornehmlich aus eigenen Werken. Kritik nahm er hin.

Nur in politischen Diskussionen konnte der überzeugte Agnostiker heftig werden – wozu es im erzkatholischen Freiburg allerdings manchen Anlaß gab. Jener erregte Auftritt ist bezeugt, in dem Jensen seiner alten Freundin Wilhelmine von Hillern die Absicht verwies, sich katholisch taufen zu lassen. Als das dann doch geschah, verschloß er der Verfasserin der *Geierwally* sein Haus.

Für die jungen Dozenten der Universität hatte dieses Haus eine besondere Attraktion – die ausnehmend reizvollen Töchter der Jensens, Dorothea, Maria und Käthchen. Jensen sorgte dafür, daß die jungen Wissenschaftler bei ihren häufigen Besuchen nicht nur mit seinen Töchtern, sondern auch mit dem Gedankengut der Aufklärung und des Preußentums bekannt wurden, was diesen Zöglingen des schwäbischen Pietismus oder des Jesuiten-Gymnasiums in St. Blasien oft genug eine rechte Verlegenheit war. Tatsächlich war der Verkehr in einem Hause, in dem man Freigeister wie den Psychologen Wilhelm Wundt oder den Materialisten Ernst Haeckel antraf, auch eine ernste Karrierebedrohung. Jensens spätere Schwiegersöhne, der Biologe Carl Mez und der Historiker Eduard Heyck, bezeugen jedoch vor allem eine große Befreiung durch jene nächtelangen Debatten über die »wahre Menschenreligion« oder über den Angriff des spätberufenen Richard Wagner auf die gottlose Vivisektion.

Wie kam Jensen, der Gesellige, zustande? Wie wird einer, der sich in seinem Werk als *Fremdling unter den Menschen* zu porträtieren pflegt, zum gelösten und geistreichen Plauderer inmitten eines buntgemischten Gästekreises, den er sich jeden Mittwoch ins Freiburger Gartenhaus lädt? Indem er sich die literarische Konkurrenz aus dem Haus hält. Wilhelmine von Hillern, trotz des großen Erfolgs ihrer *Geierwally*, war das nicht, und der ebenfalls häufig versprechende Oberamtsrichter Ludwig Eichrodt war das mit seinen Dialektgedichten auch nicht. Auch zu Gustav Gans Edler von Putlitz, dem beliebten Lustspieldichter, stand Jensen wohl kaum im Wettbewerb. Wie so häufig bei den sehr Produktiven finden sich auch im Kreis um Jensen nur

Kleinpoeten. Sie stören den heiklen Anspruch auf Überlegenheit und Größe nicht.

Den nämlich hatte Jensen ja gerade hier im literaturfernen Freiburg in Sicherheit bringen wollen. Seine Küstenbronchitis hätte er auch im trockenen Berlin oder im warmen München kurieren können – Paul Heyse hatte schon dringlich herübergewunken. Doch gerade an München gab es ja gewisse Erinnerungen: das kritische Standgericht bei den Krokodilen, Geibels dröhnende Verschlagenheit, der ständige Klatsch aus den Salons – und die schlechtgeschlafenen Nächte, die das alles gekostet hatte. Marie hatte damals auf Freiburg bestanden – wie recht sie gehabt hatte, zeigte schon im ersten Jahr das Schicksal Heinrich Leutholds. Auch Leuthold hatte die Intrigen der Krokodile schließlich nicht ausgehalten und war nach Stuttgart abgewandert, wo man ihn damals wiedergetroffen hatte. Doch dort geriet er als Zeitungsredakteur in ein ähnliches Konkurrenzgeschiebe, was auch seinen Gedichten schlecht bekam – sie wurden zu böse und zu laut. Und nun hatten ihn Freunde in die Zürcher Irrenanstalt Burghölzli verbringen müssen. »Als ihn die Wärter am Tor packten, stieß er einen markerschütternden schaurig gellenden Schrei aus«, berichtete Jakob Bächtold.[1] Das Gedicht, das Jensen darüber schrieb, schließt mit den Zeilen: »Was er nicht fand, uns stand's bereit: Des sonnigen Hauses Glück und Ruh.«[2] Man hatte es wohl richtig gemacht.

Ohne die Hilfe prominenter Freunde auskommen zu wollen und ohne das Zusammenspiel von Interessengruppen – das war aber immer noch lebensgefährlich. Jensen begegnete diesem Risiko mit seiner außerordentlichen Produktivität: Er schrieb acht Druckseiten am Tag – und er schrieb so, daß man ihn leicht verstand. Allmählich hatte er eine Gemeinde. Mancher sprach ihn als »hochverehrter Meister« an, und aus Lübeck erreichten ihn auf duftigem Papier »tausend ungeküßte Küsse«[3].

Die etablierte Literaturkritik allerdings ärgerte sein Außenseitertum. Ihr schrieb er zuviel, zu leicht und zu weltfern. Die *Grenzboten*, das Wächterorgan der Realisten, exkommunizierten Jensen geradezu – er sei kein Zeitgenosse, und seine Personen und Probleme seien schieres anachronistisches »Kasperletheater«[4].

In solchen Fällen bewährte sich der Pakt mit Marie. Man hatte abgemacht, daß Jensen sich niemals auf die Tagesmode einlasse – hierin liege seine Besonderheit. Ohne Konzession an den Zeitgeist schreibe er ausschließlich, was er in sich wahrnehme, also *seine Wahrheit.* Marie, deren Vater zeitlebens nichts Derartiges in sich vorgefunden hatte, bestand darauf besonders unnachgiebig. Sie erinnerte Jensen an die Freundschaft mit Raabe, Storm und Groth. Die seien ihm doch gerade wegen dieser *Wahrheit* zugewandt. Damit dürfte sie auch recht gehabt haben. Den drei Freunden war sicherlich bewußt, daß Jensen problematisch war wie sie – wenn es ihm auch gegeben war, rasch und genügsam zu seiner Wahrheit vorzudringen. Man merkt den Briefen Raabes an, daß er das mit leiser Verachtung weiß. Gegen »die Welt« aber hielt er allemal mit Jensen zusammen – der war am Ende doch aus gleichem Holz.

Zu jungen Talenten war Jensen sehr hilfsbereit. Es erstaunt, mit wieviel Zutrauen sie sich an ihn wandten. Als Außenseiter der Literaturszene hatte er wohl den Ruf, noch Mensch zu sein. Ferdinand Avenarius wendet sich 1881 an den »Seelenkundigen« mit einer offensichtlich neurotischen Störung. Sein Vater sei an »Gehirnerweichung«[5] gestorben, und nun habe der Stabsarzt auch ihm, dem einjährigen Militärdienstler, »degenerative Lösungen des Gehirns und Rückenmarks«[6] vorausgesagt. Avenarius kann nur noch zwei Stunden am Tag lesen oder schreiben. Jensen gibt ihm daraufhin eine verantwortliche Arbeit, er soll einen Sammelband Gedichte zusammenstellen – was mit Geschick und spontan zurückkehrender Arbeitsfreude erledigt wird. Später erörtern beide das Programm von *Kunstwart* und »Dürerbund«, zwei Unternehmungen, mit denen Avenarius dann die deutsche Kunsterzieherbewegung revolutioniert.[7]

Aus Gießen meldet sich um 1900 ein Theodor Lessing, dort Krankenhausarzt. Er hat eine Frau aus altadeliger Familie geheiratet, von der sie dann wegen der jüdischen Herkunft ihres Mannes verstoßen wurde. Sie wird nun Hebamme. Lessing ist verzweifelt. Gerade hat er eine angestrebte literarische Laufbahn wieder abgebrochen (legt seine Gedichte bei: *Einsame Gesänge*). Jensen tröstet (legt ebenfalls Gedichte bei: *Vom Morgen zum Abend*). Bis dieser Mann 1908 Philosophieprofessor in Hannover wird, wird Jensen von ihm noch allerhand Merkwürdigkeiten erfahren. Daß Lessing aus psychologischer Neugier später den Ehebruch seiner eigenen Frau förderte, hat Jensen dann allerdings mit wuchtigen Worten verworfen.[8] So ließe sich fortfahren – mit Ludwig Fulda etwa, der nach seiner Ehescheidung 1907 nervöse Herzbeschwerden bekam und diese Jensen brieflich und mündlich sehr genau darlegte. Auch ihn verweist Jensen auf anstehende Arbeit und auf bessere Zeiten.

Ein Kapitel für sich ist der Zudrang der schreibenden Lübecker. Wer in Lübeck »schrieb«, geriet bald in Schwierigkeiten, und Jensen wurde zuständig. Meist kamen sie auf Vermittlung Heinrich Schuncks, des literaturbegeisterten Maklers – Hermione von Preuschen beispielsweise oder Ida Boy-Ed, später auch die beiden Söhne des Senators Mann, von denen jedenfalls der ältere ganz begabte Gedichte machte.[9]

Freude hatte Jensen aber vor allem an den leidenschaftlichen Freiheitsversen – noch keine Kunst, doch stolz gefühlt –, die ihn aus dem Altenburger Magdalenenstift erreichten. Dort saß auf Betreiben ihrer bigotten Mutter 1886 die Tochter seines alten Husumer Freundes Ludwig von

Reventlow gefangen: »Ich habe nie das Knie gebogen / Den stolzen Nacken nie gebeugt« – das gefiel Jensen sehr. Helfen konnte er der kleinen Komteß Reventlow allerdings noch nicht.

Ida Boy-Ed hatte er helfen können. Die Lübecker Kaufmannsgattin hatte als Sechsundzwanzigjährige Mann und vier Kinder verlassen, um sich in Berlin eine literarische Karriere aufzubauen. Doch die Familie fing sie wieder ein. Sie schrieb aber auch in Lübeck weiter – Novellen, Kritiken, später Romane. 1882 vermittelte Jensen ihre erste Novellensammlung *Ein Tropfen* an einen Verlag – ganz allmählich kam nun der Erfolg. Die Korrespondenz aus diesen schwierigen Jahren ist erhalten.[10] Sie zeigt eine mutige und psychologisch kluge Frau, die sich im Literaturbetrieb zunehmend Geschick erwirbt. So verrät sie Jensen, daß sie Storm gegenüber *gut* von ihm gesprochen hat (»ein schönes Leuchten ging über sein Gesicht«) und daß wiederum Storm *gut* von Jensen gesprochen hat (»so treu«) – sie besitzt ein ausgesprochenes Talent im Erzeugen solcher Betriebswärme.

Das hat sie aber auch nötig, denn die schöne und selbstbewußte Frau ist in der Literaturszene eine ungewohnte und deshalb wegzuhackende Erscheinung. So hat sie ein tiefes Mißtrauen gegen die eigene Person entwickelt, »da es zu oft vorkommt, daß man mich nicht leiden mag«[11]. Jensen erklärt, tröstet und redet der Unzufriedenen zuweilen auch »ein deutsch und kernig Wörtlein«[12] ins Gewissen. Solche Anteilnahme ist ihr unter den Berliner Literaturlemuren noch nie vorgekommen, und sie bricht geradezu aus: »daß Ihr bessere und reinere Menschen seid!«[13] Spürt sie, daß Jensen solche Bekräftigungen durchaus brauchen kann? Er fühlt sich manchmal recht knapp in der Freiburger Abgelegenheit – im *engen Glück*. Manche Kämpfe in Berlin oder München hätte er denn doch wohl gern mitgemacht. Solche Sehnsüchte wurden dann wieder zurechtgerückt durch

Komteß Fanny zu Reventlow im Altenburger Magdalenenstift, 1886

Ida Boy-Ed (1852–1928), um 1882

Ida Boy-Eds Klagen über eine handfeste Feuilletonintrige: »große Sorge, schlaflose Nächte, große Traurigkeit«[14]. Eben deshalb war er doch emigriert.

FREUNDSCHAFT

Jensen hatte viele gute Freunde. Früh schon hatte er festgestellt, daß er anderen nicht zuhören konnte. Was auch immer sie ihm mitzuteilen hatten, er merkte vom dritten Wort an, daß es ihn nichts anging. Das machte ihn natürlich unruhig. Sein rechtes Bein begann sich dann ohne Zutun zu rühren, wippte, schlug schließlich derart aus, daß es mit der Hand ruhiggestellt werden mußte. In den Münchener Literatenkreisen beobachtete er diese Erscheinung später oft auch an anderen, ja, er erkannte daran im Zweifelsfall bald den Kollegen.

Da allerdings hatte er das Symptom längst bei sich abgestellt. Den Durchbruch zu anderen Menschen hatte die Liebe zu Marie gebracht – es war ein für allemal die Wahrnehmung gewesen, daß hinter Kälte und Starre sich noch andere befanden. Nicht, daß Jensen nun den Mitmenschen ebenfalls zu lieben begann – doch er wurde ihm »interessant«. Soviel anders war er ja auch nicht – Jensen erkannte sich in ihm selbst noch einmal. Das lehrte ihn dann Schopenhauer: *Tat twam asi* – dieser da bist du auch! Der Schleier der Maja hob sich für Jensen, und er erkannte, daß wir alle miteinander nur dasselbe wollen – was er dann bald in einem deutlichen Gedicht niedergelegt hat:

Aller Herzen Urgelüst
Ist ein wohlgefüllter Magen,
Eine Dirne, die dich küßt.[15]

Jensens Menschenkenntnis hat hier ihre Wurzeln. Alle Menschen sind einander sehr ähnlich, und das bleibt auch so, weiß Jensen: »Verändert sich etwas an den großen Zügen der Natur und der Menschheit? Wenig, so sehr es oft scheint, unendlich wenig – am Menschenherzen vielleicht nichts.«[16]

Tat twam asi! Hier liegt das Geheimnis des Gesprächskünstlers und teilnahmsvollen Zuhörers Jensen: Es ist letztlich doch immer nur von ihm die Rede, und das weckt seine Sympathie für den anderen. Diese Einsicht macht ihn in der Tat auf besondere Weise zur Freundschaft begabt.

Jensen hat sich dabei keine Freunde gewählt, in denen er sich schwierig oder bedrohlich begegnet wäre. Den abgründigen Leuthold, der in Stuttgart seine Nähe suchte, hatte er damals bald ferngehalten. Jensen brauchte Umgang, der das Positive in ihm verstärkte. Das besorgte von Lübeck aus mit schöner Begeisterung Heinrich Schunck, hier in Freiburg taten das der Gymnasiallehrer Benno Rüttenauer und der akademische Landschaftsmaler Emil Lugo. Lugo war ein stiller, zurückhaltender Mann, der so diskret in Marie verliebt war, wie Rüttenauer in seiner aussichtslosen Passion für Jensens Tochter Maria ziemlich auffällig wurde. Vor allem Lugo zählte bald zur Familie. Er hatte Maries Maltalent wieder ermuntert und gab ihr Unterricht.

Allesamt befolgten sie stillschweigende Vereinbarungen: Die Welt, soweit sie stören konnte, war »draußen« zu halten. Was auch einer gerade arbeitete – es war absolut richtig und forderte sehr starke Zustimmung. Kritik »von außen« beruhte auf Neid oder besonderer Dummheit. Man arbeitete auch nichts »Modisches«: Rüttenauer hatte begonnen, ein wenig zu erzählen, erst einmal Jugendgeschichten aus seinem Heimattal. Lugo malte Schwarzwaldansichten und Bauernporträts. Und Jensen, der Kämpfer, stritt – das hatten die *Grenzboten* schon richtig gesehen – meist an überständigen Fronten: gegen Rom, wider protzendes Junkertum, gegen bodenlos dünkelhafte und weltfremde Universitätsprofessoren (»Weiber mit Bärten«). Da es sich bei solchen Feinden mittlerweile um Karikaturen handelte, die auch in den Köpfen der Leser nur noch als Geschöpfe des Ressentiments existierten, war der literarische Umgang mit ihnen einfach und voller starker Wirkungen. Wie begeistert waren die Freunde, als er ihnen aus den *Heiligen von Amoltern* vorlas, einer beißenden Satire auf Pfaffentrug und Volksverblendung! Manch darin auftretender Gottesmann war allerdings auch erstaunlich dumm, dick und durstig.

Im Jahre 1883 wurden Jensens Erfindungen jedoch von der Wirklichkeit bestätigt und die *Grenzboten* ins Unrecht gesetzt. Das Freiburger Stadttheater studierte seine Tragödie *Der Kampf für's Reich* ein. Sie spielt um 1284 und handelt von einem adeligen Betrüger, der sich für den wiedergekehrten Friedrich II. ausgibt – warum, wird leider nicht ganz klar. Als Dramatiker ist Jensen oft undeutlich, doch er ist Theatermann genug, seine Stücke an einen starken Stoff oder eine szenenbeherrschende Persönlichkeit zu binden. Im *Kampf für's Reich* ist das Sifrit, Erzbischof von Köln. Dieser ränkevolle, vor keinem Machtmißbrauch zurückschreckende Kirchenfürst wird von Jensen mit starken Strichen gezeichnet. Zu oft nur faßt er die Hand seiner widerstrebenden jungen Nichte, und in der anderen hält er dann den geleerten Weinkrug. Seinem Auftritt geht immer dieselbe Szenenanweisung voraus: »Diener bringen Weinkannen und Pokale.«

Der erzbischöfliche Generalvikar und die katholischen Studentenschaften Freiburgs nahmen erheblichen Anstoß. Je weiter die Theaterproben fortschritten, je lauter erhob sich in der klerikalen Presse die Forderung, das Stück abzusetzen. Jensen jedoch, vom Intendanten um Abmilderung seiner Figur angegangen, war zu keinem einzigen Strich bereit. So geschah es, daß ihm eines Abends ultramontane Studenten, verstärkt durch den katholischen Gesellenverein, vor seinem Haus ein lautstarkes Katzenkonzert brachten. Als Jensen – Lugo und Rüttenauer zeigten sich hinter ihm – auf den Balkon trat, wurden Steine geworfen. Fensterscheiben brachen, die Haustür splitterte. Bleich und unbewegt verharrte Jensen an seinem Platz, bis dreißig Gendarmen mit gezogenem Säbel die Menge vertrieben hatten. Der Geist Sifrits von Köln, das hatte er ja bedeuten wollen, war noch lebendig, die Kirche intolerant und mächtig wie seit je! Anderntags mußte Jensen in der Tat erleben, daß sein Stück aus dem Spielplan genommen wurde. Man habe sonst Gewalt zu gewärtigen, erklärte der Intendant.

Offizielle Vertreter der Freiburger Studentenschaft erschienen bei Jensen und baten um Entschuldigung – auch im Namen des ganzen freisinnigen Baden. Man befinde sich hier unglücklicherweise in einer anachronistischen hinterwäldlerischen Ecke, sie sei eine Ausnahme. Jensen wollte das nicht gelten lassen. Die Freiheit von Rom sei überall noch nicht errungen! Dafür ließ er sich den Beweis jetzt nicht aus der Hand nehmen. Der Freiburger Theaterskandal bekräftigte ihn nur aufs dringlichste darin weiterzukämpfen. Und hielt denn auch nur ein Buchhändler im ganzen Breisgau seine *Heiligen von Amoltern* im Regal, seit die Pfaffen gegen sie predigten? Im Grunde hatte Jensen einen Sieg errungen – sein Feind, nicht nur von den *Grenzboten* als Fiktion bezweifelt, hatte sich in Person gezeigt, mächtig und abscheulich. Die Freunde Lugo und Rüttenauer bewahrten fortan das Bild des unbewegten Jensen auf dem Balkon, hoch über den johlenden Feinden der Geistesfreiheit.

Nur Wilhelm Raabe in Braunschweig sah den Fall weniger eindeutig. Er hielt dem Freund vor, daß ihm der Sifrit von Köln doch reichlich grob geraten sei und man die aufgebrachten Katholiken auch verstehen könne. Überhaupt fand er, das westfriesisch Berserkerhafte schade Jensens privatem Kirchenkampf nur, und er empfahl statt der Tragödie das Lustspiel als Waffe, denn »so kriegst Du weder Rom noch Juda … tot«[17]. »Juda« – das war im übrigen eine Anspielung auf Jensens Antisemitismus, den dieser strikte Religionsgegner sich in seinem Schauspiel gleich mit genehmigte. Wie er das mit Maries halbjüdischer Herkunft vereinbarte, war Raabe aber kaum ein Rätsel: Wilhelm Jensen überging das einfach. Marie war ein Sonderfall und kam nicht in Betracht. Jensen hatte ein Talent, mit dem er seinen Pessimismus, seine Zweifelsucht, seine Wirklichkeitsscheu wettmachte – die Gabe, sich die Welt zu vereinfachen. Er nannte das seinen Idealismus.

Eben diese Gabe Jensens aber war auch das Bindemittel der Lebensfreundschaft mit Raabe – für beide eine stützende und formende Inszenierung. Sie hatten einander früh erkannt: zwei problematische Naturen. Jeder mußte sehen, wie er sich unterbrachte. In Stuttgart hatten sie bald herausgefunden, welche Lebensmuster ihnen jeweils zukommen würden. Eines davon hatten sie gemeinsam: Raabe, durch seine Liebe zu Marie plötzlich entgrenzt und zutiefst erschreckt, flüchtete sich in den Schoß der Familie und übersiedelte ins abgeschiedene Braunschweig. Jensen setzte seinerseits auf das Familienglück und zog ebenfalls in die Provinz. Innerhalb dieses Rahmens aber ergaben sich verschiedene Rollen. Jensen war der *Glückliche*. Ihm fiel alles zu. Er lebte leicht, er schrieb leicht, alle liebten ihn. Raabe hingegen stattete sich aus mit der traurigen Dunkelheit von Edgar Allan Poes Balladenvogel. Sein Leben war ja auch voller Hemmnisse, er schrieb reichlich schwer und langsam, und viele Jahre kümmerte sich kaum ein Kritiker um ihn. Jensen mußte es deshalb in seinen Briefen übernehmen, einseitig »das bessere Leben« vorzuführen. Da hat dann am Ende der »arme Raabe sein ganzes Leben durch auf dürrem

Felsvorsprung gesessen und in Euer lustig Treiben hineingeguckt«, insbesondere verwundert, wie ausgiebig Freund Wilm »in Dinte und Dichtung plätschern kann«[18]. Der, in seiner Rolle, hat dann enorme Idyllen zu beschreiben, aus der Sommerfrische in Erlenbruck beispielsweise: »Allda bleiben wir, göttlich faulenzend, felsenkletternd, haiderastend, Erd- und Himbeeren in ungeheuren Massen austilgend und Pilze suchend, bis zum 1. September.«[19] Raabe, von seinem dürren Felsvorsprung herab – gerade hat er einen Eingeweidebruch erlitten, so daß er nun gehbehindert ist – dankt: »Ich weiß keinen Brief von Dir, der mir solches Behagen gegeben hätte.«[20]

Dafür, daß er der am Leben Verkürzte ist, bekommt Raabe natürlich allerhand zurück: Er ist der tiefere Mensch und bedeutendere Dichter. Beide Jensens erkennen das fraglos an. Wilhelm hat ja in der Tat auch gute Gründe, sich als das leichtere Gewicht zu empfinden. Er schreibt geradezu unanständig mühelos und schnell und hat am Ende in seinem Leben um die 130 Bücher veröffentlicht. Täglich sieben Stunden am Schreibtisch haben das erbracht und eine besonders glückliche Disposition, von der man in Kollegenkreisen mit stiller Erbitterung wußte. Jensen hat natürlich selbst gern darauf hingewiesen: »Häufig widerstrebte es mir am Morgen durchaus, mich an den Schreibtisch zu setzen; doch ich zwang mich dazu, und nach längstens zehn Minuten stellte sich auch regelmäßig die Stimmung ein.«[21]

Er nahm dieses Naturgeschenk mit Humor und kündigte etwa dem erschreckten Raabe die Geburt seines vierten Kindes zugleich mit der eines Epos von 7000 gereimten Versen an.[22] Es »sprudelte« eben.

Marie hat die allzu leichte Produktion ihres Mannes anfänglich sehr irritiert. Sie wurde an die ähnlich leichtbewegte Feder ihres unbedenklichen Vaters erinnert. An einer Gefälligkeitsrezension Klaus Groths über Jensens Gedichte fiel ihr eines Tages ein »so sonderbarer Ton« auf, der sein Lob doch wieder sehr in Frage stellte. Da wandte sich Marie an Raabe, er möge doch einmal »im Vertrauen unumwunden, und *völlig* aufrichtig«[23] sagen, was er von Wilhelms Arbeiten halte. Raabes Antwort zeigte alle menschliche Hochschätzung, die er für Jensen hegte, feierte geradezu dessen Begabung fürs leichtere Leben, um am Ende ruhig und sachlich für den, der zu lesen vermochte, die Gegenrechnung aufzumachen: Ein Dichter sei er aber nicht. Er wandte sich dann an Wilhelm Jensen direkt:

Mir gefallen Deine Sachen ausgezeichnet, lieber Freund; ob sie aber nach fünf Jahren Dir auch noch so gefallen werden, das ist die Frage. Du schreibst gut; aber Du läßt bis jetzt noch nicht Deine eigenen Figuren tanzen. Du beneidenswerter Gesell hast Dich eigentlich viel zu vergnügt und sorgenlos in der Welt umhergetrieben, und hast deshalb bis dato nur Dein Vergnügen an den Dingen (sowohl nach der dunkeln wie nach der hellen Seite hin) zu Papier gebracht; aber noch nicht die Dinge selbst.[24]

Das schrieb freilich einer, der nur für sein Werk lebte und das obendrein mit sehr viel Mühe. Raabe litt immer wieder unter Schreibhemmungen, in seinen letzten neun Lebensjahren schließlich brachte er überhaupt nichts mehr zu Papier. Die »Stimmung« stellte sich ihm erst nach langem Zuwarten ein – *In alls gedultig!* war denn auch sein Lebensmotto:

Ich bin mein ganzes Leben durch nur auf den Fang von glücklichen Schaffensminuten mit dem Schmetterlingsnetz ausgegangen. Und welch eine Geduld und Ruhe erfordernde Jagd das ist, das weiß jeder rechte Künstler.[25]

Nach solchem Maßstab war Jensen da eher selbst ein Schmetterling. Marie ist nach dieser Auskunft entschlossen, sich mit dem glücklicheren Naturell Wilhelms zufriedenzugeben: »Willy Jensen hat allerdings noch nie mit seinem Herzblute geschrieben – s' ist aber auch gar nicht nöthig, zweitens sehr gefährlich.« Im übrigen seien seine Helden so ziemlich er selbst. »Ich bedaure nur, daß sie Alle zu viel Liebhaber und zu wenig Charakter sind.«[26] Der letzte Satz war ein Stich der Frau gegen den, der sie einmal geliebt und doch nichts daraus gemacht hatte. Er mochte wohl wissen, welcher Aspekt ihr wirklich wichtiger war – der Charakter oder der Liebhaber.

Mit diesen Briefen aus dem Jahre 1869 rückt Jensen für immer in die Position des *Glücklichen.* Natürlich verkennt Raabe nicht die Wirklichkeit dahinter – Jensens wiederkehrende Depressionen beispielsweise. Es ist aber, als ob Jensen, dem es ja »sonst« soviel besser geht, deshalb keinen Anspruch auf schwierige Seelenzustände hat. Die darf er nur als schwere Erkältung melden, was er auch mit großer Regelmäßigkeit macht. Jensen läßt allen Seelenjammer in eine schier prunkvoll ausgestaltete Bronchitis einziehen und schickt die Verse darüber nach Braunschweig. Von dort kommt dann ein Brief über Raabes Asthma.

Der Glückliche, leichthin Schreibende

ALLZU FLÜSSIG

Jensen war eigentlich Lyriker. Seine Gemeinde hat das immer gewußt – hielt er Lesungen ab, mußte er mit einem Gedicht beginnen und mit einem weiteren schließen.[1] Gern hielt er sich dabei an die Jahreszeiten, feierte den Frühling, pries Sommer und Erntezeit und hörte im Sturm der Zwölf Nächte den Ruf der alten Götter. Das war ganz nach dem Sinn seiner Anhänger in Kiel und Lübeck – für seine Freunde Raabe und Schunck aber oft eine Verlegenheit. Sie kannten ihn schließlich besser.

Auch von Amts wegen fand sein deutsches Gemüt besondere Anerkennung.[2] Das war dann auch der Grund dafür, daß die Unterrichtsbehörde ausgewählte Seiten aus seinen *Liedern aus Frankreich* in die vorgeschriebenen Armee-Lesebücher übernommen hatte.[3] Dem Geehrten selbst war dabei durchaus zwiespältig zumute gewesen. Jensen war damals, als die deutsche Armee 1870 vor Metz lag, an seinem Flensburger Redaktionsschreibtisch ein ganzer Kranz patriotischer Lieder nur so zugeflogen. Da er ohnehin der Meinung war, der Dienst des Künstlers sei dem des Soldaten eng verwandt und er wie nur einer der Frontsoldaten vor Glück über die Siege Deutschlands nachts nicht schlafen konnte, gab er seine Gesänge gleich mit der Fiktion heraus, der Verfasser habe vor Metz mitgekämpft. Raabe aber hatte ihm daraufhin diese Vorspiegelung als so unredlich wie lächerlich verwiesen. Seitdem war Jensen sein sehr abstrakter Frontkämpferstolz denn doch ziemlich peinlich: »Ich tausche mit keinem, der sagen nicht kann / Daß in Frankreich nicht mit er die Siege gewann.«[5] Das stand ja nun leider gedruckt in Lied LXXIV.

Das eigentliche Problem war damals auch nicht der vaterländische Rausch gewesen, die unvermutete Entdeckung des Soldaten im Literaten. Vielmehr war es die Wehrlosigkeit Jensens vor dem Andrang seiner Verse. Als er damals vorgab, er habe im Schützengraben seine plötzlichen Eingebungen »auf stiebendem Papier« niedergeschrieben, da hat er insofern die Wahrheit gesprochen: Wenn es über ihn kam, kapitulierte Wilhelm Jensen vor dem Ansturm seiner Verse kampflos. Es blieb ihm nur, sie niederzuschreiben, daß das Papier stiebte. Mit Prosa ging es ihm übrigens nicht anders.

Beim Gedichteschreiben, im Strom der Takte und Reime, zeigt sich nur am deutlichsten, was Jensen selbst als das *Flüssige* in seiner Person erkannte – der Gegenpol zu jener Gefahr, zu erkalten und zu erstarren. Dieser Flüssigkeitspol scheint für Außenstehende das Starre in Jensen völlig verdeckt zu haben. Sein Leben sei »ein breiter Fluß«, heißt es in einem Geburtstags-Carmen aus der Gemeinde.[6] Diese Gedankenverbindung lag wohl nahe. Jensen, der *Glückliche*, das war auch der leichthin Schreibende, Jensen, der *Flüssige*.

Doch Jensen überzog die seelische Möglichkeit, in der sicherlich einmal seine Rettung gelegen hatte. Sich in Erstarrung und Kälte von der Welt zurückzuziehen, war eine früherworbene Fluchtreaktion gewesen. Jensen jedoch immer wieder der Welt zurückzugewinnen, das vermochte die Liebe – es geschah durch Marie und die Kinder (und durch jene heiklen Schwesternträume natürlich). Dann wurde er warm und weich und flüssig – ein angenehmes Grundgefühl, das ausarten konnte. Kam es dazu, dann trieb Jensens Geist durch die äußere Welt, berührte die Menschen und Dinge und hielt doch nichts fest, ging rasch ein in Formen und Gestalten und ließ sie doch bald zurück. Das hatte Raabe erfaßt, als er mahnte: »Du läßt bis jetzt nicht Deine *eigenen* Figuren tanzen.« Die Wahrheit war, daß Jensen die eigenen Figuren selten festzuhalten vermochte. Nur die tief im Unbewußten begründeten – die Schwestern und ihre schwermütigen Brüder – haben in seinem Werk Bestand und kehren wieder. Alle anderen Figuren aber kommen nur einmal vor, oder sie tanzen am Band wie die Puppen. Sie werden erzählerisch leicht bewegt in einer Welt des schnellen Arrangements, in der sich die Handlungsknoten bald schürzen, bald lösen, oder sie werden auf die geläufige Bahn rasch sich findender Reime und Takte in Jensens Gedichten geschickt. Daß sie »alle zu viel Liebhaber und zu wenig Charakter sind«, hatte Marie zu Raabe bemerkt. Damit wollte sie auch sagen: Sie sind zu gefühlvoll und flüssig und zu wenig fest konturiert.

Wenn Jensen sich am Morgen hinsetzte und sich nach längstens zehn Minuten auch die Stimmung eingestellt hatte, schrieb er in einem Zug und Fluß. Seine Manuskripte sind halbseitig bedeckt mit gleichmäßig strömenden Zeilen in feiner, kleiner Schrift, die nur wenig Verbesserungen aufweisen – wohl aber Einfügungen auf der zweiten Halbseite, wo es dem Schreiber noch nicht genug schien. Besonders die Gedichte sind oft vom Federansatz bis zum Schlußpunkt durchgeschrieben. Hemmungen wie Selbstkontrolle und Zwang zur Genauigkeit sind selten bei Jensen. In der Ballade von *Breisachs Tragödie* drängt in Handlung und Dialog alles auf den grausigen Schluß: Der Festungskommandant Breisachs läßt zur Strafe seine junge Frau in eine Totengruft einmauern. Sie hat merkwürdigerweise heimlich Brot und

Wein aus der hungernden belagerten Stadt *hinaus*geschafft. Warum aber sie das getan hat, den Grund für ihren grausamen Tod – das hat der auf den äußeren Höhepunkt zueilende Autor vergessen anzugeben.

So hat auch Jensens Wortfluß die Neigung, sich mit Tempo zu verströmen – bis zur Auflösung von Kontur und Bedeutung. Malt er den Urwald, verfließen ihm die Farben; beschreibt er Musik, wird daraus reiner Klang. Die Tendenz dahinter ist allerdings bedrohlicher, als die Koloraturen und Läufe verraten: Jensen will verklingen, sich auflösen.

JENSEN UND DAS UNENDLICHE

Ja, Jensen hielt seine Grenzen nicht ein. Dann trug ihn wohl eine Stimmung davon in die Einheit mit der Natur – in das weiche Schweben im Wellenschlag der Ostsee, in seine »niedrigen, gleichmäßig ans Gestad anrollenden Wellen; sie kamen langsam, sanft dünend, zuweilen gurgelte eine um ein bißchen weiter auf den Strand vor und spielte einen Augenblick lang mit den an ihnen zu einer kleinen Barre aufgeschichteten Steinchen. Dadurch verursachten sie einen leise klirrenden Ton, den einzigen in der nachmittäglichen Stille«[7]. Das ist dann die vollkommene Einheit mit Wasser und Welt.

Ist Jensen darin einmal aufgenommen, verschwimmen ihm See und Land, Gehör und Gesicht, und auch des Erzählers fester Ort geht in solch flimmernder Stimmung mit unter:

Am einsamen Gehölzrand unter den frisch leuchtenden Buchenzweigen zittern die leisen Klänge noch entlang, aus den weichen Schatten nicken ihnen die weißen Blütensterne des Nelkengrases. Und weiter noch über halmflimmernden Dünenhang an den Muschelstrand zum kaum vernehmbaren Gemurmel der See. Dort versummt das Geläut mit diesem zusammen, wie das Blau droben mit dem Blau drunten verschwimmt.[8]

In solchen Bildern feiert Jensen seine Selbstvermischungen – ein ganz großes Glück. Marie aber fand keine Ruhe an derart ausgelassenen Schreibtagen. Immer wieder sah sie nach Jensen, verfolgte, wie er sich weitete. War er dann gar zu sehr aufgegangen, hielt sie ihm streng seine eigenen Verse vor:

Das Sternengewühle,
Das kein Denken ermißt.
Steh schweigend und fühle,
Wie nichtig du bist.

Eine rasch aufziehende Bronchitis brachte Jensen dann wieder zu sich.

Das waren die Höhenflüge, Jensens glückliches Aufgehn im Großen – eine schöne Gefahr. Doch das Unendliche drohte auch anders. Die Welt konnte auch ins Dunkel verdämmern, ins Nichts verlöschen und dabei Jensens Ich beiläufig mitnehmen – ganz *ohne Glücksgefühl*. Dann ist Jensen erst recht in Gefahr. Dumpf und entgeistert holt Marie ihn schließlich vom Schreibtisch. Der Boden schwankt, sagt er, es ist wie Seekrankheit. Das ist dann das Gegenteil der Einheit mit Meer und Welt, hier geht ihm die Welt aus den Fugen. Sie verliert sich in fahlen Küstennebeln, oder Jensen träumt sich in frühe, dunkle Zeiten hinein und findet nicht zurück.

Im Roman der Irrungen, *Der Schleier der Maja* (1902), schreibt sich Jensen in die pure Wahnwelt hinüber. Nichts stimmt, keine Wahrnehmung, keine Person hat Bestand. Blinde gehen durch für sehend, Adeles Antlitz verwandelt sich in das Gesicht eines Mannes, die alte Gromel erhält

Briefe vom längst verstorbenen Grafen, alle stehen in vermeintlichen Liebesverhältnissen miteinander, und der Graf Wolfhart ist am Ende keiner, sondern nur ein angenommenes Kind. Dem Psychologen Dr. Wegerich – Held des Romans – ist's nicht geheuer, er zweifelt quälerisch an Raum und Zeit. Die Welt löst sich auf. Erst die Entdeckung, daß Adele von Bargteheide hinter ihrer frivolen, hübschen Larve ein eigentliches Wesen voll tiefen seelischen Reichtums verbirgt, gibt dem verwirrten Psychologen den dringend benötigten Halt.

Den Titel zu diesem Werk lieferte Schopenhauer, der damit die Täuschungen der »Vorstellungs«-Welt meint. Daß hinter dem Endlichen ein Unendliches, hinter der Wirklichkeit das Nichts und hinter dem wohlbekannten Ich das ganz Andere verborgen liegt, das ist auch die Lehre der mystischen und okkulten Novellen Jensens. In ihnen gibt er seinem Drang vollkommen nach, alles ins Grenzenlose zu treiben und damit aufzulösen. Daß dieser Drang ihm schließlich nicht bekam, hat er selbst schon früh gemerkt. Gar zu lange mußte er nach seinen Selbstentrückungen mit schnupfenroten Augen brüten, bis er sich wiederhatte. Raabe hatte es ihm damals in Stuttgart verwiesen, sich so riskant gehenzulassen. Solche Flieh- und Fließkräfte müsse man unter Kontrolle bringen. Er empfahl ihm Schopenhauer. Der erlaube ganze Kosmosreisen und halte einen doch immer hübsch fest. Als Jensen bald darauf auf dem Hohenasperg einsitzen mußte, weil er den Abgeordneten Schott beleidigt hatte, nahm er die *Welt als Wille und Vorstellung* mit.

JUNGFRAU UND EWIGE WIEDERKUNFT

Seitdem hielt sich Jensen seine erzählte Welt zunehmend mit Schopenhauer zusammen. Was er schrieb, spiegelte die

Welt als Wille und Vorstellung bald in einem Maße, das geradezu an mechanische Nachahmung denken läßt: an nacherzählte Philosophie. Tatsächlich aber hat sich Jensen mit Schopenhauer eine längst vorgeprägte Welthaltung klargemacht. Ihm erging es dabei nicht anders als einige Jahre zuvor Richard Wagner: Er erkannte sich wieder im Philosophen. Als Hornstein, der alte Freund aus Münchener Krokodilstagen, ihm am Gebrauch von Mythus und Typus eine Nähe zu Wagner nachweist, ist Jensen allerdings ärgerlich. Er verabscheut an Wagner die überkorrekte Mystik. Der nahm die Einheit aller Wesen über jede Vernunft genau und hatte sich doch tatsächlich gegen die Vivisektion ausgesprochen. (*Tat twam asi* oder »Quäle nie ein Tier zum Scherz!«) Da hielt es Jensen allerdings lieber mit Darwin und Haeckel, für die das Tier nicht gleich der Bruder war.[10] Mystik – aber mit Maßen!

Dabei ist Jensen für sie disponiert. Ihre schwierigen Voraussetzungen hat er. So kennt er ja das immer wiederkehrende Gefühl von Verödung und Leblosigkeit – sein Alter ego Sven Taken in *Die Namenlosen* kennt es natürlich genauso: »Nur ein Gefühl herrschte über Allem wie die ewige Eisesstarre am Pol.«[11] Der Leblosigkeit gleich kommt die Empfindung von Unwirklichkeit, wie sie Gerhart Termöhlen in *Fremdlinge unter den Menschen* ahnungsvoll befällt: »Die Welt war seltsam mit Erzeugnissen der Einbildung und der Täuschung angefüllt ... Der Verstand tat gut, an der Richtigkeit seines Urteils zu zweifeln, nur zu *glauben*, etwas sei so, wie's ihm erscheine.«[12]

Das ist die Welt als *Sansara*, als Täuschung und Traum. Hält sie vor im Gemüt, rührt sich bei Jensen auch bald die Bronchitis. Kommt noch hinzu, daß sich dann auch Marie mit Stimmung und Husten ansteckt, wird es in der Tat riskant: »Das Leben wird mir immer traumhafter«, schreibt sie 1877 an Raabe, »und ich finde schlafen besser als träumen.

Es kommt mir vor, als ob ich mich auch bald ausgehustet hätte.«[13]

Gegen solche Stimmungen, und besonders, wenn sie zur *folie en famille* ausarteten, zog Jensen seinen Geschichten feste Gegenstreben ein. Es gibt einen Brief, den Jensen aus der Sachsen-Meininger Fürstenvilla am Comer See an einen jungen Schriftsteller in München geschrieben hat. Der hatte ihm im November 1895 ein Manuskript mit dem Titel *Zur Psychologie des Leidenden* übersandt.[14] Jensen erkannte darin den Ausdruck einer Lebenskrise und antwortete dem jungen Mann mit der Empfehlung, unverzüglich Schopenhauer zu lesen. Wie festigend der wirke, sei der beigelegten Novelle zu entnehmen – *Altflorentinische Tage,* soeben in zweiter Auflage erschienen. Was hat er damit sagen wollen?

Nun, Jensen wurde zum Beispiel sehr vom *déjà vu* geplagt. Im Leben und beim Schreiben hatte er dann das öde Gefühl, daß, was sich da gerade frisch ereignete, er doch längst kenne. Wieder einmal stieß ihm das im *Sommer 1881* zu. Da war ihm die Idee zu einer ganz ungewöhnlichen Liebes- und Erlösungsgeschichte gekommen: Georg Rodewald, Syndikus in einer kleinen norddeutschen Handelsstadt, ein rechter Hagestolz in mittleren Jahren, der – »frostig, eigensüchtig, unzugänglich« – sein Herz seit langem nicht mehr fühlt, öffnet sich langsam der Liebe zu einem *sehr jungen Mädchen.* Davon berichtet Rodewald nun im Alter.

Begeistert hatte Jensen die flüssige Feder angesetzt, als ihn schon bei den ersten Worten auf dem Papier ein merkwürdiges Mißtrauen beschlich:

Es ist Juninachmittag, und unter dem alten Giebel meines väterlichen Hauses ruhen meine Füße genau auf demselben Fleck, wie sie's vor einem halben Jahrhundert gethan. Der nämliche graue Bretterboden ist's mit einem Astloch, in dem das dunkler gefärbte Holz gleich einem hineingetriebenen Pfropfen zu sitzen scheint. Als Knabe versuchte ich manchmal, ihn mit allerhand Werkzeugen heraus zu befördern und arbeitete stundenlang wie an einer wichtigen Lebensaufgabe daran herum. Es war vergeblich, der harte Keil widerstand, nur ein Theilchen seiner Oberfläche bröckelte fort, und mein Meißel zerbrach. Wie ich niederblicke, sehe ich jeden Kratzstrich meiner fruchtlosen Anstrengung darauf, als hätte ich soeben mein Gerät aus der Hand gelegt.[16]

Jensen läßt hier seinen Erzähler Rodewald fünfzig Lebensjahre zurückgreifen. Der berichtet vom frühen Kinderspiel, durch hartes Holz eine Öffnung zu schlagen, und vergleicht es mit einer »wichtigen Lebensaufgabe«. Noch weiß Jensen nicht, was er selbst eigentlich damit meint – warum er hier schon stutzig wird. Doch beim Weiterschreiben wird ihm bewußt: Gemeint ist die Lebensaufgabe eines ins eigene Ich verschlossenen Menschen, sich zur Außenwelt durchzuschlagen. In Rodewalds Liebe zu jenem Mädchen könnte das gelingen – Jensen weiß das ja schließlich von sich. Doch sein Mißtrauen wird bestätigt, je mehr die Geschichte fortschreitet: Nichts wird sich ändern, alles bleibt fruchtlos. Jensen merkt nämlich, daß Rodewald nach dem Willen seiner Feder nicht lieben darf. Er oder das Mädchen muß also sterben. Aber das, merkt Jensen, darf Rodewald nun auch nicht – dafür steht er ihm selbst viel zu nah. So geht statt dessen Marguerite de Saint-Vallier am Hochzeitsabend ins Auwasser. Deshalb steht Rodewald nun nach fünfzig Jahren noch immer vor der ungelösten Lebensaufgabe – wie damals als Kind:

Totenstille ist es draußen, ist es unter mir im Hause, wie mein Auge auf dem grauen Bretterboden zu meinen Füßen haftet. So knüpft das Ende des Lebens sich an den Beginn. Ich will versuchen, ob ich den harten Keil aus dem Astloch heraus arbeiten kann, an dem vor einem halben Jahrhundert mein Meißel zerbrochen.[17]

Hier herrscht trostlose Zeitlosigkeit. Die Lebensaufgabe blieb ungelöst, nichts hat sich verändert. Das Leben biegt sich zum sinnlosen Kreis. Als Jensen die Feder nach dem letzten Wort niederlegt, sucht er Trost in der Natur. Doch diesmal kann sie ihn nicht geben. Es ist August. Die roten und die weißen Brände im Gelände zeigen nur, daß auch der Jahreslauf sich in sich selbst zurückbiegt. Jensens Blick bleibt schwarz. Wieder am Schreibtisch, überfällt ihn dann der abgründige Gedanke der Ewigen Wiederkunft – der ihn ekelt. »Fürwahr«, notiert er sich,

> Fürwahr, ich mag es nicht mehr seh'n
> Dies ewige Werden und Vergehn.[18]

Ach, Jensen, der *Glückliche*! In einer Grundlinie seines Lebens hat ihn der Vergeblichkeits- und Wiederkunfts-Gedanke doch immer begleitet. 1911, kurz vor dem eigenen Tod, zieht er im Abschiedsbrief an den gerade verstorbenen Raabe das traurige Fazit:

> Es war ein Wahn –
> des Lebens Arbeit ward umsonst getan.[19]

Doch ist er diesem traurig-schmerzhaften Kreis auf lange Zeit entronnen – indem er ihn akzeptiert hat. Er hat gemerkt, daß er selbst zu seinen Ursachen gehörte. Das *déjà vu* war schließlich in ihm. Woher aber kam es? Auch das hat Jensen in jenem August des Jahres 1881 erkannt. Er war mit der Familie ins Schweizer Hochgebirge gereist, 6000 Fuß hoch auf die Wengernalp.[20] Man wanderte viel mit den Kindern im Jungfraugebiet, und Jensen bekam genug Gelegenheit, seinem Wiederkehrgedanken nachzuhängen – dann, eines Mittags im heißen Glanz der Augustsonne, hatte er's. Es stieg als Erinnerung in ihm auf: Er sah jene Heidelandschaft in Ostholstein wieder. In der Mittagshitze lag das Pfarrhaus des Pastors Claudius, und über den Hof ging das blonde Mädchen. Bei der vorschreitenden Bewegung hob der rechte Fuß sich im Zurückbleiben, wenn auch nur einen Moment lang, auf den Zehenspitzen mit der Ferse beinah senkrecht empor. Das war ihr Erkennungszeichen aus vielen Träumen – und Jensen hatte es sofort bemerkt: *Maike.* Da war sie wieder. Die Sonnenstrahlen umgaben ihre Gestalt wie mit einem dünnen Goldschleier.

An diesem Tag ist Jensen seinem *déjà vu* auf die Spur gekommen: Die Kinderliebe zu Maike lag ihm zugrunde. Es war die kleine Schwester, die immer wiederkehrte, und nicht nur in seinen Träumen. Auch manche Frauen, denen er im Leben und beim Schreiben begegnete, trugen ihre Züge. Gerade war sie als Marguerite de Saint-Vallier wiedererschienen. Hier also hatte das Gefühl seine Wurzel, daß es eigentlich nichts Neues gebe. Aber – warum denn war es so öde? Jensen begriff auch das. Weil er sich der eigentlichen, tieferen – daß er es sich nur eingestand: sinnlichen – Liebe zur Schwester enthalten mußte. Marie lachte, als er ihr das alles mitteilte, und wies zur Jungfrau hinüber. Seine Träume paßten in die Gegend.

TURMBLICK UND BRUNNENFAHRT

Indem er die Ewige Wiederkunft hinnimmt, hat Jensen viel gewonnen. Als Erzähler zeigt er nun eine neue Überlegenheit über seine Geschichten: Wenn alles wiederkehrt, dann sollte sich das Einzelereignis nicht so spreizen. Man kennt es doch schon, bevor es eintritt. Jensen versteht nun seine alte Gewohnheit besser, die Welt auf ihr Typisches hin zu mustern, das sich in der Zeit immer nur wiederholt.

Wie so manches Bedeutende ging ihm auch diese Einsicht am Alltäglichen auf, und zwar wieder einmal im »Schwarzen Adler« zu Oberbergen. Jensen bestellte seinen Mittagstrunk, da wehte es ihn an; ihn schwindelte, indes er den Becher kommen sah, die Zeitformen verschwammen ihm, rannen ineinander. Genauso hatte im April 1563 der Feldhauptmann Lazarus von Schwendi hier seinen Humpen geleert – Jensen hatte über den Herrn von Burkheim soeben im Stadtarchiv nachgelesen –, und der Wirt hieß damals schon Franz Keller. Nun hieß er wieder so, und war es nicht auch derselbe Becher? Jensen hatte für einen stehenden Moment das angenehme Gefühl, daß man ihm ewig den Becher brachte.

Solchen Einsichten folgt die Poetik, die Jensen im Sommer 1893 in Florenz entworfen hat. Er war dort mit Marie zu Gast in der Villa der Sachsen-Meininger auf San Miniato. Käthchen und Prinz Ernst, die das erste Kind erwarteten, hatten die Eltern zur Unterstützung eingeladen. Natürlich blieb Jensens Besuch nicht ohne Folgen – in den *Altflorentinischen Tagen* hat er damals die Villa des Prinzenpaars poetisch verewigt.[21] In ihr läßt er seine Tullia D'Aragona residieren, *Cortegiana* und gefeierte Dichterin – die schöne, selbstbewußte Frau behauptet sich mit Geist und Kunst gegen den Adelshochmut am Hofe Cosimos I. Jensen muß bei dieser Gestalt an die Lübecker Schriftstellerin Ida Boy-Ed gedacht haben, für die sie in der Tat etwas wie eine Vorläuferin, den *Typus*, darstellt.[22]

Daß alles Typische in der Welt immer wiederkehrt und die Zeit nur ein Schein ist, stellt das Thema der Novelle dar. Bei der *Welt als Wille und Vorstellung* nämlich hatte Jensen Zuflucht gesucht und hier für seine Wiederkunftserfahrung endlich auch eine gute Begründung gefunden: Eigentlich gibt es keine Zeit – aber das können wir nicht denken. Nur in einer Annäherung können wir uns diese Wahrheit vorstellen: als ewige Wiederkehr. Das immer gleiche, das da wiederkehrt, sind die Lebensmuster, die die Menschen von Generation zu Generation nachvollziehen. Es war dann Dichters Sache, sie immer neu und frisch zu beschreiben. So führte Jensen in der florentinischen Novelle das Leben der Künstlerin Tullia d'Aragona in Glanz und Elend musterhaft vor, wie es ihr andere dann nachleben würden – Ida Boy-Ed in Lübeck zum Beispiel. Daß das Schicksal des Einzelnen eine längst vor ihm festgelegte Rolle auf der Lebensbühne war, wußte Jensen schließlich schon lange und hatte es mehrfach aufgeschrieben.[23] Vor allem seine Frauen gehen in antiken Spuren. Adelhaid in *Nymphäa* lebt naturgöttliche Unbefangenheit, in *Nirwana* folgt die Heldin ihrem Vorbild Diana, und ein Fräulein Bertgang ist mutmaßlich die Wiederverkörperung einer altpompejanischen *Virgo Gradiva.*

Die mythisch-typische Anschauungsweise hat im Leben Jensens Epoche gemacht. Sie hat eine eigentümliche Erhöhung seiner künstlerischen Stimmung zur Folge und eine neue Heiterkeit, wie sie in jüngeren Jahren nicht zu haben ist. Jensen wird nicht mehr schwindlig, wenn er das Wiederkunftskarussell sich drehen sieht. Gelassen läßt er die Lebensdinge vorüberziehn, der Zeitablauf bekümmert ihn nur noch wenig. »War's eigentlich gestern oder vor einem Jahrhundert auf einem anderen Planeten? mir ist's nicht ganz klar«, fragt er Freund Raabe einmal.[24]

Seinen Geschichten ist in jenen Jahren eine feste Struktur zugewachsen, die sich an Schopenhauers Grundgedanken hält: Ein homerischer Erzähler, über Raum und Zeit unbegrenzt verfügend, läßt das Geschehen ablaufen. Vergangenheit und Gegenwart des Erzählten sind klar geschieden, um an einem bestimmten Punkt jedoch zum stehenden Jetzt zusammenzutreten, in dem der Gedanke der Ewigen Wiederkunft aufleuchtet. Die Personen schließlich macht Jensen immer ungenierter zu Typen: *Die* junge Frau verliebt sich in *den* jungen Mann, der das aber typischerweise nicht bemerkt. Besonders prägnant läßt Jensen nun seine Lieblingsmotive hervortreten – südlichen Eros und nordische Seele, Inseleinsamkeit und Eisesstarre, Schwesternliebe und heißen Mittagstraum. Und immer kehrt Maike wieder. Sie erscheint in der Junihitze im norddeutschen Patrizierhaus als Silene Hermes[25], in der drückenden Hitze vor ihrem Hochzeitstag als Marguerite de Saint-Vallier[26] und zur antiken Mittagsgeisterstunde in den Ruinen Pompejis als die *Gradiva*[27]. Gerade in dieser Motivverbindung verknüpft sich Jensens zeitloses Seelenmuster – die Liebe zur Schwester auf mittagsheißer Heide – mit Schopenhauers Bild für dauernde Gegenwart: »die Sonne ... brennt ohne Unterlaß ewigen Mittag«[28]. Unter der Augustsonne von 1881 hat Jensen das leibhaftig erfahren.

Sie wärmt Jensen, seitdem er die Ewige Wiederkunft hinnimmt. Viel seltener kommt die Bronchitis. Nun hat er sein Maß – nicht starr, nicht flüssig: in Grenzen gelockert. Auch Marie läßt das Husten seitdem.

Nur am 30. Dezember 1903 meldet sie Raabe einen Rückfall zu »Husten, Schnupfen, Kopf- und Gliederweh«, und zwar *à deux*. Jensen nämlich hat in der *Rodenbergschen Rundschau* den Briefwechsel Storms mit Gottfried Keller gelesen und darin die vielen Seitenhiebe auf Paul Heyses allzu leichte und umfangreiche Produktion. Einen Trost nur schienen die beiden Briefschreiber gehabt zu haben: Heyses schwache Gesundheit. »Vielleicht«, schreibt Keller über den gemeinsamen Freund, »bringt eben das angegriffene Nervenwesen eine solche selbstmörderische Fähigkeitssteigerung mit sich.«[29] Auch Storm findet Heyse nun nervlich sehr angegriffen: Übrigens munkele man in Wien, »daß er rückenmarksleidend sei, und – wenn man ihn *gehen* sieht, so muß man selbst zu der Befürchtung kommen«[30]. Jensen fühlte sich an Raabe gemahnt und daß der wahrscheinlich genauso kritisch von ihm dachte wie die beiden vom sonnigen Vielschreiber Paolo. Vor kurzem war mit der *Gradiva* ja Jensens vermutlich 120. Buch in Druck gegangen. Dafür war er nun aber auch bereit, ein wenig zu zahlen. Er fing an zu niesen. Bald hochvergrippt, reichte er Raabe dann zu Reue und Versöhnung »im Geist die Fieberhand hinüber«[31].

Wieder in München

PRINZREGENTENZEIT

Seit jener Katzenmusik im Jahre 1883 war Jensen die Stadt Freiburg zunehmend verleidet. Zu offenkundig und unangefochten hatte hier die ultramontane Reaktion wieder das Haupt erheben dürfen. Auch begann sich das große Haus zu leeren, denn die Töchter Dorothea und Maina verlobten sich, und Sohn Paul nahm das Studium auf. Verschiedentlich auch hatte Heyse aus München herübergewinkt. Hier könne man längst wieder in Freiheit leben, seit Wagner und sein Reich des Wahns mit König Ludwig untergegangen seien. Nun steige die Literatur wieder zu neuen Ehren auf. Jensen möge sich einmal die Villa Heyse in der Luisenstraße ansehen. Sie könne sich mit dem Hause Lenbachs durchaus messen, jedenfalls, was die Bedeutung der dort verkehrenden Personen angehe. Defregger sei darunter – dies ließ Heyse Marie wissen, deren Maltalent in diese Richtung ging.

1888 zogen die Jensens nach München. Die Gründe bestanden nicht mehr, derentwegen man die »Kunststadt« einst verlassen hatte. Jensen war in den selbstgezogenen Grenzen zu Erfolg gelangt und hatte sein Auskommen. Auf die Literaturkritik war er nicht angewiesen, er hatte die Leihbibliotheken und die großen Familienzeitschriften. Auch eine Konkurrenz am Ort gab es nicht mehr. Der »heilige Teich« war ausgetrocknet, und die Krokodile hatten sich zerstreut. Heyse allerdings hatte alle wichtigen Fäden in der Hand behalten. Er war tonangebend in der Deutschen Schillerstiftung (was Wilhelm Raabe bald ein Stipendium eintrug), saß in den Komitees der wichtigsten Literaturpreise, war Ehrenmitglied des Münchener Schriftsteller-Vereins, und Prinzregent Luitpold schätzte ihn, obschon Heyse 1887 aus dem Maximiliansorden ausgetreten war. Luitpold war nicht kleinlich.

Auch Heyse war das übrigens nicht. Er hatte seit einigen Jahren die Angriffe der »Jüngstdeutschen« zu ertragen, die man besser »Naturalisten« nannte. Er sei, so schrieb *Die Gesellschaft* soeben, »die plastische Verkörperung der ganzen sittlichen Verkommenheit der deutschen Bourgeoisie«[1]. Man nahm ihm wohl seine Liebesgedichte übel. Im Grunde aber ärgerten diese Leute sein Ruhm und seine Tantiemen. Der gutmütige Heyse beruhigte sich jedenfalls mit dieser Einsicht. Heiter und liebenswürdig empfing er Gäste aus aller Welt in seiner falschen Renaissance-Villa. Sollten sich derweil die Münchener Modernen in Karl Wilhelm Diefenbachs Naturoase Höllriegelskreuth doch von der Literatur kurieren. In München mochte die Isar jedem rauschen.

Die Jensens nahmen sich 1889 eine große Wohnung in Schwabing, im dritten Stock eines vieltürmigen Gründerzeit-Prachtbaus. Lugo, der Malerfreund, zog mit. Für seine Schwarzwaldbilder und die nach der Natur gezeichneten Porträts konnte er gerade bei den Modernen auf Anerkennung hoffen. Nicht wenige von ihnen waren der Vorstadtmilieus so überdrüssig wie der Darstellung von Endzeitmenschen, in denen das Erbgut verunglückt war. Man wollte wieder Positives, an das man sich halten konnte. So waren Berliner Maler gerade dabei, die bayrische Hauptstadt zu entdecken. In Lugos und Jensens großem Schwarzwaldbuch blätterten sie begeistert und pfiffen dazu den neuesten Schlager »Mutter, der Mann mit dem Koks ist da«.

München hatte sich seit den Sechzigern doch sehr verändert, und Jensen beschloß, nur noch das Zuträgliche davon anzunehmen. Das sollte dann mehr sein, als er sich gedacht hatte. Oder hatte er sich in Freiburg vorstellen mögen, mit dem scharfen Wortführer der Modernen, Michael Georg Conrad, die Theresienstraße dreimal auf und ab zu disputieren? Ida Boy-Ed, erstaunlicherweise, hatte diesen Mann dringlich empfohlen. Und hätte sich der Monist und Freigeist Jensen es träumen lassen, in Schwabing an Geisterbeschwörungen teilzunehmen? Oder, noch erstaunlicher: Wäre an einem jener behaglichen Vorleseabende im wohlgeordneten Husumer Haus des Freundes Ludwig von Reventlow ausdenkbar gewesen, daß dessen Tochter Fanny sich in München ihr Faschingskostüm (als phrygische Flötenbläserin) von Jensen begutachten ließ? In der Tat trug sie es dann auf jenem sehr fragwürdigen Maskenfest, auf dem man aus Schalen rauchendes Blut trank, den alten Göttern zu Ehren. Wäre damals denkbar gewesen, daß sie eines Tages den Jensens ihr vaterloses Kind der Liebe in die Wohnung tragen würde, natürliche Folge zu weit gefaßter Künstlerfreiheit (Fanny malte)?

Fürs erste ging Jensen aufmerksam, aber eingezogen durchs neue München. Wenige erkannten ihn wieder, er hatte kaum zu grüßen. Nur im Schwabinger »Burgfrieden« rissen die russischen Maler die bunten Kappen vor ihm herunter. Das galt aber eigentlich dem schönen Käthchen. Sie hatten entdeckt, daß sie zeichnete.

Käthe Jensen nahm nämlich Unterricht bei Claus Meyer, sie hatte das mütterliche Talent geerbt. In Meyers Klasse hatte sie auch schon einen hartnäckigen Verehrer gefunden, einen hochaufgeschossenen, reichlich nervösen Jüngling im breitkrempigen Borsalino. Die beiden fuhren gerne Rad in den Isarauen.

Seit 1886, dem traurigen Tod Ludwigs II., regierte Prinzregent Luitpold, und Kunst, Geist und Leben gingen nun neue, eigentümliche Verbindungen ein. Besonders die Literatur hatte ihre Bedeutung wiedererlangt, die sie durch die Intrigen Richard Wagners verloren hatte. Jensen hörte schlimme Anekdoten über die Mißachtung der Krokodile durch König Ludwig. Einzig die Dramenschreiber hatten noch sein Interesse gefunden. Ihnen gab er zuweilen Aufträge, wobei Thema und Bühnenausstattung vom Mäzen bereits vorgeschrieben waren. Über die oft mit großer Pracht ausgestatteten Aufführungen konnte der Autor dann aber selten glücklich sein. Er und Ludwig in seiner Königsloge waren zu später Nachtstunde die einzigen Zuschauer, und eine weitere Aufführung war nicht beabsichtigt.

Die Zeiten solcher Verkennung waren vorbei. Zwar feierten die Opern Wagners weiterhin Triumphe, wurden seltsamerweise auch populär, und man sprach schon von der »Richard-Wagner-Stadt« München. Das ging aber nun nicht mehr auf Kosten der Literatur. Die gab es seit einiger Zeit sogar doppelt, sozusagen. Da waren einmal die übriggebliebenen Krokodile und ihnen nahestehende Schriftsteller – neben Heyse Hermann Lingg natürlich *(Clythia. Eine Szene aus Pompeji* wurde von ihm gerade gespielt), der Kritiker und Romancier Julius Grosse *(Der getreue Eckart)* und Wilhelm Hertz, beliebter Philologieprofessor an der Technischen Hochschule und Verfasser von Nachdichtungen zum Mittelalter, dem ein reicher Verehrer übrigens gerade ein Landhaus am Starnberger See geschenkt hatte. Auch Georg Ebers mit seinen altägyptischen Romanen erfreute sich weiterhin größter Beliebtheit – er bekam gerade eine 32bändige Gesamtausgabe. Zu diesen »Alten« stieß jetzt noch Wilhelm Jensen.

Gegen sie machte eine Gruppe Jüngerer scharf Front. Mit einem gerade aus Berlin eingewanderten Wort verstanden sie sich als die *Modernen.* Natürlich waren sie wieder fast alle *Nordlichter,* wie man schon die Krokodile genannt hatte – Zugezogene aus den nördlichen Reichsgebieten, Franken inbegriffen. Sie wollten einen »jüngstdeutsch« verschärften Realismus in München durchsetzen, Anführer waren Conrad und der Psychiater Panizza. Michael Georg Conrad war Lehrer gewesen, hatte in Paris den naturwissenschaftlich begründeten Realismus kennengelernt und gab nun seit 1885 die »realistische Wochenschrift« *Die Gesellschaft* heraus. An der arbeiteten alle mit, die »jüngst« und unzufrieden waren. Einer der Unzufriedensten war der Dr. Panizza, Irrenarzt und einst Assistent beim Professor von Gudden, der mit dem König ertrunken war. Jensen mochte Panizza trotz seiner schrillen Töne. Er war ein aufrechter Kämpfer gegen die neuen ultramontanen Mucker und Volksverdummer. Als Jensen ihn in der »Psychologischen Gesellschaft« kennenlernte, schenkte er ihm ein Exemplar des *Kampf für's Reich.* Dr. Panizza las darin, wohl aus Hochachtung vor dem Freiburger Theaterskandal, konnte aber mit dem Nationalgedanken nichts anfangen. Jensen nahm das nicht übel. Noch auf die Festung Amberg, in der Panizza später wegen seines gotteslästerlichen *Liebeskonzils* einsaß, schickte er ihm sein langes Trostgedicht von der *Schönheit des Daseins*[2]. Es war das Ergebnis seiner eigenen Haft auf dem Hohenasperg gewesen, dreißig Jahre zuvor. Als Panizza 1904 dann offenbar ganz verrückt spielte, ließ er ihn oft durch Fanny Reventlow grüßen, die als eine der wenigen den Entmündigten noch in der Anstalt besuchte. Jensen verstand die Modernen gut, wenn er an seine eigenen Stuttgarter Jahre dachte. Er mochte aber ihre lauten Töne nicht und ihren nervösen Radikalismus, mit dem sie aber auch alles Bestehende umwerfen wollten, wie beispielsweise die Familie – Panizzas Kollege Dr. Groß wollte statt ihrer nur noch die »Beziehung« gelten lassen.

Ein guter Vorsatz ließ sich kaum durchführen: Jensens

hatten beabsichtigt, den gesellschaftlichen Verkehr sehr zu beschränken. Außer an Heyse wollte man sich an Hermann Lingg halten, ein altvertrautes Krokodil, dessen dunkle und unkorrekte Verse übrigens bei den Modernen in Achtung standen. Zu denen aber – ob Maler, ob Dichter – wollte man Distanz bewahren. »Odi profanos et arceo«, schrieb Jensen an Raabe.[3] Wie Horaz sei er schließlich dazu gekommen, die Gemeinen zu hassen und fernzuhalten. Das war aber nicht zu machen. Sie schmuggelten sich ein und standen ein wenig mokant im Hintergrund des Speisezimmers, wenn Jensen zum Beschluß eines geselligen Abends – der war auch in München bald wieder fest eingerichtet – aus seinen Gedichten vorlas. Michael Georg Conrad erschien auf diese Weise und blieb ein häufiger Gast. Ida Boy-Ed hatte ihn ja empfohlen, mit merkwürdig starken Worten, die wohl mehr dem Mann galten. Eigentlich mußte sie ja doch auch auf sich beziehen, was dieser Vorkämpfer modernen Lebens eines Abends an Jensens Tafel von sich gegeben hatte: »Wer sich an die *Familienblätter* verkauft, der muß Familienblätterliteratur schreiben und Familienblätterbilder zeichnen und malen.«[4] Jensen und Lugo hatten scharf nachgefragt, wen er denn damit meine. Ludwig Ganghofer und die *Gartenlaube*, hatte Conrad sich herausgeredet. Mit Erstaunen bemerkte Jensen dann aber in den folgenden Jahren, daß Conrad sich gerade dem Dr. phil. Ganghofer und seiner Bauernpoesie immer mehr zuwandte.

Weder die literarischen noch die weltanschaulichen Fronten verliefen in München so deutlich, wie sich das im fernen Freiburg ausgenommen hatte. Eine beunruhigende Bekanntschaft, die Ernst Haeckel aus Dresden vermittelt hatte, lehrte das ganz besonders. Haeckel hatte gemeint, Jensen möge doch einmal in der »Psychologischen Gesellschaft« des Barons du Prel nach dem Rechten sehen. Es gehe dort wohl eben nicht mit rechten Dingen zu. Angeblich stehe man ganz auf dem Boden des materialistischen Monismus und damit bei ihm, Haeckel, und andererseits versuche man, den Spiritismus zu beweisen. Kein ganz reinlicher Materialismus, sondern genau das, was der Philosoph Nietzsche vor kurzem drastisch und richtig als »Schwindel-Geisterei« bezeichnet habe – Folge einer allzu ausschließlichen Ernährung mit Zeitungen, Politik, Bier und Wagnerischer Musik[5]. Das sei ja wohl auch eine spezifisch Münchener Diät. Haeckel hielt eben seine Gemeinde zusammen.

GRETCHEN RAABE ALS MALWEIB

Marie und auch Lugo waren schon nach einem Jahr der Stadt ein wenig überdrüssig. Sie war doch zu sehr gewachsen seit 1866 – geradezu ungesund. Vor allem war da die Rauchplage. Zu viele Fabrikschornsteine qualmten und brachten Atembeschwerden – der Polytechnische Verein hatte gemessen, daß der Rauch die Sonnenscheindauer in München schon bedenklich verringerte. Jensens beschlossen, jedes Jahr eine lange Sommerfrische einzulegen. Wo, war bald ausgemacht: am Chiemsee, wo man sich vor dreißig Jahren kennen- und liebengelernt hatte. In Prien fand man bald preiswerte Zimmer auf einem Bauernhof neben der alten Kirche. Die Töchter allerdings kamen selten mit.

Auch von der Kunststadt München war Marie ein wenig enttäuscht. Sie hatte viel übrig für geschichtlich und natürlich Gewachsenes, und die Jahre in der badischen Rheinebene, in der sich Kunst und Architektur immer an ihrem geschichtlichen Ort fanden, hatten sie darin bestätigt. Im Münchener Stadtbild dagegen war bis auf die Barockkirchen das wenigste echt. Man liebte hier seit langem die »historischen« Baustile, und so war von der »antiken« Glyptothek über die Florentiner »Renaissance« von Residenz und Feldherrnhalle bis zum Klassizismus der Ludwigstraße und der Neugotik der Maximilianstraße jede abendländische Bauweise vertreten. Dazwischen stand dann wieder so manche »bürgerliche« Stadtvilla. Besonders die Fassaden hatten es an sich, sie waren bunt und falsch wie der Buchschmuck zu Heyses Lyrik – kecke Improvisationen in fließenden Linien und sonnigen Farben mit Bacchanten, Nixen und anderen Nacktheiten. Die neueste Sensation war der Renaissancepalast in der Arcisstraße, den sich der Mathematikprofessor Pringsheim von den Eisenbahnmillionen seines Vaters leisten konnte. Eine Lichtmaschine, die das Haus mit Strom versorgte, war in einem stilvoll antikisierenden Anbau untergebracht. Das war eine Mischung, fand Marie, wie ein Bühnenbild von Wagner.

Falsch waren auch die Auslagen der Kunsthandlungen, in denen die Antike noch einmal, etwa in den Abgüssen der Renaissanceplastik, wiedergeboren wurde. Die Aphrodite von Knidos, etwas verkleinert, des Skopas tanzende Mänade und die Nachbildungen neuester Funde aus Pompeji warteten auf den Liebhaber. Man sollte nur einmal, spottete Lugo, dem Lysipp ein Vervielfältigungsrecht zugestehen und dann seine Tantiemen berechnen. Er wäre heute reicher als Len-, Kaul- und Feuerbach zusammen.

Maries großes Vorbild war lange Zeit Defregger gewesen. Die Stimmung seiner Tiroler Genrebilder versuchte sie auch in ihren Schwarzwaldansichten zu erreichen. In München entdeckte sie nun den klaren, unsentimentalen Realismus Wilhelm Leibls, dessen Kunststrenge sie bald den Vorzug gab. Sie erkannte in seinen Bildern den gleichen Ernst wie in Raabes Romanen. Um ihn persönlich kennenzulernen, mußte man ihn allerdings auf dem Lande in Aibling aufsuchen. Leibl war nämlich schon seit langem aus München ausgezogen, das ihn zu wenig verstanden hatte. Es gab auch nur wenig Bilder von ihm dort, denn er schickte, was ihm wichtig war, auf Ausstellungen nach Paris, um mit Courbet und Manet zu konkurrieren. Vor Lenbach und Defregger aber ließ man seinen Namen besser unerwähnt, so wie es der ihre übrigens in Paris war.

Natürlich fand Marie die Detailfreude der beiden immer noch besser als das um sich greifende »flotte Schmieren« der neuesten Richtung. Die war ihr geradezu verhaßt. War das Wesen der Malerei denn nicht, die Wirklichkeit genau zu ergreifen und in feste Form zu fassen? Hatte nicht Wilhelm Jensen eben dies so mühsam lernen müssen? Und nun sollte man das Wirkliche modernerweise interessant *verfließen* lassen? Marie hielt das für dekadent. In der ersten Sommerfrische auf der Fraueninsel hatte sie eine große blühende Wiese gemalt. Nicht ohne besonderen Grund beschrieb sie Wilhelm Raabe das Bild: »Mit weißer Wolke darüber, im Vordergrund die Blumen und Gräser sehr ausgeführt. Auch ein Wassertümpel ist dabei, in dem man Unken und Frösche lustig herumschwimmen sieht, wenn man scharf hinschaut.«[6]

Das war nun weniger an Freund Wilhelm gerichtet als an seine Tochter Gretchen, und es war eine leise Warnung. Gretchen hatte sich nämlich in Berlin zur Malerin ausbilden lassen, und nun zog es sie dringend nach Paris. Allenfalls, hatte sie zugestanden, ginge sie auch nach München. Darin sah Marie eine Bedrohung ihres Seelenfriedens. Gretchen war energisch und eigenwillig – kein junger Mann hielt es bei ihr aus, er sollte es wohl auch nicht. Marie dachte mit Schaudern an jene scharfe Kunstdebatte, die sie mit Raabes ältester Tochter vor Jahren im Celler Gasthaus Bockstöver geführt hatte. Derzeit war Gretchen bekennende »Impressionistin« und schmierte sicherlich flott daher.

Im Oktober 1891 kam sie. Auch das dringliche Abraten Jensens – eine alleinstehende Frau habe es schwer in der

»ungeheuren Bierstube« München, und von der »Berliner weiblichen Collegialität« finde sich hier keine Spur – hatte nichts bewirkt.[7] Raabe wollte seine Tochter nicht nach Paris gehen lassen, obschon dort einige enge Genossinnen aus der Berliner Zeit auf sie warteten und Gretchen inständig darum gebeten hatte. Er sah dort das »gute alte Mädchen«[8], Gretchen war 28, ungewohnten Gefahren ausgesetzt. Auf München als Kompromiß ging er ein. Gretchen wollte hier – die Akademie ließ keine weiblichen Studierenden zu – die private Malschule des Professors Herterich besuchen, Akt zeichnen und Anatomie treiben. Im Grunde freute sich Wilhelm Raabe, daß er sein Zeichentalent vererbt hatte und daß es sogar für den Lebensunterhalt seiner Tochter aufkommen würde – Gretchen hatte in Berlin ihr Diplom als Zeichenlehrerin gemacht. Mochte sie doch ein Jahr in München die Freiheiten eines Malweibes kosten. Allzuweit würde sie schon nicht gehen, meinte Raabe. Mit den Männern hielt es seine »gute Alte« ohnehin nicht, was ihn sehr beruhigte.

Gretchen Raabe nahm sich sogar eine eigene Wohnung – Arcisstraße Nummer 20, 3 Treppen, bei einer Frau von Fabris. Einige Häuser weiter stand das Palais Pringsheim mit der falschen Renaissancefront und dem angeklebten Barockgiebel. Wenn dort ein Fest gegeben wurde, hörte man die ganze Nacht den Lichtgenerator. Gretchen hörte ihn oft, denn meist kam sie auf ihrem Fahrrad spät nach Hause. Sie hatte bei einigen Malgenossinnen Anschluß gefunden, und man saß lange in den Ateliers und debattierte über Lenbach, Max Liebermann und über das neue sozialdemokratische Interesse an der Volkskunst. Margarete Raabe war übrigens fest entschlossen, sich hier einige Jahre zu halten. Dann erst würde sie sich darein schicken, an einer Braunschweiger Mädchenschule junge Damen zu lehren, Nasen zu malen.

Die Jensens hatten mit ihr durchaus keine Schwierigkeiten. Natürlich hielt es Gretchen im Frühjahr 1892 sofort mit der Sezession, die sich gegen das Patronat Lenbachs auflehnte. Sie begann auch, wie es im neugegründeten »Verein bildender Künstler« verbindlich war, »symbolistisch« zu malen, und Marie erkannte auf ihren Bildern nun noch weniger. Doch freundlich lobte Gretchen Maries genaue Gräser, und so war Burgfrieden. Im übrigen lebte sie tatsächlich als Malweib. Sie feierte alle großen Schwabinger Faschingsfeste mit[9], rauchte und trank Likör. Das hatte sie von einer Freundin aus der russischen Kolonie, an die sie sich eng angeschlossen hatte. Manchen Sommer verbrachte sie mit Lisaweta auf einem ihrer Güter in Kurland oder an der livländischen Küste.[10]

Wie Gretchen Raabe kam so mancher Besuch aus dem Norden, vornehmlich aus Lübeck. Es gab dort die Jensen-Gemeinde, in der man tatsächlich alle seine Bücher gelesen hatte. Heinrich Schunck war ihr Kopf. Er hatte eigens den »Lübecker Leseabend von 1890« begründet, um »Auslandslübecker« wie Jensen (er zählte ihn einfach dazu) »nach Hause« rufen zu können. Als Schunck starb, übernahm Hermione von Preuschen sein Amt – sie schrieb ja selbst Romane. Natürlich kam sie zu Besuch, wenn sie auf der Durchreise zum Sanatorium Mitterbad war. Natalia Kulenkamp, die mit Ida Boy-Ed befreundet war, sprach häufiger vor – sie hatte ihre Schwester in München, verheiratet mit einem Oberpostrat Knözinger. Als gute Bekannte richtete sie manchmal Grüße des jungen Lübeckers Heinrich Mann aus, der Schriftsteller werden wollte.

FIDUS AUS LÜBECK

Der aufreibendste und, wie Marie fand, »westfriesisch-sturste« Landsmann, der je bei den Jensens vorsprach, war allerdings Fidus. Fidus, der eigentlich Hugo Höppener hieß, war der Sohn eines Konditors aus der Lübecker Kapittelstraße. Meister Höppener beherrschte das Modellieren in Marzipan und stellte für die Senatoren- und Bürgermeister-Gesellschaften die großen Torten mit Aufsätzen und Marzipan her.[11]

Fidus hatte das bildnerische Talent des Vaters geerbt und sollte in München die Malakademie besuchen, schloß sich aber statt dessen der Lebensreformgemeinde Karl Wilhelm Diefenbachs an. Der hauste mit einigen Jüngern und seinem Sohn Helios in Höllriegelskreuth vor München in einem Steinbruch. Man ernährte sich von Schrotbrot und »Leguminösen« und badete nackt in Licht und Luft, was zuweilen die Gerichte beschäftigte.

Diefenbach sah sich in der Nachfolge Jesu. Wie sein Lehrer trug bald auch Fidus nur eine wollene Kutte am Leib und Sandalen an den Füßen. Er war auffallend klein und hatte oft Schwierigkeiten beim freien Sprechen, doch seine Gesten und sein Bekehrungseifer waren die eines Heilsbringers. Hartnäckig versuchte er, die Jensens zum Anschluß an die Diefenbach-Gemeinde zu überreden, und später, nachdem er sich mit dem Meister überworfen und sich dem Theosophen Hübbe-Schleiden angeschlossen hatte, warb er genauso zäh um ihre Beteiligung an den okkultistischen Zirkeln, die dieser neue Führer leitete. Jensen aber hatte schon genug mit seinen spiritistischen Ausflügen zu Baron du Prel. Und mit Marie verdarb es sich Fidus eines Tages gründlich, als er ihr sein Liebesleid klagte. Er liebte eine ungarische Baronin mit jüdischem Blutseinschlag, konnte sich aber mit ihr nicht körperlich vereinigen, da sich der Rassenunterschied schmerzhaft bemerkbar machte, und zwar in unterschiedlichen Hautspannungen. Er vermutete, es gebe zwischen Juden und Deutschen eine gegenseitige Abstoßung im Sinne einer kosmischen Hygiene.[12] Marie

Fidus (Hugo Höppener, 1868–1948) mit seiner Mutter
in München 1889

nahm diese Hygiene fortan auch für sich in Anspruch und lud Fidus nicht mehr ein.

Im Jahr darauf stand er unter dem Einfluß des schlesischen Weber-Propheten Mailänder, aus dem der Apostel Johannes sprach. Dieser inspirierte Fidus zu einer Folge von Kohlezeichnungen mit dem Titel *Zu Gott*[13], die er der Münchener Jahresausstellung 1891 einreichte. Hier abgewiesen, kehrte er München den Rücken und zog mit Hübbe in die Künstlerkolonie Friedrichshagen bei Berlin zur »Fühlungnahme mit den dort sich sammelnden nordischen Geistern der ›Moderne‹«[14]. Ein wenig konsterniert war Jensen dann aber doch, als er 1902 eine von Fidus und Ernst Haeckel unterschriebene Postkarte erhielt. Sie grüßten von der Gründungsversammlung des naturreligiösen »Giordano-Bruno-Bundes« in Berlin. Hatte man Fidus unterschätzt? Man fragte sich das gleich noch einmal, als Fidus seinen Erkenner gefunden hatte und dieser, der Lebensreformer Wilhelm Spohr, ihnen seine Schrift *Fidus als Erzieher* zusandte. Spohr stellte den Erzieher Fidus hier gleich neben Rembrandt.

Auch erhielt man später den Aufruf, sich an der Gründung eines »Tatbundes« mit Namen »St. Georg« zu beteiligen. Er sollte vor allem dazu dienen, Fidus finanziell zu unterstützen, der mit einem Tempelbau nun endlich sein »Großschaffen« beginnen wollte. Sehr viel später traf noch eine bunte Bildkarte ein – sie zeigte Fidus als Priesterkünstler vor dem Modell einer nordischen Feuerehrungshalle, darüber auf blauem Grund die Hagal-Rune in Gold.

EINE BEKANNTSCHAFT AM RANDE

In du Prels »Gesellschaft für wissenschaftliche Psychologie« machte Jensen 1893 eine beiläufige Bekanntschaft, deren Gewicht sich erst im Laufe der Jahre, eigentlich erst kurz vor seinem Tod, herausstellen sollte. Jensen ging ganz gern zu du Prel, seitdem Haeckel sein Placet gegeben hatte. Die Verbindung von materialistischem Monismus und Okkultismus, die man hier betrieb, erlaubte, daß er seiner Schwäche fürs »Spökenkieken« ohne besondere Selbstvorwürfe nachgeben konnte. Das war ja genau das Kunststück Schopenhauers, das man damit nachmachte: alle Vorteile der Metaphysik genießen und dabei doch ein Aufklärer bleiben. Der Dr. Panizza konnte das beispielsweise, indem er die »Außenwelt als Halluzination unserer geistigen Potenz«[15] erklärte. Diese Halluzination aber verstand er streng gehirnphysiologisch, also organisch, legitim materialistisch also – sehr wohl. Ähnlich dachte Dr. von Schrenck-Notzing, der drüben, reserviert blickend, an einer Säule lehnte: Die okkulten Phänomene seien eine Produktion des Unbewußten im Menschen.

Man hatte an diesem Abend Hanns von Gumppenberg eingeladen samt seinem Medium Fräulein D. und erwartete, sofern er disponiert war, auch den ihnen zugeordneten Schutzgeist namens Geben. Geben war sehr scheu. Fräulein D. hatte diesmal große Mühen, ihn hervorzubringen. Immer wieder fuhr sie mit der hohlen Hand in der Gegend ihrer Hüfte hin und her – führte die Hand von sich fort mit schöpfender oder rechnender Bewegung wieder an sich heran, als zöge und sammle sie etwas ein. Dabei flüsterte sie Heißes und zunehmend Sinnloses. Doch Geben ließ sich nicht herbeilocken. Später teilte er durch Hanns von Gumppenberg mit, das Eindrängen einer »böswilligen Intelligenz« habe ihn abgehalten.[16]

Diese »Intelligenz« gehörte offenbar einem österreichischen Privatdozenten der Medizin, den Dr. Löwenfeld mitgebracht hatte. Er hielt erkennbar wenig von Geistern, war aber um so mehr am weiblichen Medium interessiert. Auf einem Taschenblock notierte er sich begeistert, was es Abgerissenes vor sich hin stammelte. Vergnügt lachte er auf, wenn Fräulein D. Äußerungen tat, denen offenbar nur er einen Sinn abgewinnen konnte. Löwenfeld, dem er das dann zuflüsterte, widersprach jedoch scharf. Es entstand jene Unruhe, die Geist Geben fernhielt.

Jensen, den das schlechte Gewissen in diesem Kreis immer in die Nähe von Zweiflern trieb, ließ sich bekanntmachen: ein Dr. Freud aus Wien, nach München an das Krankenbett eines Freundes geeilt. Dr. Freud hatte soeben seinen Abschied von der Neurophysiologie genommen und gedachte, sich jetzt ganz auf die Neurosentherapie zu konzentrieren. Das Medium Fräulein D. hielt er unter der Hand für hochgradig *hysterisch,* und zwar, weil in der Sexualfunktion gehemmt. Geist Geben sei ihre Erfindung, er solle es ihr eben »geben«. Dr. Löwenfeld widersprach. Mit derart willkürlichen Wortspielen könne er sich nicht anfreunden, und im übrigen sei Fräulein D. eine solche Bedeutung des Ausdrucks sicherlich völlig fremd. Als man sich verabschiedete, bemerkte Jensen, daß Dr. Freud einen enormen Schnupfen hatte. Das kannte er ja nun gut, dieser Privatdozent übernahm sich offenbar. Jensen wünschte gute Besserung und empfahl sein Hausmittel. Doch der andere wußte auch das noch besser. Er habe keinen Schnupfen, sondern den Ansatz einer *Nasenreflexneurose,* die nur auf Kokain anspreche. Als Jensen durch den Englischen Garten nach Hause ging, mußte er zum ersten Mal seit langem wieder husten.

Der junge Mann

PHANTASIE: DAS BUNTE PLAID

Er hatte Emanuel von Geibel als Kind noch gesehen, in Travemünde, mit seinem weißen Knebelbart und seinem Plaid über der Schulter, und war von ihm um seiner Eltern willen sogar freundlich angeredet worden. Der Vater nannte Geibel ohne Spott den *Dichterfürsten*, und als er gestorben war, bekam er bald sein Denkmal, auf dem er thronte.

Das hatte großen Eindruck auf den Knaben gemacht. Dieser nährte nämlich heimlich eine Phantasie, die von seiner außerordentlichen Besonderheit handelte und ihm für sein Leben eine große Verheißung zusprach. Eine Lieblingsidee in diesem Zusammenhang war, er sei eigentlich ein *Prinz namens Karl,* und eines Tages würde das für alle sichtbar werden. Er mußte aber auch nicht immer ein Prinz sein, seine Rollen wechselten häufig, ein Gott wie Zeus tat es ebenfalls – oder auch ein Dichterfürst.

Davon ließ sich am Strand von Travemünde wunderbar träumen. Dies war eben der Ort, an dem man in Lübeck darüber nachdachte, wo es mit einem hinaus wollte. (Auch Fidus, dessen Vater am Strand seine Zeltkonditorei betrieb, hat hier sieben Jahre zuvor zwischen »Mövenstein« und Mole im Sand gelegen, von Meisterschaft geträumt und die ersten »Fidusbilder« empfunden[1].) Hier am Travemünder Strand wußte der Knabe auch eine heimliche Antwort auf die Frage der Lübecker, nachdem Geibel gestorben war: »Wer kriegt nu de Stell? Wer ward nu Dichter?« Wenn *er* sie nun bekäme? Wenn der kleine Prinz Dichterfürst würde?

Merkwürdigerweise konnte er dies nie denken, ohne daß sich auch die Erinnerung an Geibels Plaid einstellte. Geibel hatte es nach seiner Rückkehr aus dem Süden in Lübeck ständig gefroren, und so trug er zum Schutz immer ein buntkariertes Plaid über der Schulter – wer Phantasie hatte, dem mochte es als der Purpur des Dichterfürsten erscheinen. Der Knabe hatte allerdings Phantasie.

Nach dem Tod seines Vaters ergab es sich, daß die Mutter nach München zog. Er wußte da sofort, daß er ihr nachfolgen würde, wenn er die Schule hinter sich hatte. München – das war die Stadt, in der man Geibel zum Dichterfürsten gekrönt und übrigens auch ganz real in den Adelsstand erhoben hatte.

Als der junge Mann dann Geibel und seiner Mutter nachfolgte, bestieg er das Eisenbahnabteil mit einer krokodilsledernen Handtasche und einem buntkarierten Reiseplaid. Es war ihm Unterpfand für künftige Erwählung und Erhöhung. Und immer, wenn er später seine Helden zu diesem Ziel in die weite Welt hinausfahren ließ, rüstete er sie mit dem Plaid als einer geheimen Garantie aus. In seinem schönsten und auch umfangreichsten Roman schließlich, der jene kindliche Erhöhungsphantasie auf die Spitze treibt, widmet er ihrem wichtigsten Requisit sogar ein ganzes Kapitel: *Das bunte Kleid.*

»WER ERST JENSEN WÄRE!«

Jensen war im Herbst 1893 so melancholisch gewesen, daß er sich auf der Fraueninsel ein Grab kaufte. Sie seien nun endlich wieder Grundbesitzer, schrieb Marie an Raabe. Der, auch nicht besserer Stimmung, mietete sich seinerseits auf dem Braunschweiger Centralfriedhof an.[2]

Schließlich fand Marie im folgenden Frühjahr, man müsse gegen soviel Dunkelheit etwas unternehmen, und so wurden sie ein zweites Mal Grundbesitzer am Chiemsee, diesmal nicht fürs Sterben, sondern für die noch anstehenden paar Lebensjahre: Sie kauften sich in Prien, wo ihnen die Sommerfrische regelmäßig so gut bekommen war, Grund und Boden. Im Spätjahr wollte man darauf bauen – ein Häusle, wie man den Generalmajor von Reder sofort verbesserte, als der Heyse gegenüber von ihrem »Landhaus« gesprochen hatte. Reder war nun ihr Nachbar, ein altes Krokodil übrigens, das jedoch als Nietzscheaner und Kritiker Wilhelms II. auch bei den Modernen in hohem Ansehen stand.

Ein Lichtblick auch aus Florenz. Käthchen wurde zum zweiten Mal Mutter. Jensen beschäftigte das sehr, immerhin rollte in den Adern dieser Enkel uraltes Stauferblut. Er gedachte, diese Tatsache eines Tages literarisch zu feiern, und zwar als Drama, für dessen Aufführung er wohl nicht mehr besorgt sein mußte.[3] Es war nämlich so, daß Jensen jetzt beste verwandtschaftliche Beziehungen zu einer der angesehensten europäischen Bühnen hatte, dem Theater des Herzogs Georg II. von Sachsen-Meiningen. Der lange, etwas nervöse junge Mann im Borsalino, den Käthe in Professor Meyers Malklasse kennengelernt hatte, war des Herzogs zweiter Sohn Ernst gewesen. Prinz Ernst, der nicht gerade über eine robuste Gesundheit verfügte, hatte sich vom Hof zurückgezogen und gedachte, als Künstler zu leben. In das schöne und begabte Käthchen hatte er sich rasch und rettungslos verliebt, was jedermann in seiner Umgebung verstand. Die beiden waren sich auch bald einig, da Käthchen sich von dem klugen und humorvollen Mann gleichfalls angezogen fühlte – ein melancholischer Nebenzug in seinem Charakter mochte sie dabei an ihren Vater erinnern. Marie hatte nichts einzuwenden, zumal Ernst Landschaften im Stile Leibls malte. Jensen wiederum war von der Verbindung sofort begeistert, als er hörte, daß die Meininger von den urdeutschen Staufern abstammten. Ihm sei das sofort in die Feder gefahren, spottete Marie.

Nur die Art der Eheschließung mißfiel den Jensens. Eine schlichte Ziviltrauung wäre ihnen genug gewesen. Doch Käthchen mußte sich in die Notwendigkeiten der fürstlichen Erbfolge schicken – immerhin war Ernst nach Erbprinz Bernhard Albrecht der zweite am Thron. Seine Gemahlin mußte deshalb wenigstens annähernd gleichgestellt sein. Herzog Georg, obschon als »Bürgerfürst« geltend, bestand auf einer morganatischen Trauung bei gleichzeitiger Erhebung Käthchens in den Adelsstand. Die aufwendige Zeremonie fand auf Wunsch Ernsts jedoch in München statt, wobei das unerläßlichste Hofpersonal anwesend war: Oberhofprediger Schaubach natürlich, Hofmarschall Freiherr von Röpert, der Intendant der Hofkapelle Kammerherr von Zezschwitz, dann die Ressortminister mit dem Chef der Angelegenheiten des Herzoglichen Hauses, Dr. von Heim, an der Spitze – bis hin zur Hofdame der Prinzessin Marie, dem Fräulein von Gagern. Ihr Jawort gab Jensens Jüngste dann schon als Freifrau Katharina von Saalfeld. Das war nun mitnichten ein Phantasiename von romanhaftem Adelsklang, wie Jensen befürchtet hatte. Erbherzog Georg meinte es ernst und hatte Käthchen den existierenden Titel des früheren Fürstentums Saalfeld zugestanden.

Jensen ärgerte sich dann etwas über Erbprinzessin Marie, die ihm, als sei das wichtig, mitteilte, Katharina könne allerdings nicht damit rechnen, in den Rang einer Prinzessin erhoben zu werden. Rücke ihr Mann jedoch zum Erbprinzen auf, stünde ihr unter Umständen wenigstens der Titel »Hoheit« zu. Es bestehe aber die Gepflogenheit, die Zustimmung des Kaisers dazu einzuholen, deutete sie ein wenig maliziös an. Jensen wußte durchaus, was sie meinte. Es traf den Kern der ganzen Adelsposse. Mit Käthchen stand es ja nicht anders als mit der Gemahlin Georgs II. selbst, Freifrau Helene von Heldburg. Diese hatte einige Zeit als Schauspielerin Ellen Franz am Meininger Hoftheater gespielt, bis der Herzog sie ein knappes Jahr nach dem Tod von Prinzessin Feodore heiratete, was auch bei ihr mit der Erhebung zur Freifrau zusammenfiel. Als nun der junge Kaiser Wilhelm vor vier Jahren den deutschen Fürstenhäusern seinen Antrittsbesuch machte, bestand er darauf, daß Frau von Heldburg dem offiziellen Empfang fernbliebe. Doch Georg depeschierte sofort zurück: »Wo ich bin, ist meine Frau.«[4] Da war dann seinerseits Vetter Wilhelm ferngeblieben. Von seinem Schwiegersohn wurde Jensen aber bald beruhigt. In eine solche Situation werde Käthchen nie geraten. Er wolle ohnehin auf die Thronfolge zugunsten seines jüngeren Bruders Friedrich verzichten und nur malen.

Das junge Paar hatte zur Hochzeit eine Villa in Florenz geschenkt bekommen. Das sei doch schon allerhand, bedenke man die Staatsfinanzen, meinte Frau Pringsheim aus der Arcisstraße, einst Schauspielerkollegin und jetzt enge Freundin der Frau von Heldburg. Sachsen-Meiningen sei nicht schlecht verschuldet, allein die Eisenbahn-Anleihe betrage über vier Millionen. Allerdings schlug das nicht auf die persönliche Lebenshaltung der herzoglichen Familie durch, die ohnehin moderat war. Zu einem Palazzo in Amalfi, zur »Villa Carlotta« am Comer See (dreimal so groß wie Paolo Heyses »Villa Annina« in Gardone, stellte Jensen später fest) und zu der Alm »Salet« über dem Königssee jedenfalls reichte es. Über Käthchens Lebensumstände beruhigt, verloren sie für Jensen ihre reale Besonderheit und traten nun in die Literatur über. Hier allerdings mehren sich ab 1892 in seinem Werk Geschichten, die auf Burgen, Schlössern und an Höfen spielen. Noch die Hofszenen in seiner mächtigen

Prinz Ernst von Sachsen-Meiningen und Katharina, Freifrau von Saalfeld, geb. Jensen

Friedrich-Epopöe von 1908 verraten eine Art familiäre Vertrautheit mit diesem Milieu. Allerdings ist gerade der jugendliche Nebenheld dieses Romans ein auf sich selbst gestellter Friese, dem das ganze Adelswesen wenig imponiert.[5]

Aus Lübeck war wieder Zuzug angesagt. Heinrich Schunck avisierte den zweiten Sohn des verstorbenen Steuersenators Mann. Jensen kannte schon den älteren Bruder, der ihn aufgesucht und sich als Verehrer vorgestellt hatte. Tatsächlich schien er sich Jensen zum Vorbild für die eigene Schriftstellerlaufbahn genommen zu haben, wobei in Lübeck umgehende Vermutungen über dessen enorme Honorare sicherlich eine Rolle gespielt hatten. Man erzählte sich phantastischerweise, Jensen gebe keine Novelle unter 1500 M weg! Hoffentlich drang derlei Unsinn nicht zu Raabe nach Braunschweig, der im Jahr nie über 4000 kam.[6] Jensen machte den Sohn des Finanzsenators darauf aufmerksam, daß bei der Schriftstellerei eher Raabes Bilanzen die Regel seien. Das beeindruckte ihn wenig. Er habe längst ein Motto und halte daran fest: »Wer erst Jensen wäre!«[7] So stand das auch auf einer Ansichtskarte aus Hinterzarten, wohin der junge Mann in Kur gegangen war, Jensens großes Schwarzwald-Buch im Gepäck.[8]

Nun also kam auch sein jüngerer Bruder, allerdings mit völlig bürgerlichen Berufsabsichten. Heinrich Schunck, der die Lübecker Agentur der Aachen-Münchener Feuerversicherung betrieb,[9] hatte dem jungen Mann eine Volontärsstelle bei der Süddeutschen Feuerversicherungsbank vermittelt. Gedichte schreiben, wie der es natürlich auch tat, könne er nebenher.

Im Frühling 1894 reiste er nach München: In einem kleinen, grau gepolsterten Abteil saß er, an einem warmen Märztag bei schon ein wenig geöffnetem Fenster, und da der Nachmittag sich mehr und mehr verkühlte, so hatte er, Familiensöhnchen und Zärtling, den Kragen seines modisch weiten, auf Seide gearbeiteten Überziehers aufgeschlagen. Neben ihm auf der Bank lag ein steifgebundenes Buch, *Zur Genealogie der Moral*, worin er zu Anfang der Reise bisweilen studiert hatte. Dann verlangte ihn nach keiner Lektüre mehr. Zu sitzen und zu sein, was er war – welcher Unterhaltung sonst noch bedurfte es? Was aber war er denn? Jedenfalls nicht mehr der, als der er die Droschke zum Bahnhof bestiegen hatte. Ein Reisetag entfernt den Menschen – und gar den jungen, im Leben noch wenig fest wurzelnden Menschen – seiner Alltagswelt. Der zurückgelegte Raum stellt von Stunde zu Stunde innere Veränderungen her, er erzeugt Vergessen, indem er die Person des Menschen aus ihren Beziehungen löst und ihn in einen freien und ursprünglichen Zustand versetzt. In dieser Ursprungsnähe mochte er dann phantasieren, wer, was, wie er sonst noch sein könnte. *Ein Prinz namens Karl?* Ein Marquis namens Charles, der Kindheit und erste Jugend auf einem Edelsitz im Luxemburgischen verbracht hatte? Jedenfalls: vornehm und ein Herr. An dieses Ideal hatte er schon lange Gedankenketten geknüpft. Es gab kein interessanteres Ideal. Aber auch kein schwierigeres – war man beispielsweise noch vornehm, wenn man einen schwachen Magen hatte? Und besonders Mitleid war also nicht vornehm? Bei einem Zwischenhalt sah der junge Mann eine große und dicke Dame mit unendlich besorgtem Gesicht eine zentnerschwere Reisetasche schleppen: stumm, gehetzt und mit angstvollen Augen. »Du Liebe, Arme!« dachte er. »Wenn ich dir helfen könnte ... Aber jeder für sich, so ist's eingerichtet!« Nein, Mitleid führte zu nichts. Allerdings machte ihm dieser Gedanke dann wieder ein schlechtes Gewissen. Solche Sorgen kamen ihm nun aus dem Buch, das neben ihm lag. Es war wirklich so hilfreich wie immer wieder niederschmetternd. – Und somit kam er an.

Der junge Mann besuchte die Jensens erst im September dieses Jahres 1894. Sie waren meist in Prien und mit dem Bau ihres Landhauses befaßt. Bis zum Herbst hatte er seine Empfehlungsbriefe abgegeben – der wichtigste war wohl der von Ida Boy-Ed an Michael Georg Conrad gewesen. Conrad hatte den Besuch mit unerwarteter Wärme empfangen, dann allerdings nur über seine Lübecker Freundin gesprochen. Immerhin: Für einen interessanten Beitrag stehe ihm die *Gesellschaft* immer offen. Zielstrebig nutzte der junge Mann in den ersten Monaten noch alle anderen Gelegenheiten, mit der Münchener Literatur in Kontakt zu kommen. Seine Mutter, bei der er wohnte, machte ihn mit dem Oberpostrat Knözinger bekannt, der ihn seinem Freund Ruederer vorstellte. Damit hatte er auch schon das Haupt der literarischen »Nebenregierung« Münchens kennengelernt – einer

Gruppe von Nachwuchsliteraten und anderen Künstlern, die sich in der Türkenstraße traf. Lovis Corinth, Max Halbe und Frank Wedekind waren darunter. Als die Münchener »Hauptregierung« galt natürlich der Kreis um Lenbach, Seidl und Heyse.

»*Verbindungen* – Verbindungen sind die Hauptsache«[10], das wußte der junge Mann sehr bald. Man fand ihn in der Regel nicht sonderlich sympathisch, aber immer interessant, und kam ihm sachlich entgegen. Intimität, Freundschaft gar, entstand in keinem Fall daraus. So war er viel allein und las: Nietzsche, dann Schopenhauer, und immer wieder Goethe. In den ersten Münchener Monaten studierte er vor allem den *Faust.* Auf seinem Schreibtisch aber stand ein Bild von Napoleon – das fleischgewordene Problem des *vornehmen Ideals an sich,* wie die *Genealogie der Moral* meinte. Im Juni setzte er sich an eine Novelle mit dem Titel *Gefallen.* Den Stoff hatte er von Heinrich, der ihm zur erotischen Aufmunterung allerhand eigene Erfahrungen erzählt und ihm auch gleich das Manuskript einer entsprechenden Erzählung überlassen hatte: An *Haltlos* könne er lernen, wie man seine Erlebnisse verarbeite.[11] Beim Schreiben merkte der junge Mann aber, daß es auch ohne Erlebnisse ging. Man konnte sie sich genausogut vorstellen oder bei Heinrich ausleihen. Letztlich kam es nur auf die subjektive Vertiefung an.

Am 6. September 1894 endlich saß er in Sankt Salvator überm Chiemsee in Jensens Sommerwohnung am Kaffeetisch. Frau Marie beaufsichtigte draußen trotz des strömenden Regens den Bau des kleinen Landhauses. Sie war etwas erstaunt gewesen, als der junge Mann beim Blick auf das *Häusle* sichtlich enttäuscht war – mit 13 x 11,5 Metern sei es aber doch reichlich klein für einen so berühmten Autor. Er mochte dabei wohl an Ganghofers Landsitz unterm Wetterstein denken oder noch eher an Heyses Villa am Gardasee, von der viel die Rede war. Erheitert hielt Jensen die »Villa

Carlotta« der Meininger dagegen, die dreimal so groß war. Deren Wände könne Heyse nicht einmal mit seiner neuesten Gesamtausgabe vollstellen. Da sei der tatsächliche Unterschied zwischen Literatur und Adel gut zu besichtigen, nämlich der zwischen Hütte und Palast – von wegen *Dichterfürst.* Als der junge Mann allerdings von Käthchens Nobilitierung und von der Verwandtschaft mit der Herzogsfamilie hörte, wurde er lebhaft. Er konnte gar nicht genug darüber erfahren – für einen hansestädtischen Republikaner doch ungewöhnlich. Und Prinz Ernst wolle in der Tat zugunsten seines *jüngeren Bruders* zurücktreten?

Dann ging die Rede lange über Lübeck. Im Katharineum hatte man fast auf demselben Platz gesessen, dreißig Jahre nur dazwischen. Über die Familie Fehling – Jensen war mit Ferdinand befreundet – wurde man sich nicht einig. Über Heinrich Schunck gab es jedoch nur eine Stimme. Der Freund hatte den jungen Mann übrigens mit ein paar Zeilen als Lyriker empfohlen, seine Gedichte nannte er jedenfalls »keimkräftig«[12]. Mit Schunck war man bei der Literatur. Jensen berichtete von einem Vortrag in der »Gesellschaft für modernes Leben«, den er im Vorjahr gehört hatte und der ihn immer noch beschäftigte. Er hatte *Die Lyriker von gestern und heute* behandelt, und darin war Jensen, wohl als von vorgestern, nicht einmal mehr erwähnt worden. Der junge Mann seinerseits hatte die Druckfahnen seiner ersten Novelle dabei. Jensen gefiel nur ein Gedicht daran, das aber war begabt – etwas Storm, etwas Heyse.

DICHTERKNABE TOMY

Tatsächlich schaffte es der junge Mann, sich binnen Jahresfrist in der Literatur unterzubringen. Seine Novelle *Gefallen* fand allgemeine Anerkennung. Richard Dehmel – gerade mit der Gründung einer neuen Zeitschrift befaßt – schrieb ihm einen ergriffenen Brief. Die Spalten des *Pan* stünden ihm offen (für die Druckseite gebe man 15 Mark). In der Akademischen Lesehalle und im »Akademisch-Dramatischen Verein« hatte jeder die Novelle gelesen und sprach ihn darauf an. Auch übertrug man ihm für die Amateur-Aufführung von Ibsens *Wildente* eine tragende Rolle. Im Café Luitpold grüßten ihn vorsichtshalber schon Unbekannte. Mit Buchbesprechungen und Glossen konnte man ihn bald auch im *Zwanzigsten Jahrhundert* lesen. Sein Bruder Heinrich hatte die Schriftleitung des völkisch-nationalen Blattes übernommen, das jedoch seinen Antisemitismus überzog, was manchmal doch recht peinlich war. Allerdings bekämpfte man hier immer nur den degenerierten, sich entjudenden Juden, nie den starken, rassigen, naturgemäßen. Den hielt der ja nun wirklich deutschrassemäßig empfindende Michael Georg Conrad geradezu für »das Salz der Erde«[13]. – Als die Münchener Modernen für Heinrich von Reder eine große Geburtstagsfeier in der »Dichtelei« ausrichteten, luden sie auch den jungen Thomas Mann ausdrücklich ein. Dort traf er Jensen wieder, der mit Hermann Lingg in einer Saalecke stand. Man hatte die beiden alten Krokodile zwar dazugeladen, übersah sie aber respektvoll. Hier versammelte sich schließlich die literarische Nebenregierung und nicht Heyses *Ancien Régime.*

Heinrich war verblüfft vom raschen Gang der Dinge seines Bruders. Er schrieb darüber an den Lübecker Freund Ludwig Ewers, und über die Grautoffs gelangte das dann nach München: daß Dehmel von sich aus einen höchst schmeichelhaften Brief über *Gefallen* geschickt habe, dem Autor gleich den *Pan* angeboten und 15 Mark für die Seite – so etwas war Heinrich noch nie passiert. Tatsächlich, der *Dichterknabe Tomy* hatte eine recht nette Talentprobe abgelegt und das überraschenderweise als Erzähler.[14] Heinrich kannte nur übertriebene Gedichte von ihm, süßlich-sentimentale »Freundschafts«-Lyrelei und etwas verdächtig:

> Als um den Freund den Arm ich schlang,
> Und ich in süßer Lust mich wiegte ...

Solche Verse des Bruders hatte Heinrich schon vor einigen Jahren grob abgelehnt, als ihm damals Ewers damit gekommen war. Er war bei der Lektüre aus einem peinlichen Gefühl gar nicht mehr herausgekommen – das war ja wie bei Platen, dem Ritter vom heiligen Arsch.[15] Gegen solche Pubertätsverirrungen des Bruders hatte Heinrich damals auch ein Mittel empfohlen: eine tüchtige Schlafkur mit einem leidenschaftlichen, noch nicht allzu angefressenen Mädel.[16] Seit Onkel Friedel ihn in die Lübecker Bordelle eingeführt hatte, redete Heinrich direkt und praktisch über Liebesdinge. Bei den Freunden galt er als Fachmann. Ludwig Ewers zum Beispiel ließ sich von ihm über die Liebe beraten. Heinrichs kolossale Sexualerlebnisse hatten ihn eingeschüchtert, und in der Folge kamen Ewers auch über sich selbst erhebliche Bedenken. Hatte er sich nicht schon manchmal bei Frauen zu *schwach* gezeigt? Reizten ihn nicht auch elegante Jünglingsbeine? Vielleicht hatte er sich so lange selbst getäuscht und war eigentlich ein *Urning*? Er fragte den Fachmann um Rat. Es traf sich, daß der gerade eine Päderasten-Novelle unter der Feder hatte und deshalb besonders zuständig war. Heinrich hielt des Freundes Befürchtungen jedoch für unsinnig. Um sie gänzlich zu zerstreuen, riet er ihm, solle er zehn Mark ansparen und ins Bordell gehen. Die Adresse der Pension Knoop schrieb er gleich dazu.[17]

Zu entdecken, daß man eigentlich ein *Urning* war, war wohl ganz furchtbar – und es war gar nicht so selten. Wie gut, daß es sich meist als eine vorübergehende Pubertätsaffäre herausstellte. Der junge Mann dachte an seine Freundschaften in der Schulzeit, an Martens, auch an Timpe. Das waren eigentlich richtige Verliebtheiten gewesen, keine Frage. Doch das war nun vorbei und kam nicht wieder. Nur Grautoff, Zeuge und Berater jener Verliebtheiten, erinnerte daran. Merkwürdigerweise hielt sich jetzt Grautoff nämlich auch für einen *Urning* – wofür er wohl seine Gründe hatte. Mit der Pubertät hatte sich das bei ihm also nicht gegeben, soviel war seinem verzweifelten Brief zu entnehmen. Grautoff kam darin dringend um Rat ein. An seinen Bruder Ferdinand mochte er sich nicht wenden. Der hatte ihm schon mehrfach eine Kellnerin empfohlen, für ein regelmäßiges Trinkgeld täte dieser Berufsstand alles.

Was war Grautoff zu raten? Aufgeklärte medizinische Hilfe jedenfalls. Er konnte sich elektrisieren lassen oder sich einer Kur unterziehen mit dem »Unterleibs- und Geschlechts-Reibesitzbad« in Kuhnes Leipziger Reformbadeanstalt, wo man mit Jutelappen die Vorhaut bis zum Erfolg rieb und reizte. Grautoff konnte überhaupt die ganze Erotik beim Heilfasten auf einem vegetarischen Bauernhof loswerden oder konträr die *Dauerkose* versuchen. Die Dauerkose war ein ununterbrochenes zärtliches Liebemachen ohne Höhepunkt, das Fidus gerade seiner Gemeinde empfohlen hatte.[18] Es wurden viele Behandlungsmöglichkeiten dieser Art angeboten. Jedermann, der sich in Krafft-Ebings *Psychopathia Sexualis* über die eigene Abnormität aufgeklärt hatte, fand auch bald die passende Therapie. Heinrich war beispielsweise ein *neurasthenisch Hypersexueller*, was ihn sowohl stolz wie besorgt machte.[19] Er wendete allerdings für dies Leiden eine Selbstbehandlung an, die man kaum weiterempfehlen konnte. Auch lag Grautoffs Fall anders – er hielt sich wohl besser an die Fachwissenschaft. Vor wenigen Jahren war ein Buch erschienen, dessen Verfasser hier in München lebte – *Die Suggestions-Therapie bei krankhaften Erscheinungen des Geschlechtssinns. Mit besonderer Berücksichti-*

gung der konträren Sexualempfindung von Albert Freiherr von Schrenck-Notzing. In München war Schrenck-Notzing allerdings eher als Okkultist bekannt, wie auch immer das mit krankhaften Erscheinungen des Geschlechtssinns zusammenhängen mochte. Der junge Mann erinnerte sich, daß Wilhelm Jensen okkultistische Veranstaltungen zu besuchen pflegte. Er mußte Schrenck also kennen und konnte gewiß Auskunft geben über dessen Suggestions-Behandlung. Grautoffs Dilemma würde er wohl verstehen. Ein Mucker schien Jensen ja wirklich nicht zu sein.

JENSEN GIBT EINEN RAT

Jensen saß schon seit dem frühen Morgen am Schreibtisch, als Thomas Mann in Sankt Salvator vorsprach. Es sprudelte wieder einmal, und Jensen hatte sich nicht vom Manuskript trennen können. In der Tat sitze er diesmal an einer ganz besonderen Geschichte – es sei Historienmalerei und doch gewissermaßen ein Familienstück. Er erzähle nämlich von *Der Hohenstaufer Ausgang*, und den Knabenkönig Konradino forme er nach seinem eigenen prinzlichen Enkel, in dem das Stauferblut ja weiterzirkuliere.[20] »Aber höchst verdünnt«, bemerkte Marie. Er fülle das mit seiner Tinte eben wieder auf, meinte Jensen vergnügt, beides sei ja blau. Die Vorstellung vom *Dichterfürsten* basiere wohl letztlich auf diesem Sachverhalt.

Thomas Mann bezweifelte jetzt, ob diesem harmlos scherzenden älteren Herrn sein Anliegen überhaupt verständlich sein würde. Da hatte er sich allerdings geirrt. Nach einigen spiritistischen Anekdoten über du Prel und Schrenck-Notzing – bei ihren Sitzungen sollte es nicht immer mit rechten Dingen zugehen, man ertappte zuweilen die Medien beim Mogeln – kam Jensen von sich aus auf

Schrencks Spezialitäten zu sprechen. Schließlich hatte er ja selbst einmal Medizin studiert, und *in eroticis* war er natürlicherweise immer engagiert. So hatte er in der »Akademischen Lesehalle« auch in Schrencks Buch über die Suggestions-Therapie geblättert. Ihm leuchtete da manches ein. So absurd, wie manche meinten, sei Schrencks Ansicht doch durchaus nicht – daß nämlich der Mensch in seinem geschlechtlichen Verhalten von Kindheitserlebnissen bestimmt werden könne.[21] Geschehe es nicht, daß Knaben sich in ihre Schwestern verliebten und nach denen später ihre Frauen auswählten? Und wenn sich einer als Kind in seinen Bruder verliebe und deshalb zum *Urning* werde – das sei allerdings wohl pervers, aber sei es auch unnatürlich? Das seien doch alles frühe »Niederschläge« in der Seele, und die würden dann ganz natürlich wirksam in der »Fabrik des Unbewußten«[22]. Marie, die sich bei ihrer Malerei jetzt an Haeckels Idee von den *Kunstformen der Natur* hielt, pflichtete aus monistischer Sicht bei: Was in der Natur existiere, sei erst einmal zu respektieren. Sei es gar zu pervers und könne man es korrigieren, gut, dann solle man es versuchen. Schrenck korrigiere mit Hypnose und habe mittlerweile schon bei siebzig Homosexuellen Heilung oder Besserung erzielt. Er überprüfe seine Erfolge übrigens ganz naturwissenschaftlich *in praxi,* bei Bordellbesuchen mit seinen Patienten.[23]

Als Thomas Mann nun die persönlichen Befürchtungen Grautoffs zur Sprache brachte, tröstete Jensen mit einem bekannten Argument: Das sei ein Pubertätsrest, und der verschwinde auch noch. Er gab ein Beispiel. Wie er da sitze, sei er ja wohl kaum ein *Urning.* Aber nun höre man sich einmal das folgende Gedicht an. Es hieß *Am ersten Sarge* und begann: »Es war in schwüler Julizeit ...« Zum Inhalt hatte es den Tod von Jensens geliebtem Schulfreund Heinrich Wolf:

Wir hatten's nie gesagt und kaum gedacht,
Daß unsere Herzen aneinander hingen,
Daß unsere Augen nacheinander gingen,
Und wer's gesagt, wir hätten drob gelacht.

Als Heinrich nun aber plötzlich verstorben ist und der Freund an seinem Sarg steht, da »schrie plötzlich es im Herzen auf«:

Als hätt ich nichts sonst auf der Welt geliebt,
An diesen stummen Lippen nur gehangen,
Als müßten sie nach mir zurückverlangen.
...
Und mit der Liebe glaubensstarkem Wähnen
Bog ich mich auf das kalte Angesicht
Und schloß die Lippen auf den starren Mund.
Umsonst –[24]

Das sei von ihm, und das habe er auch so erlebt, bekräftigte Jensen. In manchen Ohren klänge das sicher reichlich *uranisch.* Er aber stehe dazu, Heinrich Wolf sei seine zweite Jugendliebe gewesen. Die habe er dann vergessen. Wenn es nun aber zufällig die erste gewesen wäre – und *die erste* kehre ihm heute noch im Traume wieder –, was denn hätte er dafür gekonnt?

Nein, Jensen war kein Mucker. Er hatte offensichtlich die Augen aufgemacht im Leben, und, was noch viel wichtiger war, er stand zu seinen Erfahrungen. Das hatte er von Schopenhauer und von Ernst Haeckel. Thomas Mann beschloß, sich mit Jensen in wichtigen Dingen fortan öfter zu besprechen. Vorerst ging er mit ein paar empfehlenden Zeilen an Schrenck-Notzing davon. Als er die Gartenpforte des Landhäuschens hinter sich schloß, sah er von Sankt Salvator eine junge Frau langsam auf das Haus zugehen. In einiger Entfernung lief man aneinander vorbei. Einmal sah sie herüber. Und eine vage schreckhafte Erinnerung an irgend etwas und irgendwen berührte ihn leicht und vorübergehend.

HERR UND HUND

Grautoffs Sorgen hielt sich Thomas Mann vom Leibe – das heißt: Er kümmerte sich erst einmal um sein literarisches Schreibprogramm. Ein Programm bereits, wo er doch gerade die ersten Gehversuche machte? Es war tatsächlich eines, wenn man darunter verstehen wollte, daß er sich hier allmählich über seine Konstitution klar wurde und nachdachte, wie sie in der Welt erfolgreich unterzubringen sei. Er tat das auch ganz systematisch. Gern, das hatte er bald heraus, machte er feste Pläne und hielt sich daran. Dazu gab es auch eine Anleitung in Buchform: Nietzsches *Genealogie der Moral.* Man konnte sie doppelt lesen – einmal als kritische Unterweisung, wie sich der kranke Schwache zum Führer machen konnte. Andererseits und im Gegenteil konnte man hier lernen, was gesund und vornehm war und wie der Vornehme die übrige Welt auf Distanz hielt. Mit diesem Doppelprogramm mochte man sich als ein Gesunder großen Stils fühlen, dem selbst chronische Krankheit nur stete Stimulanz ist. Abgesehen davon, daß er ein *décadent* sei, sei er auch sehr gesund, hatte Nietzsche von sich sagen können. Sicher, ein Leben zwischen diesen Polen war ein Balanceakt – aber lag nicht gerade darin ein ständiger Anreiz zum Produzieren?

Der junge Mann schrieb also erst einmal über Grundsätzliches, eine Geschichte über das Glück und dann eine über den Tod. Der *Simplicissimus* druckte sie dann 1896 und im folgenden Jahr. Heimlich zugrunde aber lag beiden Geschichten die Frage: Was hält einen oft Mißgestimmten und rasch Ermüdeten denn überhaupt im Leben? Nietzsche hatte das in der *Genealogie* für Schopenhauer beantwortet: ein starker Affekt. Er reizt und erhält den Willen zum Dableiben, in Schopenhauers Fall war das die Lust am Kampf. Der junge Mann fand in seinen Geschichten dann andere Namen für diesen starken Affekt: Es konnte beispielsweise der Wille zum *Glück* sein, der den Willen zum Dasein unterhielt. Traf das Glück aber ein, mußten beide Willen zusammen erlöschen. Es konnte auch die Liebe zum eigenen Kind sein. Starb das Kind aber, mußte man selber sterben.

Das waren probeweise Antworten gewesen. Die Novellen hießen *Der Wille zum Glück* und *Der Tod.* Was aber hielt denn nun den jungen Mann selbst und ganz persönlich davon ab, aus dem Leben davonzulaufen? Da sah es schließlich anders aus als in seinen Novellen. Ein Kind hatte er nicht, und eine dunkel-schöne Baronesse Ada wie sein Held Paolo Hofmann liebte er auch nicht. Die Antwort mochte sich aber gerade über Baronesse Ada ergeben – das hing zusammen mit Jensens Bericht über den Prinzen Ernst und über die Erhöhung seiner Tochter Katharina zur Freifrau. Seitdem hatte sich unter der Hand in des jungen Mannes Geschichten der Adel eingefunden. Paolo Hofmann wurde zu seinem Glück von einer *Baronesse* erhört, und in *Der Tod* war der Held bereits ein *Graf.* Dem jungen Mann war bald klar, daß die frühe Lieblingsidee sich wieder eingestellt hatte: Er sei ein Prinz namens Karl. So hoch also wollte es mit ihm wieder hinaus. Wenn er sein Grundgefühl prüfte, ging das sogar noch viel weiter: ins Ungemessene geradezu, ins Verheißungsvoll-Ungeheure. Er mußte sich vor solchen Gefühlsausschweifungen hüten.

Und andere Gefühle – die Sinnlichkeit, mit der es Grautoff nun so schlimm zu tun hatte? Der junge Mann hoffte, sie unter Kontrolle zu halten. Auch dafür fand sich in Nietzsches Moralgenealogie die Anleitung. Nicht, daß Nietzsche dort Empfehlungen gab, im Gegenteil, er führte schlechte Beispiele vor: Die christliche Moral hatte Europa in eine tiefe Depression gestürzt, und diese Mißgestimmtheit kam einem bestimmten Führertypus sehr entgegen – der *asketische Priester* gelangte an die Macht. Er bildete aus den Verstimmten und Kranken der europäischen Kultur Gemeinden, und denen predigte er Askese von einer Sinnlichkeit, zu der ihre Kraft längst nicht mehr ausreichte. Zum Ausgleich verordnete er kleine Tröstungen: »machinale Tätigkeiten«, regelmäßige kleine Freuden, ästhetischen Genuß in bemessenen Dosen. So ließ sich leben.[25] Ließ es sich? Ein Patentrezept war es wohl nicht.

Im letzten Sommer hatte er solch ein sparsames Leben schon einmal probeweise erzählt. Dabei hatte er Nietzsche so beim Wort genommen, daß eine stille Komik entstanden war. Der kleine Johannes Friedemann sollte einer jener »von vornherein Verunglückten, Niedergeworfenen, Zerbrochenen«[26] sein – nun, da ließ man ihn doch gleich vom Wickeltisch niederstürzen, wovon ihm das Brustbein zerbrach und er einen Buckel behielt. Das war dann tatsächlich ein »Mißgeborener von Anbeginn«, wie man ihn sich nicht deutlicher denken konnte. Und der versuchte nun, sein Leben wie eine Diät zu gestalten – vor allem, um mit seiner Geschlechtlichkeit zurechtzukommen. Denn welches Mädchen würde ihn wohl wiederlieben, den kleinen Herrn mit seinem Höcker? Tatsächlich gelang ihm dies Leben auf einige Jahre – es herrschte »Ruhe in allen Souterrains; alle Hunde hübsch an die Kette gelegt«[27]. Dann allerdings kam die Frau, die diese Hunde losmachte – nicht irgendeine Frau: das »kranke Weib« *par excellence.* »Es gräbt die begrabensten Dinge wieder aus«[28]. Und dann ereignete sich der mit allen Hunden heulende Triumph der unterdrückten Triebwelt, und Friedemann ging unter im Geschlechtlichen.[29] Für diese Liebe haßte er sich und brachte sich um.

Das Geschlechtliche blieb das Hauptproblem, gar keine Frage. Der junge Mann wußte auch längst, daß er es nicht auf demselben Wege lösen konnte wie der Bruder. Es war ja wohl so, daß er Weiber nicht mochte, höchstens Frauen. Der Arzt, den er wegen seines gereizten Magens aufgesucht hatte, blieb im gastrischen Bild und riet ihm zu einem appetitlichen Verhältnis mit einer verheirateten Frau.[30] Doch wollte er so etwas überhaupt? Vorstellbar war es wohl – als »regelmäßige kleine Freude« (oder als »machinale Tätigkeit«?). War ihm das aber genug? War er nicht eher doch ein *Urning* – oder jedenfalls mehr *Urning* als alles andere? Der junge Mann beschloß, das vorerst in der Schwebe zu lassen, soweit es machbar war. Wie konnte er sich auf die Literatur konzentrieren, wenn er zugleich mit seiner Geschlechtlichkeit zu tun hatte? Er mußte es erst einmal zum Erfolg bringen, zu Ruhm am besten – danach würde sich alles finden. Bis dahin mußte er eben den asketischen Priester spielen, Herr bleiben über die Hunde im Souterrain – Diät leben, nur Reis essen sozusagen, die Begierde aushungern.[31]

NACH ITALIEN

Mit solchen Absichten gehörte man nun nach alter Asketentradition in eine »Wüste«, wie Nietzsche verschiedentlich bemerkte. Die müsse gar nicht in Syrien liegen, das könne auch sein »ein Allerwelts-Gasthof, wo man sicher ist, verwechselt zu werden«[32]. Als Heinrich einen längeren gemeinsamen Italienaufenthalt vorschlug, war Thomas einverstanden. Dort würde es genug solcher Gasthöfe geben. Jensen allerdings mußte lachen, als er das hörte. Das sei ja wohl die falsche Himmelsrichtung. Um seinen Seelen- und Sinnenfrieden zu wahren, fuhr man als junger Mann doch nicht gen Italien. Der gegenteilige Zweck sei ja geradezu sprichwörtlich, ausführlich nachzulesen auch in seinen oder in Paolo Heyses südlichen Novellen. Er sei da zweifelhaft.

Im Oktober 1896 fuhr Heinrich nach Rom voraus, Thomas jedoch blieb drei Wochen in Venedig. Was aber war denn hier »Wüste«? Die Piazza San Marco war es. Man konnte sich auf Nietzsche verlassen, in eine härene Kutte zwängte der einen schon nicht. Als eine der würdigsten »Wüsten«, die er kenne – so lobte er sein »schönstes Studierzimmer«, die *Piazza di San Marco* am Vormittag.[33] Verstand man Nietzsche nur richtig, ließ sich ein persönlicher »Hang zum Luxus und zum Ausgesuchtesten« gut mit den notwendigen Asketentugenden verbinden.

So saß der junge Mann an einem Herbstvormittag auf dieser Piazza unter einem zarten, lichtblauen Himmel. Vor dem Hauptportal hatte sich um ein junges Mädchen, das Mais streute, ein ungeheurer Schwarm von Tauben versammelt, während immer mehr noch von allen Seiten herbeischossen ... Ein Anblick von unvergleichlich lichter und festlicher Schönheit. War es nicht genau das, was Nietzsche dem Asketen empfahl: »ein Umgang gelegentlich mit harmlosem, heiterem Getier und Geflügel, dessen Anblick erholt«[34]? Er hatte damit nun nicht gerade die Tauben von San Marco gemeint. Aber, ließ sich eine solche Analogie nicht herstellen, etwas schräg, ein wenig albern – zugegeben? Der junge Mann freute sich über sein wachsendes Vermögen, die Wirklichkeit für die eigenen Zwecke auszubeuten. War es aber nicht auch das Recht des Vornehmen, der Wirklichkeit Namen zu geben – ein Herrenrecht also? War der treffende Ausdruck nicht geradezu eine Machtäußerung?[35] Der junge Mann geriet ins Träumen und war rasch bei jener Lieblingsvorstellung, zu der ihn alle Tagträume führten: Er sei ein Prinz namens Karl. Als er schließlich in die Wirklichkeit zurückkehrte, war er wie immer ernüchtert und enttäuscht.

Von Venedig ging es dann über Ancona nach Rom. Heinrich hatte wieder die kleine Wohnung in der Via di Torre Argentina bezogen und auch für den Bruder mitgemietet. Sie begannen, sich für den Winter einzurichten. Doch litt es den jungen Mann hier noch nicht. War Rom doch nicht die passende »Wüste«? Ihn schreckte auch ein wunderlich unheimliches Grauen vor den Altertumssammlungen, einer dortigen Begegnung mit dem Apoll von Belvedere und der capitolinischen Venus zurück. Er fuhr jedenfalls bald nach Neapel weiter, dorthin hatte er eigentlich reisen wollen. Bald glaubte er auch zu wissen, warum. Neapel – das war schon ein gutes Stück Orient. Anfang November schrieb er Grautoff darüber: »Nach allen ermüdenden und strapaziösen Erlebnissen, in die ich mich mit einer bedauerlichen Energie vertieft habe ... war in mir ein großer Instinkt und Trieb stark: mich soweit nämlich wie möglich aus deutschem Wesen, deutschen Begriffen, deutscher ›Kultur‹ in den fernsten, fremdesten Süden auf und davon zu machen.«[36] Natürlich wußte er von Nietzsche, um welchen Instinkt es sich handelte: um den »dominierenden Instinkt« des schöpferischen Geistes »zum Vorteil des werdenden Werkes«[37]. Und solcher Werk-Instinkt hatte in diesen späten Zeiten noch einen anderen Namen. Er war ganz eigentlich der »Schutz- und Heil-Instinkt eines degenerierenden Lebens, das sich mit allen Mitteln zu halten sucht«[38]. Und welches überdies auch noch – an die Macht wollte! Dazu benötigte es jetzt offenbar eine Frist der Befreiung und der Entbürdung, Urlaub von der Kultur. Neapel, so schrieb er dem Freunde, »das ist nicht mehr Europa – endlich nicht mehr Europa!«

Neapel war voller Hochzeitsreisender, die Capri und die Blaue Grotte auf dem Programm hatten. Mit ihrem aufdringlichen Glück bevölkerten sie auch die Museen. Den jungen Mann wandelte ein Übelkeitsgefühl an, und er lief aus dem Museo Nazionale davon, zur nächsten Osteria hinüber, um ein Glas Wermut zu trinken. Dann rief er eine *carrozzella* und ließ sich durch die Endlosigkeit von Portici und Resina kutschieren. Danach dinierte er und nahm dann in der Galleria Umberto den Kaffee. Nun saß er vor einem Weinglas in einer Seitenstraße unweit des Toledo. Jenseits der Bucht begann der Vesuv zu erglühen. Ein paar zerlumpte Jungen versammelten sich um den Tisch und flehten beinahe fußfällig um den übrigen Zucker. Und als sie ihn bekamen, bissen und schluckten sie mit Wollust. Ihre Physiognomie war populär mit etwas aufgestülpter Nase und etwas aufgeworfenen Lippen, aber sehr schönen dunklen Augen ... Der junge Mann betrachtete diese Physiognomie Neapels sehr aufmerksam. Ihre sinnliche, süße Schönheit ergriff ihn mehr und mehr.

Hier interesseloser Beobachter zu bleiben, war nicht möglich. Auch dazu hatte Nietzsche in der *Genealogie* sein Wort gesagt, nämlich: Es solle

> durchaus die Möglichkeit nicht ausgeschlossen sein, daß jene eigentümliche Süßigkeit und Fülle, die dem ästhetischen Zustande eigen ist, gerade von der Ingredienz »Sinnlichkeit« ihre Herkunft nehmen könnte ... daß somit die Sinnlichkeit beim Eintritt des ästhetischen Zustandes nicht aufgehoben ist, wie Schopenhauer glaubte, sondern sich nur transfiguriert und nicht als Geschlechtsreiz mehr ins Bewußtsein tritt.[39]

Wie wahr, dachte der junge Mann, als er sein Brevier wieder zuschlug. Oder einmal mit Rücksicht auf die antike Umgebung ausgedrückt: daß wir Dichter den Weg der Schönheit nicht gehen können, ohne daß Eros sich zugesellt und sich zum Führer aufwirft.

Das schrieb er dann an diesem Abend noch an Grautoff:

Wie ich sie hasse, diese Geschlechtlichkeit, die alles Schöne als ihre Folge und Wirkung für sich in Anspruch nimmt! Ach, sie ist das *Gift,* das in aller Schönheit lauert! ... Wie komme ich von der Geschlechtlichkeit los? Durch Reisessen?[40]

Solche Fragen wurden hier eher noch verstärkt – Neapel war keine gute »Wüste«. Mit dem Orient ließ sich nicht spaßen. »Orient« – das war aber auch das Unbewußte in einem selbst, und darauf hatte er sich doch eigentlich immer gut verstanden. Er war doch gerade kein unbewußter Typ![41] Der junge Mann horchte also nach innen, er sann, er träumte. Ehemalige Gefühle, frühe köstliche Drangsale des Herzens, die in den ermüdenden und strapaziösen Erlebnissen der letzten Jahre erstorben waren, kehrten jetzt zurück – er erkannte sie mit verwirrtem, verwundertem Lächeln. Dann zahlte er, erhob sich und ging zum Toledo hinüber.

Hier herrschte, obschon spätabends, ungemindertes Gedränge von Wagen und Menschen. Die Hochzeitspaare allerdings waren Gott sei Dank schon zu Bett. Jetzt flanierten hier dafür auch Personen gemeinsam, die sich am Tage nicht so deutlich als zusammengehörig zeigten. Auch sie wollten am nächsten Tag nach Capri übersetzen. Der junge Mann erinnerte sich, daß Jensen Capri als die größte *Urning*-Kolonie Europas bezeichnet hatte. So wunderte er sich nur wenig, als er den Doktor Glaser von *Westermanns Monatsheften* erkannte, wie er, auf einen jungen Matrosen gestützt, dem Hotel »Diomede« zustrebte. Er sah außerordentlich heiter aus, völlig verschieden von der verkniffenen und stets mißtrauischen Art, die er auf den geselligen Abenden bei Jensens an sich hatte.[42] Der junge Mann sah ihm nach. Dann erwehrte er sich wieder der schlau zischelnden Händler, die ihn aufforderten, sie zu angeblich sehr schönen Mädchen zu begleiten, und nicht nur zu Mädchen ... Sie ließen nicht ab, sie gingen mit ihm die Straße hinunter. Einer stellte sich ihm auch als Fremdenführer vor und wies sich als solcher aus durch ein Messingschild und durch zwei, drei englische und französische Brocken. Er möge ihm ein Gasthaus zeigen zum Essen, sagte der junge Mann schließlich zu dem. »Ein gutes?« fragte der und blinzelte. »Ein besonders gutes?« Ein besonderes und gutes, wenn's nicht zu teuer sei, sagte der junge Mann. Dann ließ er sich führen.

Ab Dezember 1896 wohnte der junge Mann nun in Rom. Er hatte sich dann doch nicht mit dem Bruder zusammengetan und ein eigenes Zimmer in der Via del Pantheon bezogen, allerdings ganz in Heinrichs Nähe. Beide hatten sich einen fleißigen Arbeitswinter vorgenommen. Sie hielten sich an eine reguläre Lebensweise, füllten die Zeit ökonomisch mit Lesen und Schreiben und gönnten sich regelmäßig eine kleine Freude. Im Restaurant »Genzano« beim Pantheon hatten sie den Mittagstisch abonniert. Abends spielten sie Domino in einem Café und tranken viel Wein. Mancher Brief an Grautoff schloß mit schwer leserlichem Gekrakel oder einer albernen Unterschrift – wer mit »Dröhnerich Lama« unterzeichnete, hatte seine Askese jedenfalls nicht auf den Chianti ausgedehnt. Anderen Umgang mied man. An manchen Abenden verschwand Heinrich fast geschäftsmäßig zu ihm bekannten Mädchen. Anfänglich hatte er dem Bruder dann seine Genüsse schildern wollen, doch der wehrte ab. Er könne warten, bis Heinrich sie zur Novelle verarbeitet habe.

Aus Neapel war der junge Mann außerordentlich heiter zurückgekehrt. Ihm war jetzt zumute, als seien Fesseln von ihm abgefallen, so, als hätte er jetzt erst Raum bekommen, sich künstlerisch auszuleben. Nun also hatte er endlich die Mittel, sich auszudrücken, sich mitzuteilen. Nach jenem Abend in Neapel erst war ihm klargeworden, was die im vorigen Sommer so rasch geschriebene Novelle vom *Kleinen Herrn Friedemann* denn eigentlich darstellte: den gelungenen

Versuch nämlich, sich auch im Heikelsten persönlich mitzuteilen, ohne sich zu kompromittieren. Sich zu kompromittieren – das allerdings war der Tod. Doch nun erkannte er, daß die Kunst ihm ein öffentliches Versteck für sein Innerstes bot. Er schrieb an Grautoff: »...während ich früher eines Tagebuchs bedurfte, um, nur fürs Kämmerlein, mich zu erleichtern, finde ich jetzt *novellistische*, öffentlichkeitsfähige Formen und Masken, um meine Liebe, meinen Haß, mein Mitleid, meine Verachtung, meinen Stolz, meinen Hohn und meine Anklagen – von mir zu geben...«[43] Gewiß, so unmittelbar heraus wie Heinrich konnte er von seiner Liebe beispielsweise nicht sprechen. Aber, lügen mußte er nun auch nicht mehr. Er wählte eben eine Wahrheitsmaske von solcher Beschaffenheit, daß sie das, was sie verdecken sollte, am Ende auch noch ahnen ließ. Gewiß, Johannes Friedemanns Leibesschaden war ein recht grober Scherz – derlei mußte man in Zukunft delikater machen. Es war aber doch auch sehr befriedigend gewesen, was sich mit einem solchen Buckel beim Schreiben alles machen ließ – wie gut er vor allem als Symbol taugte. Der junge Mann wurde nun ungemein fleißig. In seinem Kopf war es richtiggehend *flüssig* geworden, er las und schrieb und war trunken von Novellenstoffen.

Mit dem Bruder stellte sich noch einmal die alte Bekkergruben-Gemeinschaft aus Kindheitstagen her. Noch einmal also gemeinsame Tagträume mit Heinrich – man wollte sogar einen Roman zusammen schreiben. Immerhin gipperte man das *Bilderbuch für artige Kinder* zusammen, ein Ulk- und Spottbuch über Leben und Welt. Gippern – auch für dieses Kinderwort gab es ein erwachsenes bei Nietzsche: »Pathos der Vornehmheit und Distanz«[44]. Sie waren, befand der junge Mann bei sich, eben zwei Prinzen namens Karl.

Nur die Lamento-Briefe des unseligen Grautoff wurden zur ernsthaften Störung. Obschon Thomas ihn des öfteren zur Geduld ermahnte, hielt es der mit seiner Geschlechtlichkeit nicht aus und hatte sich in Behandlung begeben. Da Schrenck-Notzing in München jedoch eine ganze Tagesreise entfernt war, hatte er sich an einen Berliner Arzt von ebenso spezifischem Ruf gewandt. Dr. Albert Moll war eine Kapazität auf dem Gebiet der »conträren Sexualempfindung«, über die er auch ein Buch von weltweiter Reputation geschrieben hatte. Er praktizierte als Sexualpathologe und übte auch Psychotherapie aus, wobei er das hypnotische Suggestionsverfahren anwandte. Grautoff war auf Moll über einen Prospekt von Fischer's Medicinischer Buchhandlung in Berlin aufmerksam geworden. Er las daraufhin alles von ihm, dessen er als Buchhändler habhaft werden konnte, und schickte es auch dem Freund nach Rom. Der nahm die Lektüre mit gemischten Gefühlen vor. Mußte dieser Moll denn einen Aufsatz über Probleme der Homosexualität ausgerechnet in der *Zeitschrift für Criminal-Anthropologie, Gefängnis-Wissenschaft und Prostitution*[45] veröffentlichen?

Andererseits schien der Doktor Moll in seinen Theorien durchaus fortschrittlich zu sein. Das merkte man schon daran, daß er die Schreckwörter *Urning* und *Uranismus* vermied. Dafür sagte er nüchtern »Invertiertheit«. Wie Schrenck-Notzing nahm er an, die Invertiertheit begründe sich schon beim Kind, und zwar durch ein Zusammentreten von erblicher Veranlagung und milieubedingter Hemmung der Sexualentwicklung – das konnte beispielsweise eine zu strenge Erziehung sein. Für die allgemeine Naivität, sich die Kindheit ohne Geschlechtstrieb vorzustellen, kannte Moll nur Spott. Hatte man Darwin nicht gelesen? Und im übrigen – das ging gegen den Kollegen Schrenck in München – mußte Homosexualität durchaus nicht mit Dekadenz einhergehen, das war überhaupt gar keine Bedingung. Es gebe so viele vorzüglich begabte und kerngesunde Invertierte. Diese Meinung nahm der junge Mann sehr gemischt auf.

Der Doktor Moll wollte offenbar nicht anerkennen, daß heutzutage die vorzüglich Begabten und Vornehmen nur unter den Dekadenten und Neurasthenikern zu finden waren – kurz, daß derzeit zur Besonderheit auch ein nervöser Magen gehörte.

Mochte Grautoff es halten, wie er es nicht besser wußte und wie es ihm also zustand. Für das Anfangshonorar bei Doktor Moll schoß er ihm sogar etwas zu, er sah die Angelegenheit schließlich nicht mit der Einfalt eines Landgeistlichen. Bald allerdings ereignete sich etwas Beunruhigendes. Vor den ersten Hypnosesitzungen forderte der Arzt von Grautoff, der sich ihm als angehender Schriftsteller zu erkennen gab, einige seiner Manuskripte und auch sonstige Notizen zum Thema seines Leidens. Noch Wochen später hatte er sie nicht zurück. Der junge Mann war auf diese Nachricht hin äußerst alarmiert. Die Sexualpsychiater sammelten ja interessante Fälle, teils zur Beweisführung, teils um ihre Schriften unterhaltsam zu gestalten. Manche davon lasen sich ja wie Schlüsselromane. Da fand man sich womöglich in Doktor Molls nächstem psychiatrischem Werk wieder? Er forderte Grautoff auf, mit aller Schroffheit auf die Rückgabe seines Eigentums zu dringen: »Die Sache ist mir um so unheimlicher, als der Verdacht naheliegt, daß Du auch *mich* in den Schriften gelegentlich kompromittiert, meinen Namen, Äußerungen von mir erwähnt hast etc. etc. Ich bitte Dich dringend, mir in Deinem nächsten Brief über diesen Punkt volle Aufklärung zu geben.«[46] Da hatte er vor genau einem Jahr seine *sehr* geheimen[47] Tagebücher verbrannt, damit sie ihn nicht vor Zufallszeugen kompromittierten – und nun lieferte Grautoff ihn den neugierigsten und schamlosesten Beichtvätern aus, die es gab, den Psychologen. Doch Grautoff konnte dann bald melden, er habe seine Manuskripte zurück. Höchstwahrscheinlich aber waren sie ja wohl kopiert worden. Man konnte also nur noch hoffen, daß Doktor Moll Abstand nahm, ihn in seinem nächsten Seelenroman öffentlich vorzuführen. Gewiß, als »Fall« *repräsentativ* zu sein, war eine kleine Art von Größe. Er hatte das aber immer nur literarisch verstanden und auch prinzlicher, sozusagen – als »Fall« Hamlets, des Dänen, beispielsweise, dieses typischen Literaten. An dem fand der Doktor Moll aber vermutlich nur die Kälte gegen seine Verlobte interessant.

Im Juli 1897 wurde die römische »Wüste« zu heiß und zu laut, und die Brüder verzogen sich wieder nach Palestrina in die Sabiner Berge. In der kühlen Sala der Pension Bernardini wollten sie den gemeinsamen Roman beginnen – was aber bald an zu unterschiedlichen Vorstellungen davon scheiterte, welche Rolle denn »das Volk« darin spielen solle. Daß der Hauptheld ein Neurastheniker sein müsse, war zwar unstrittig. Heinrich meinte jedoch, sein eigentliches Schicksal fände der erst in der Begegnung mit den verschiedensten Volksschichten. Thomas hielt dagegen, des Helden Schicksal sei von Anfang an vorbestimmt wie in der Tragödie, und »das Volk« sei die Komparserie. So fing jeder Bruder seinen eigenen Roman an.[48]

Im Mai hatte der Verleger Samuel Fischer den jungen Mann zu einem größeren Prosawerk ermuntert. Der hatte sich das bisher nicht zugetraut, aber einen Stoff hatte er sofort parat. Er verdankte ihn dem Zuspruch Jensens. Als er Jensen einmal seine Bewunderung für die *Lübecker Novellen* und besonders für *Der Herr Senator* ausgedrückt hatte, hatte der ihm geraten, auch einmal dergleichen zu machen. Mit seiner Herkunft und mit seiner Heimatstadt müsse man einmal ins reine kommen, ob im guten oder im bösen. Als er damals 1868 in Stuttgart die Koffer gepackt habe, um an die Ostsee zurückzukehren, sei ihm manches und gerade aus den Lübecker Jahren böse in die Erinnerung getreten. Da habe Freund Raabe ihm empfohlen, darüber zu schreiben.

So sei die Lübecker Novelle *Späte Heimkehr*[49] entstanden: Einer, der in Zorn und Bitterkeit einst Lübeck und seine Jugendliebe verlassen hatte, kehrt im Alter zurück, versöhnt sich mit beiden und stiftet obendrein ein junges Eheglück. Aufs Vorblatt habe er dann noch eine Widmung an den Lübecker Freund Heinrich Schunck gesetzt. Das Ganze habe man dann in Lübeck gut verstanden, und er sei dort mit offenen Armen wieder aufgenommen worden. Er rate dem jungen Mann auch zu einer solchen Versöhnungsnovelle.

Wieso Versöhnung? hatte der gefragt. Einstweilen denke er mehr an Abrechnung, an Fazit und Saldo. Auch nehme er sich eher Jensens Senatoren-Novelle zum Vorbild. Darin stehe ein Satz, den er auswendig wisse. Der hochverdiente Senator ist tragisch zu Tode gekommen. Auf der Straße steht das ergriffene Volk und trauert. Da sagt der Apotheker an der Bahre den Satz:

> Ich glaube dem Gefühle aller draußen vor dem Hause Versammelten Ausdruck zu geben, wenn ich dem Abgeschiedenen hier als letzten Dank ausspreche, daß er uns in seinem hochbegabten Sohne eine Hoffnung auf Bewährung väterlichen Erbteiles und auf einen zukünftigen Ersatz für den Unvergleichlichen hinterlassen hat.[50]

Das war der Schlüsselsatz. Jensen hatte verstanden: Hier wollte einer den Vater ersetzen und seinerseits vor dem Volk *unvergleichlich* werden. Dann solle er eben als Sohn des Senators schreiben, meinte Jensen. Da hatte der junge Mann nun den Stoff für eine Lübecker Novelle, aus dem er vielleicht sogar einen Roman machen konnte – der Titel: *Abwärts*. Natürlich war er selber heimlich der Held. Und das Thema sollte das ganze Auf und Ab seiner Wünsche und Selbsterkenntnisse umfassen, wie sie ihn quälten und begeisterten: neurasthenisch zu sein und doch sehr gesund, dekadent und auserwählt, dem Volk so fern und bald schon sein Führer – kurz: Der Sohn des bankrotten Senators würde zum *Prinzen*.

Die Vorbereitungen zu *Abwärts* waren sehr vergnüglich. Es ergab sich bald, daß man im Lübecker General-Saldo auch hübsche kleine Nebenrechnungen unterbringen konnte. Krafft Tesdorpf, der unfähige und starrsinnige Testamentsvollstrecker, mochte seine lächerliche Rolle auch im Roman spielen, und eine ähnlich zarte Rache ließ sich auch an den rücksichtslosen Brüdern Fehling nehmen.[51] Und wenn sie sich dann beklagten? Dann würde man sagen: »Das sind nur Äußerungen des Künstlers gelegentlich Eurer. Stört nicht mit Klatsch und Schmähung seine Freiheit ...« Übrigens würde in Thomas' Roman auch ein Brüderpaar vorkommen, beide natürlich Neurastheniker – ein heroischer und ein lächerlicher. Heinrich sagte, den heroischen glaube er zu kennen – wer denn der lächerliche sein sollte? Das sei natürlich Onkel Friedl, sagte Thomas.

Die Gräfin

NOCH JEMAND AUS LÜBECK

Das Jahr 1898 hatte Jensen einen späten Triumph gebracht. Sein *Kampf für's Reich*, der vor zwölf Jahren in Freiburg der klerikalen Gesinnungspresse und den katholischen Gesellenvereinen zum Opfer gefallen war, wurde nun an einer der ersten Bühnen Europas aufgeführt – am Hoftheater in Meiningen.[1]

Die Schauspieler hatten mit großer Spielfreude agiert, und der Darsteller des ständig berauschten Erzbischofs von Köln bekam schon Szenenbeifall, wenn er sich dem Humpen oder seiner unschuldigen Nichte nur näherte. Die Kritiken waren zwar zurückhaltend gewesen, lobten aber in der Regel die aufklärerische Tendenz des Stücks, auf die es Jensen schließlich angekommen war. Daß die *Kölnische Volkszeitung* maliziös auf die verwandtschaftliche Beziehung zwischen Autor und Theaterprinzipal hinweisen würde, war zu erwarten gewesen. Natürlich hatte jeder gesehen, daß der Herzog ihn am Schluß gerührt umarmt hatte. Es war ein sehr gehobener Augenblick gewesen, den Jensen stark empfunden hatte. »Auf der Menschheit Höhen«, hatte Marie gerufen, und alle in der Fürstenloge hatten freundlich geklatscht. Die Erinnerung daran wärmte Jensen noch lange Zeit.

Das Jahr brachte, wie ja nun fast jedes, ihm noch drei eigene Bücher und die zugehörige Beklommenheit, als ihm Raabe sein endlich erschienenes *Hastenbeck* zum Gegengeschenk machte, für das er drei Jahre gebraucht hatte.[2] Wieder einmal bemerkte Marie, daß der Freund doch so unverkennbar eigentümlich schreibe, eben mit der *Raabenfeder.*[3] Und wieder einmal bekam Jensen daraufhin eine Grippe, aus der sich eine Nervenattacke entwickelte. Davon behielt er nun einen nervösen Magen.[4] Gegen Weihnachten aber hatte er alles verwunden und arbeitete wieder. Freifrau Käthchen und Prinz Ernst kamen mit den nunmehr drei Enkeln zu Silvester, und um Mitternacht las Jensen mit viel Wirkung aus einer entstehenden Novelle mit dem Titel *Sehnsucht.* Als er vorm letzten Punschglas das durchlaufene Jahr 1898 noch einmal musterte, stellte es sich als das übliche Auf und Ab des Lebens heraus. Es hatte eigentlich nur ein Ereignis gegeben, das ihn mit fortdauernder Besorgnis weiter beschäftigen würde.

Das war der Besuch Fanny Reventlows im September gewesen. Die Jensens hatten sie lange nicht gesehen, das war in Schwabing durchaus möglich. Marie traf die Gräfin in der Schackstraße. Sie hatte gerade eine Übersetzung im Langen-Verlag abgegeben und war überdies an den *Simplicissimus* vier auf neu frisierte Witze losgeworden – das Stück drei Mark – und war allerbester Laune. Doch sah sie erschöpft aus, denn für ihren Lebensunterhalt übersetzte sie im Akkord Bücher aus dem Französischen und Norwegischen. Marie lud sie deshalb wieder einmal ins Häusle ein. Die Gräfin kam auf eine Woche und bezog mit ihrem Kind das Lugo-Zimmer im Obergeschoß. Es waren sonnige, erleichterte Tage. Bübchen stand im Laufheck, in dem sonst die Meininger Staufersprossen das Gehen lernten. Fanny, die sich jetzt Franziska nannte, erzählte viel, und als sie merkte, daß die Jensens ohne Vorbehalte waren, ließ sie offenbar auch nichts mehr aus. Schließlich mußte sie ja annehmen, daß so manches Gerücht aus Lübeck und Schwabing zu den Jensens gedrungen war, oft verzerrt sicherlich und darum falsch. Es lag ihr aber an der *Wahrheit*, und deshalb erzählte sie alles.

Die Jensens hatten viel über Franziska Reventlow zu revidieren, und sie taten es mit Teilnahme und Respekt. Die Husumer Idylle, die sie gekannt hatten, verblaßte, zerfiel: Fanny auf dem Schoß des Vaters im alten Schloß am Meer, im Garten des Dichters Storm mit dessen zahlreichen Kindern spielend, als kecke Heranwachsende mit der Schulmappe – das war die Außenseite, die Jensen bei seinen Besuchen kennengelernt hatte. Er hatte ja selber beim Jugendfreund Ludwig Reventlow die ruhige Idylle gesucht und nicht sehen wollen: dessen Verbitterung über die abgebrochene Politikerkarriere, die pietistische Enge der adelsstolzen Mutter und daß von den vier Geschwistern Fanny so ganz verschieden war in ihrem Drang nach Freiheit und mit ihrer nervösen Kraft. Jensen und Marie stellten jetzt fest, daß Franziska zu Reventlow ihr Leben nicht anders angefangen hatte als sie beide auch: als *Fremdling unter den Menschen* – wie Jensens Lebensroman heißen sollte, den er noch schreiben würde. Er und Marie hatten dann das Glück gehabt – im Mai vor vierunddreißig Jahren und hier am Chiemsee – sich zu verlieben und daran auch festhalten zu können. Man habe sich damals gleich *erkannt* und gewissermaßen durchschaut und dann nach drei Tagen die Liebe auch vollzogen. »Mit Pauken und Trompeten«, sagte Jensen, und keinen störte der kräftige Ausdruck, denn er stimmte. Jensen und Marie hatten bisher mit keinem Dritten so sachlich, deutlich und ernst über die Liebe gesprochen wie mit Franziska.

Sie hatten aber über Liebesdinge auch noch nie so gelacht wie über Franziskas Flucht aus dem Pfarrhaus, in dessen bessernde Zucht ihre Eltern sie gegeben hatten. Der geistliche Hauslehrer dort hatte sich leidenschaftlich in sie verliebt und sie schließlich, auf ihr Drängen und ganz gegen seine Interessen, mit Zehrgeld und Fahrkarte ausgerüstet. Wie sich doch die Bilder glichen: Marie erzählte daraufhin vom Dr. Hülskamp in der Ordensschule zu Münster, dem »älteren priesterlichen Freund«, der so gern ihr Tagebuch gelesen hätte.[5] Wie sich die Bilder noch mehr glichen: Als Franziska von ihrer raschen Ehe mit dem Assessor Lübke in Hamburg erzählte, die genau ein Jahr gehalten hatte und eigentlich nicht einmal so lange, erinnerte Marie sich an ihre spontane Verlobung mit dem Lehramtskandidaten Ignaz Lücke, dem Bruder einer Schulfreundin. Das hatte gerade ein halbes Jahr gehalten.[6] Innere Sicherheit boten solche Vernunftbindungen nicht, da war man sich einig. Eigentlich, meinten die Jensens, böte nur die Liebe Sicherheit – wenn es gelänge, sie ins Bürgerliche zu überführen. Dann verneh-me man zuweilen durchaus noch Pauken und Trompeten, wenn auch nur von weitem. Das sei das Problem, sagte Franziska. Sie höre diese Musik eben nur in der ersten Reihe.

Letztlich, merkten die Jensens, stand hinter allem, was Franziska berichtete, überlebensgroß das Bild der Mutter. Nicht, daß die alte Gräfin Reventlow etwa als bedeutende Persönlichkeit anzusehen war, Jensen kannte sie ja. Sie war hart, eng und geradezu zänkisch. Doch eben dadurch war sie für die Kinder unerreichbar gewesen und erhielt eine absolute Autorität, der man sich nur unterwerfen konnte oder gegen die man mit den äußersten Mitteln protestieren mußte. Franziska protestierte, und zwar mit den äußersten Mitteln, und zugleich wollte sie sich mit aller Kraft die Liebe der Mutter erzwingen. Ihr Kampf war absurd und großartig. Jensen wünschte, er könne dergleichen einmal *erzählen*. Vermutlich aber machte seine Muse da nicht mit – das war wohl eher eine Sache der Dichter von heute. Doch machte er sich nach Franziskas Berichten Notizen.

Franziskas erster Ausbruch geschah in Lübeck, wohin die Familie nach der Pensionierung des Vaters 1889 umgezogen war. Das begann mit der Liebe zu Emanuel Fehling, die die beiden folgenden Jahre mit Briefen und heimlichen Treffen ausfüllte[7]. Emanuel war der Sohn von Jensens Freund, dem Senator und Lübecker Bürgermeister Emil Ferdinand Fehling. Er war Schüler auf dem Katharineum, ein sensibler Junge mit literarischen Interessen, der für Fannys Situation viel Verständnis aufbrachte. Man traf sich in der Marienkirche und küßte sich hinter den dicken Säulen.

Ein nachhaltiger Ausbruch aus ihrem bisherigen Leben war dann Fannys Eintritt in den Lübecker Ibsen-Club, während sie das Lehrerinnenseminar besuchte. Hier hielt eine protestierende Jugend Anschauungen und Ideen für sie bereit, mit denen sie sich nun ausdrücken konnte. Man las Ibsen, Lassalle und das neue Arbeiterlesebuch. Man wußte gemeinsam, was das war: Selbstverwirklichung, Emanzipation, Lebensbejahung, freie Liebe. Man saß in Hafenkneipen, auch Fanny trank zuviel, und erörterte, ob der Bordellbesuch von Gymnasiasten ein Akt der Freiheit sei. Ludwig Ewers begleitete Fanny auf solchen Abenden, zuweilen schloß sich der älteste Sohn des Senators Mann den beiden an.[8]

Mit Natalia Mannhardt und Julia Mann diskutierte sie die schlimmsten sozialen Lügen: Lucie Storm beispielsweise hatte sich ihrem Mann schon in der Verlobungszeit hingegeben, und nun fürchtete man doch tatsächlich für ihre Ehe. Es war allgemein nicht vorstellbar, daß ein Mann eine solche Frau noch achten konnte.

Die Jensens verstanden vieles aus Eigenem, wovon Franziska Reventlow sprach: Freiheit, Selbstverwirklichung, freie Liebe. Sie hatten sich damit befaßt, als das noch kein Programm war. Doch mußten sie auch einräumen, daß sie dabei viel Glück gehabt hatten und daß es wohl richtig gewesen war, so rasch wie möglich den bürgerlichen Schutzkreis von Ehe und Familie um sich zu schlagen. Für die, die das nicht konnten oder wollten, war heute nun jenes Programm durchgesetzt worden, jedenfalls in Schwabing. Marie verriet, daß sie die Schwabinger Malweiber nicht ganz ohne Neid sehe. Da sitze sie nun zu Hause, zeichne ihre Enkel und male genaue Gräser, weiter hatte sie von der Kunst nichts mehr zu erwarten. Ob vielleicht doch Gretchen Raabe, die nicht nur Cigarillos rauchte und am Bewegungsstammtisch Karten spielte, sondern auch respektable Bilder ausstellte, ein höheres Maß an Selbstverwirklichung erreiche?

Franziska allerdings forderte davon ein solches Übermaß, daß den Jensens angst und bange wurde. Sie denke oft daran, wie sie als Kind gewesen sei. Sie habe da immer gemeint, ihr Leben müsse etwas ganz Besonderes werden, und auch später noch: ungeheure Dinge leisten, in der Kunst, in allen möglichen Verwegenheiten, am liebsten hätte sie auch Seiltanzen und Akrobatenkünste gelernt, überhaupt *alles* können, *alles beherrschen*![9] Daraus folge dann auch ihr maßloses Streben, Sehnen nach Freiheit. Sie müsse eben gegen alle Fesseln, alle Schranken ankämpfen, anrennen.[10] Jensen sagte, auch das verstehe er aus Eigenem gut. Aber Kunst würde so nicht daraus. Da müsse er nun Nietzsche zitieren: Apollinisch werden, Künstler sein, das heiße, seinen Willen zum Maßlosen und Ungeheuren brechen. Das sei aus einem heutzutage fast unbekannten Buch Nietzsches, der *Geburt der Tragödie.* Franziska kannte es in der Tat nicht. Ihr Buch war der *Zarathustra.* Sie hatte ihn noch in Lübeck gelesen, und seitdem war er ihre Bibel. Was Schwächere nur bei Schopenhauer erlebten, das sei ihr beim *Zarathustra* widerfahren: Der Himmel tat sich über ihr auf in lichter blauer Ferne. Das war nicht mehr Verstehen und Begreifen – das war Offenbarung[11]: das heilige, große Leben, der neue

Mensch und die neue Moral![12] Und Zarathustras Wille zur Macht? Wo lasse sie den, fragte Jensen und zitierte ihren Jugendtraum: *alles* können, *alles beherrschen* ... Den bringe sie schon irgendwie unter, meinte Franziska, im *Leben*, in der *Liebe*. Ein Volk oder eine Gemeinde zum Herrschen brauche sie jedoch nicht. Vermutlich sei das Männersache.

Franziska hatte die neue Moral noch in Lübeck ausprobiert. In der Marienkirche traf sie sich mit Ferdinand Schluse, Sohn einer berüchtigten Freidenkerfamilie. Mit ihm hatte sie dann die freie Liebe auch vollzogen und dabei noch eine andere Erfahrung gemacht: In das Gefühl der Macht über ihren Geliebten mischte sich sofort eine Spur von Geringschätzung.[13] Als die Eltern ihren Schrank aufbrachen, fanden sie dann die Briefe von Schluse. Franziska, jetzt volljährig, verließ das Elternhaus für immer.

Von nun an war alles Jagd nach Leben und Kampf gegen die alte Moral. Im Hamburger Ibsen-Club lernte sie den Rechtsassessor Lübke kennen. Nach einem rauschhaften Sommer verlobten sie sich. Dann gab Lübke ihr Freiheit und Geld, ein Jahr in München auf die Malschule zu gehen. In München war das Leben. Im Mai 1893 fährt Franziska hin. Natürlich hat sie Empfehlungen in der Tasche, eine von Ida Boy-Ed an Michael Georg Conrad und eine vermeintlich stockbürgerliche von Natalia Mannhardt an deren Schwester Giulia, die mit dem Oberpostrat Knözinger verlobt ist. Natürlich sucht sie nur Conrad auf, und er empfiehlt ihr eine Malschule.[14] Dann taucht sie ein in den Lebensrausch. Die Liebhaber wechseln rasch, schließlich landet sie bei dem polnischen Maler Herstein. Er ist Materialist und hält einen ganzen Kreis in Atem mit seinen Nietzsche-Auslegungen, versteht sich dabei auch selbst als Übermensch. Franziska erwartet ein Kind von ihm, und er zieht sich zurück. Sie treibt ab, es kommt heraus, und es wird eine Untersuchung gegen sie geführt wegen Verbrechens wider das keimende

Leben.[15] Als diese schließlich eingestellt wird, flieht Franziska zurück nach Hamburg und heiratet den Assessor Lübke. Ein Jahr hält sie es aus, dann bittet sie ihren Mann, das Malstudium in München fortsetzen zu dürfen.

Jensen hatte seinerzeit gemeint, mit dem *Winter in Sizilien* habe er genug erotische Phantasie nachgewiesen, um es mit der jetzigen Generation aufnehmen zu können. Immerhin hatte Raabe schon gemurrt. Doch Franziska übertraf das Vorstellbare. Als sie 1895 wieder in München war, explodierte ihre Erotik förmlich. Das Leben lebe sie, das wurde ihr jetzt klar, nur herrlich und tief, wenn sie viele Männer hatte. Eigentlich gehörte sie allen.[16] Nun gut, das gab es, Jensen war nicht erschüttert. Doch, daß Franziska begonnen hatte, in Bordellen zu verkehren, sah er nicht ein. Gewiß, sie war arm und allmählich auch abgerissen. Dort bekam sie ein beträchtliches Honorar und glanzvolle Toiletten, die die Patronesse aber nach der Arbeit wieder an sich nahm. Sie hatte auch viel Erfolg bei den Kunden. Was Jensen jedoch äußerst bedenklich fand: Franziska machte es *Spaß*. Man hatte ihr öfter schon angeboten, einen festen Platz im Haus zu übernehmen oder sich in einer Wohnung selbständig zu machen, und sie hatte es ernsthaft erwogen. Das einzige, was dann dagegen sprach, war, daß sie ihre Freiheit hätte aufgeben müssen. Sie wolle eben auch im roten Salon nur ihr Vergnügen und könne selbst da die Liebe nicht zweckmäßig nehmen, hatte ihr die Patronesse vom Salon B. deshalb vorgeworfen.[17] Worin bestand nur dies Vergnügen? Das war doch nicht das große, heilige Leben. Hielt sie sich für eine von Zarathustras Wüstentöchtern? Es war wohl eher so, daß Franziska im roten Salon an Pastor Johnsen denken mußte – was der denn dazu gesagt hätte.[18] Vermutlich, dachte Jensen, stand auch Pastor Johnsen noch für jemanden anderen, für Franziskas Mutter.

Als aber dann im Herbst vor einem Jahr das Bübchen geboren wurde, waren auch die Jensens erstaunt über so viel begeisterte Liebe, wie sie Franziska nun aufbrachte. Tatsächlich, ihr sei ein Wunder geschehen: Mit dem Kind hätten sich ihr jetzt alle Rätsel gelöst. Hatte sie denn je das Leben gehaßt, dies reine und starke Leben? Den *Zarathustra* beginne sie erst jetzt zu verstehen. Sie wolle nun kein anderes Schicksal mehr gegen das eigene eintauschen. Die Welt sei hell und stehe still um sie und ihr Kind.[19] Das war allerhand Pathos – doch Franziska stand es schon zu. Ihr Leben hatte seine Bahn gefunden.

Ordentlicher geworden war es nicht. Die Maßlosigkeit in der Leidenschaft war geblieben, auch die Unbekümmertheit. Versank mancher Liebesgefährte auch schon am *lendemain des amours* in Vergessenheit, so war es Franziska doch recht, wenn etwas Geld von ihm zurückblieb. Die Liebe zum Söhnchen aber berührte das nicht. Sie kam müde heim, war froh, daß sie etwas mehr Geld in der Tasche hatte und bei ihrem Bübchen war. Ob es wohl Menschen gab, die sie darin begreifen konnten, fragte sie Jensen.[20] Er könne schon, das sehe sie ja, antwortete er. Übel nehme er ihr etwas anderes: daß sie ihr Bübchen habe taufen lassen. Sie hatte aber praktische Gründe dafür gehabt. Der Sohn einer ledigen Mutter brauchte einen Taufschein um so dringender. Sogar Oskar Panizza verstand das, der sich mit 20 Mark an den Kosten der heiligen Handlung beteiligt hatte.[21]

Denn die Gräfin hatte nie Geld. Dabei arbeitete sie wie ein Pferd. Sie nähte, schrieb kleine Sachen für den *Simplicissimus* und übersetzte in Terminarbeit. Derzeit hatte sie auch Hoffnungen auf das Theater gesetzt und nahm Schauspielunterricht in der Erwartung einer baldigen Rolle am Gärtnerplatz, jedenfalls als Zofe. Das sicherste waren aber die Übersetzungen für Langen. Auch Schnotzing, für den sie seine Aufsätze ins Englische übertrug, zahlte einigermaßen, er war *reich.* Leider fing er seit einiger Zeit an, zutunlich zu werden, sie mochte ihn aber nicht.[22] Schnotzing – so nannte sie den Dr. von Schrenck-Notzing, dessen Ansichten über die *Pathogenese sexueller Anomalien* sie überhaupt nicht interessierten.

DAS ARME TIER

In Rom war der junge Mann aus Lübeck im April 1898 bis Kapitel 40 seines Romans gelangt. Dann trat er die Heimreise an. Er nahm den Hund Titino mit, seinen einzigen Gefährten während der römischen Schreibklausur, denn er wollte sie in München gleich fortsetzen. In Florenz machte er Zwischenhalt, um vielleicht »Ernsts« (so nannte man in Adelskreisen die Familie des Prinzen Ernst von Sachsen-Meiningen) in ihrer Villa in San Miniato anzutreffen und Jensens Grüße auszurichten. Die Ernsts waren jedoch in Frankfurt, aber er konnte jedenfalls ihre Villa besichtigen, die in Jensens Altflorentiner Novelle vorkam. Dann besah er sich die Stätte, an der man den Prior von San Marco verbrannt hatte. Heute aber feierte man Savonarola und betrieb seine Heiligsprechung – dieser Priesterkönig empfing nun endlich seine Krone. Nietzsche hatte ihn erkannt: ein Unbedingter aus Schwäche – aber gerade deshalb ein Herrscher über die Masse.[23] Er hätte ihn unter seine asketischen Priester aufnehmen sollen, diesen herrschsüchtigen Neurastheniker.

Später saß der junge Mann in einem Vorstadtrestaurant, las in der *Genealogie der Moral* und schrieb sich zuweilen seine Gedanken auf: »Savonarola über seine Folterknechte: Sie empfinden Wollust dabei ... Ach, ich *verstehe* das!«[24] Die Folterknechte nahmen eben an jenem *Herrenrechte* teil, das Savonarola sich vordem selbst genommen hatte: seine Macht an Machtlosen unbedenklich auszulassen, die Wollust der

Vergewaltigung zu genießen.[25] Wollte denn auch er solches Wohlgefühl, fragte sich der junge Mann. Er kannte sich genug, das zuzugeben. Zu quälen um der Lust willen, selbst zu morden war ihm vorstellbar – als tiefste Lust. Die Einsicht erschreckte ihn auch nicht. Seit Neapel mußte er sich nicht mehr verstellen – nicht sich selbst gegenüber. Und für die anderen hatte er nun Masken, durch die er ihnen sein Innerstes mitteilen würde. Jetzt konnte er sich als Künstler ausleben.

In München suchte der junge Mann sich wieder eine Wüste und schrieb am Roman. Neben den Träumer Turgenjew hatte er sich nun den Sieger Napoleon auf den Schreibtisch gestellt. Er befand sich gut, sehr gut – stetig und flüssig ging das Schreiben von der Hand. Jensen, der zuweilen hereinsah, warnte humoristisch. Auf diese Weise werde er es ebenfalls auf über 100 Bücher bringen – und zur stillen Mißachtung durch seine Gattin am Ende auch. Er solle aber doch zusehen, daß er bald seine *eigenen* Figuren tanzen lasse. Jensen war nämlich der Meinung, der junge Mann schiele insgeheim auf Michael Georg Conrads rasch gefertigte Schmöker und sitze nun selber an einem Lübecker Heimatroman. Energisch riet er ihm zur langsamen Raabenfeder.

Den frohen Tagen folgten trübe. Im November 1898 stockte die Produktion. Der junge Mann hatte unvorsichtigerweise seine Wüste verlassen. Korfiz Holm hatte ihm einen Redakteursposten beim *Simplicissimus* angeboten, und so arbeitete er nun täglich in den eleganten Büroräumen in der Schackstraße als Lektor, der die erste Auswahl unter dem Novellen-Eingang zu treffen hatte. Titino lag unter dem Pult und langweilte sich. Er vermißte die Radfahrten in den Schleißheimer Wald. Abends trafen sich die *Simplicissimus*-Leute – Heine, Thöny, Reznicek, Linnekogel, zuweilen war Ludwig Thoma dabei – im Café Luitpold. Es war nicht leicht für den jungen Mann, hier zu bestehen. Der Stammtisch des Simpl war Übungsgelände – ein Thema wurde durchgespielt, und wer den *running gag* überhaupt nicht zu bedienen wußte, gehörte bald nicht mehr dazu. Der junge Mann redete auch hier gemessen und förmlich, doch allmählich wuchs den anderen ein Ohr dafür. Er »hatte was« – wenn er beispielsweise den sich langweilenden Titino tröstete: »Mein armes Tier! Mein armes Tier! Wie traurig alles ist! Wie traurig wir beide sind! Leidest du? Ja, ja, ich weiß, du leidest – wie kläglich du da vor mir liegst! Aber ich, ich bin bei dir!« Man lachte anerkennend. So sprach Jesus zu seinem Hund, meinte Panizza.

LEBEN UND SCHREIBEN

Der junge Mann saß eines Nachmittags in seinem eleganten Büro und arbeitete, als eine junge Frau mit einem Kind auf dem Arm an der offenen Tür vorbei zu Lulu Linnekogels Zimmer eilte.[26] Unbekümmert rief sie ihm schon auf dem Flur entgegen, sie habe am Morgen vier endgültige Witze gefertigt, an denen der Simpl nun nicht vorbeikomme. Dann ließ sie Linnekogels Tür hinter sich ins Schloß fallen. Der junge Mann zuckte zusammen. Eine vage und schreckhafte Erinnerung hatte ihn befallen. Das war die Gräfin, sagte Holm, der ihm gegenübersaß. Welche Gräfin? wollte er fragen, als er es schon wußte: die schlimme Komteß Reventlow! Da war der Lübecker Schulhof wieder, man ging in Reihen auf und nieder, und durch das Torgitter sah man das Fräulein zu Reventlow in die Marienkirche eilen. Gleich würde Emanuel Fehling aus dem Schultor treten und in die gleiche Richtung gehen. In der Kirche trafen sie sich dann, und es war zu vermuten, was sie dort trieben. Das war ihnen gegönnt. Es war etwas anderes, das den Jungen faszinierte – die unbekümmerte Deutlichkeit, mit der die Komteß sich zu ihrem Recht verhalf. Jeder wußte, wie streng sie gehalten wurde, und daß sie sich trotzdem gegen die Eltern durchsetzte. Im Ibsen-Cub verkehrte sie auch. Zu sein wie sie! Der Junge erschrak, wenn er sie auf der Straße traf. Ihr heller, energischer Blick war wie ein Angriff. Er empfand Angst und Neid. Und obendrein, was die Sache sehr verschlimmerte, war sie keineswegs »gewöhnlich«, so daß man sie hätte abtun können. Sie war *vornehm*, von Stand und Natur aus – mochte sie sich beim Gehen auch in einer Weise bewegen, daß ihr der alte Schunck und ein Bäckergeselle zugleich nachsahen. Der Junge hatte eine Ahnung, daß er später mit solchen Menschen wie mit Feinden zu tun bekommen würde.

Als die Gräfin, ein neues Manuskript unter dem Arm, wieder aus Lulu Linnekogels Tür trat, begrüßte sie der junge Mann und stellte sich vor. Sie wußte auch gleich, wer er war, und beglückwünschte ihn zu seinem Novellenband, den man nun in allen Auslagen sehe. Dann erinnerte sie sich, daß sein Vater ja lange Zeit Finanzsenator gewesen sei, und bat ihn heiter um eine Anleihe von zwanzig Mark. Als er sie verwirrt hervorkramte, lachte und jubelte der dicke, kräftige Sohn auf ihrem Arm, und dem jungen Mann klang es wie Spott. Die Gräfin versprach, daß er sein Geld bald zurückhaben werde. Dr. von Schrenck-Notzing habe sie auf eine Reise nach Algier eingeladen, als eine Art Sekretärin, sozusagen. Da sei ein gutes Gehalt zu erwarten, wenn sie das annehme.[27] Die Gräfin probierte zum Abschied ein eindringliches Lächeln und ging davon. Ihr dicker Sohn krähte vor Vergnügen.

Nicht lange, dann lief auch der junge Mann aus seinem Redaktionszimmer davon. Zweifellos, da war ihm wieder einmal *das Leben* in seiner penetrantesten Form begegnet – in den Räumen einer literarischen Zeitschrift hatte er sich davor eigentlich sicher gefühlt. Er stieg die drei Treppen zu seiner Schwabinger Kammer hinauf. Dort lag der Roman als stetig wachsendes Manuskript. Beim Schreiben würde er sich jetzt vom Leben erholen. Doch wieder einmal machte er die Erfahrung, daß er auf seine eineinhalb Seiten pro Tag nicht blind rechnen konnte. Heute stockte die Feder schon nach dem ersten Satz. Drauflosschreiben, um *das Leben* zu vergessen, ging eben nicht. Das Rezept lautete anders: das Schreiben einfach für das Leben selbst halten. Das hatte er heute verfehlt. Es wurde nach und nach immer dunkler in ihm. Diese Reventlow verkündete überall, sie sei auf dem Wege zum »Nietzschemenschen«. Dabei war sie einfach nur *unbewußt.* Ihm kehrte sich vor Erbitterung der Magen um. Etwas Lektüre würde jedenfalls ablenken. Er griff ins Regal, zog einige noch unaufgeschnittene Bände heraus. Mit dem Federmesser schaffte er sich Zugang und las. Bereits der erste Band fing gut an: »Die Welt ist meine Vorstellung«, stand da. War das nicht wieder das Herrenrecht, den Dingen einen Namen zu geben – damit sie überhaupt erst existierten? Auch der zweite Band begann sehr interessant. Es war von der großen Mißlichkeit die Rede, auf Erden »nur Eines zu seyn von unzählbaren ähnlichen Wesen, die sich drängen, treiben, quälen, rastlos und schnell entstehend und vergehend, in anfangs- und endloser Zeit«. Hier sprach einer, der dem Geist der Moralgenealogie wohl nicht fern stand. Der junge Mann begann, sich in das berühmte metaphysische System der *Welt als Wille und Vorstellung* zu vertiefen. Bald wandte er in tiefer Versunkenheit Blatt um Blatt …

Er las, wie man nur einmal liest. Hier erhielt er die grundsätzliche und feierliche Berechtigung, am Leben und an der Welt zu leiden. Er begriff eigentlich alles, obschon ihm die philosophische Schulung fehlte. Zuweilen sah er auf und wiederholte sich die Gedankengänge. Es war das Hochbefriedigende an diesem System, daß man seinen Bau klipp und klar mitvollziehen konnte. Als der junge Mann das

Buch zuklappte, denn es war Nacht, wußte er, daß er mit ihm Ordnung in sein Leben bringen würde. Hier hatte er ein Gegengewicht zu seinem magenkränkenden Ehrgeiz! Die Kraft, mit der Schopenhauer die Welt verwarf, stand dem Willen zur Macht ausgleichend gegenüber, der die Welt verewigen wollte.

Eine Merkwürdigkeit beschäftigte den jungen Mann dabei lange: Überging man einmal, daß Schopenhauer und Nietzsche die Welt ganz entgegengesetzt betrachteten, und horchte man einmal nur auf den Ton, in dem sie ihre Lehre vortrugen – sah man also auf den Antrieb, der dahinter wirksam war: Dann ähnelten sie sich sehr. Asketische Priester waren sie beide! Der junge Mann mußte lächeln. Dann allerdings war *er* das kranke Schaf in ihrer Herde. Diese Folgerung war nun so wahr wie peinlich. Es schien an der Zeit, daß er zu einer *eigenen* Herde kam. Da drüben lag sein Roman, der mochte sie ihm verschaffen. Im Einschlafen sah der junge Mann zu seiner Napoleon-Büste hinüber. Erstaunt glaubte er wahrzunehmen, daß sich die Physiognomie des großen Korsen verzog, verwischte, verwandelte in einen Schafskopf, in ein Widderhaupt genauer. Nun blökte der Widder leise und naturgetreu, und darüber war der junge Mann dann schon eingeschlafen.

DER ROMAN

Im Laufe des Jahres wuchs die Gewißheit, daß der Roman gelingen würde – zumindest fertig würde er werden. Vor allem Zuversicht stellte sich ein, daß die Symbolik des Erzählwerks aussagekräftig war: Der aufmerksame Leser sollte darin doch das ganze Leben des Menschen, der den Roman geschrieben hatte, entdecken – den eigentlichen, den biographischen Kern. Es war nicht mehr vorstellbar, daß jemand den Roman nur für eine norddeutsche Heimatgeschichte nehmen würde. Gewiß, Jensens Lübecker Novellen schienen hier und dort als Vorbild noch durch – doch es war etwas gänzlich anderes daraus geworden. Durfte man sagen: mehr?

Die letzte Romanstrecke fiel mit dem Beginn einer ans Tiefste rührenden Freundschaft zusammen. Aus ihr mochte wohl Liebe werden, und dann würde sich die Lübecker Gefühlserschütterung von 1891 noch einmal mit Glanz und Gloria wiederholen. Das alles machte das Schreiben durchaus nicht leichter. Überhaupt war die Arbeit am Roman selten anderes gewesen als Last, Druck, Gewissensqual. Das Tagebuch hatte die Sorgen aufgenommen:

19. März: Alle Tage etwas am Roman. Das ist aber auch alles.
26. März: Goethes Briefe an Frau von Stein. So eine Liebe gib mir, lieber Gott, eine tiefe, heitre Liebe, die durch jeden Tag und über alle kleinen Sachen geht.
28. April: Bodenlos melancholisch.
21. Juni: Eine quälende Zeit wieder von schlechter Gesundheit, tägliches Kämpfen mit dem Roman.
10. Juli: [Auf einem Ausflug zum Kurort Hohenschäftlarn] Dies scheinen die typischen Sommerfrischen des schiefgetretenen, lahmen, buckligen, verkümmerten Kleinbürgertums zu sein, lauter mißratene Gestalten, die man einstampfen sollte, statt sie wieder aufzufrischen.
11. Oktober: Den nächsten Morgen und Nachmittag ihm Roman vorgelesen. Steine, Zentner und Mühlräder vom Herzen, daß er es gut fand. Hochgespannte und wundervolle Stimmung, hätte in einem Zug das Buch zu Ende schreiben mögen.
17. Dezember: Roman fertig, d.h. bis zum Schluß, zum letzten Fertigsein fehlt noch manches. Arge Kopfwehtage, besinnungslos Phenacetin genommen. ... Aber schöne Stunden mit ihm. Wozu nur schwindelt er mich an? Ahnt nicht, daß ich den ganzen Sachverhalt längst zusammenkombiniert habe.

24. Dezember: Ausgeschlafen und frischer erwacht. Schwere, schwarze Wolken, dazwischen fahler Sonnenaufgang. ... Ich denke daran, wieviel lichter alles für mich geworden ist – und rüttle aus alter Gewohnheit etwas an meinem inneren Menschen, der mir immer noch nicht ganz gefällt. Und auch da sind es wieder nur meine Nerven, an denen ich zu arbeiten habe. Besonders wegen der Maus ... Müßte ich nicht arbeiten, d. h. mit dem Kopf arbeiten, so wäre ich eine vollkommene Mutter.

Die Gräfin brachte ihr Manuskript zu Langen. Langens Verlagsdirektor Holm war schließlich der Anreger des Romans, gewissermaßen.

Das war im Sommer 1900 gewesen. Da hatte Albrecht Hentschel, der treue »Adam«, die Gräfin und ihren kleinen Sohn zu einer Reise nach Kleinasien und Samos eingeladen. Sie wollte aber wenigstens ein eigenes Taschengeld mitnehmen. Deshalb hatte sie Korfiz Holm den Vorschlag gemacht, sie werde die Geschichte ihrer Jugend schreiben, wenn sie darauf einen Vorschuß bekomme. Holm, der sich von diesen Memoiren allerhand versprechen durfte, ging darauf ein. Allerdings komplizierte sich dann die Geschäftsbeziehung, als die Gräfin aus Griechenland wieder zurück war. Sie konnte nämlich kein Manuskript vorweisen. Holm hatte sich damals ihre Erklärung dafür mit zunehmender Gesichtsröte angehört. Es war ja tatsächlich so gewesen, daß in Brindisi ein Zollbeamter in dem Manuskriptkoffer gestöbert und dabei unglücklich den geladenen Revolver der Gräfin berührt hatte, der leider nicht gesichert war. Ein Schuß löste sich und traf einen Beamten. Der Koffer samt Manuskript war daraufhin beschlagnahmt worden.

Korfiz Holm war sehr beleidigt, nachdem sie ihm diesen Vorgang geschildert hatte. Er kenne bei Gott vielerlei Ausreden von Schriftstellern, die an südlichen Stränden nicht zum Schreiben gekommen seien – sie aber hätte sich wenigstens etwas *um eine Kleinigkeit* Wahrscheinlicheres ausdenken können.[28] Die Gräfin aber setzte sich hin und fing ihren Jugendroman noch einmal an.

Als sie nun ihr Manuskriptbündel in der Schackstraße ablieferte, verpflichtete sie der nachtragende Holm, ohne auch schon eine Zeile gelesen zu haben, auf eine Überarbeitung des Vorliegenden. Das traf ihren Stolz, und sie nahm das Manuskript wieder mit. Auf der Siegfriedstraße traf sie den Russen Meyer, den sie bei Suchocky kennengelernt hatte – ein Revolutionär, der in Schwabing eine Zeitung für die russische Sozialdemokratie herausgab. Er lud sie ins Café Stefanie ein, wo sie ihm ihr Leid klagte. Der in Fragen von Druckerzeugnissen erfahrene Meyer konnte der Gräfin helfen. Er winkte einen Bekannten an seinen Tisch, der gerade einen Verlag gegründet hatte und dem er das Projekt der Gräfin dringend empfahl. Dr. Julian Marchlewski aber zögerte, gab zu verstehen, daß er dem Genossen Wladimir Iljitsch zwar unbedingt vertraue – dennoch: ein gräflicher Lebenslauf in einem sozialistischen Verlag …? Der Genosse Wladimir Iljitsch hob daraufhin den Zeigefinger und zitierte eine Autorität, offenbar sich selber:

> Wir müssen in *alle* Klassen der Bevölkerung gehen. Die theoretische Arbeit der Sozialdemokraten muß sich auf das Studium aller Besonderheiten der sozialen und politischen Lage *aller* sozialen Klassen richten![29]

Ob der Herr Doktor Marchlewski denn die *Iskra* nicht lese? Marchlewski steckte zurück. Wenn der Genosse Lenin den Fall derart klassentheoretisch angehe, nun dann … Die Gräfin möge ihm das Manuskript überlassen. Ob sie es denn schon überarbeitet habe?

»Ein Buch dauert so lange wie ein Kind«, sagte Jensen, der es wissen mußte. *Ellen Olestjerne* würde also nicht vor

1903 erscheinen. Es war Frühling, und man feierte den Abschluß des Romans im Häusle zu Sankt Salvator. Ein bunter Kreis hatte sich eingefunden. Gretchen Raabe, die die Gräfin für ihren Mut zu sich selbst hoch verehrte, machte einige Porträtskizzen vom Bübchen, das jetzt Bubi hieß. Im übrigen paßte sie auf, daß keine Diskussion über die Frauenbewegung aufkam. Die Gräfin konnte mit Bewegungsweibern nun einmal nichts anfangen und verspottete sie als Hermaphroditen.[30] Gretchen schmerzte es, daß diese stolze und freie Frau derart den Männern verfallen war. Aber wenigstens schien sie die Ehe zu meiden.

Auf der Ofenbank saßen die Lübecker Brüder. Heinrich beobachtete die Gräfin. Sie spürte das und lachte. Ob auch er Porträtskizzen mache? Die Frage war rhetorisch, alle waren amüsiert. Jedermann wußte, daß die Gräfin Modell und Muster war zu Heinrich Manns drittem Roman über die heidnisch lebenstrunkene Herzogin von Assy. Er hieß natürlich *Venus.* Im Grunde dachten ja alle Schwabinger Nervösen, die sich um die Renaissance des »starken Lebens« bemühten, an sie – als die einzige Person, der das starke Leben auch zu gelingen schien. Heinrich Mann plante gleich einen weiteren Roman, den er der Gräfin geradezu auf den Leib schreiben wollte. Er würde die *Jagd nach Liebe* heißen und in München spielen, vor allem in Schwabing natürlich. Dergleichen verkündete er nun völlig unbefangen, als sei er von vornherein mit der Gräfin im Einverständnis – zwei Lebenskünstler und Romanautoren von gleicher Potenz. Die Gräfin lächelte. Der Romancier Mann verstand vom Leben soviel wie der Geschlechtsarzt Schnotzing von der Liebe.

Mit seinem Bruder verhielt es sich vermutlich nicht anders. Sein Lübeck-Roman war im letzten Herbst herausgekommen und auf dem Weg zu einem ganz ordentlichen Erfolg. Doch anödend, wie vornehm darin gelitten und wie blutarm darin geliebt wurde! Einzig das Porträt des alten

Schunck als Makler Gosch hatte der Gräfin gefallen. Der hatte tatsächlich nur so gezischt, wenn er eine schöne Frau sah. Natürlich plante nun auch Thomas Mann ein Renaissance-Drama über das starke Leben und danach einen Münchener Gesellschaftsroman. Woher er den Mut zu solch absichtlicher Konkurrenz mit dem Bruder nahm, der obendrein ja viel schneller schrieb – das mochte sich früh begründet haben. Der junge Mann aber verstand sich erstaunlich gut mit Bubi. Er machte ihm mit dem Obstmesser vor, wie Siegfried den Drachen erschlug, und wurde mit der Zeit so albern, daß Bubi vor Entzücken kreischte.

Zwei Herren saßen am Fenster und konnten nichts miteinander anfangen. Der eine war ein junger Maler, den Thomas Mann mitgebracht hatte und der sich allerdings mit Marie Jensen sofort gut verstanden hatte. Er malte vornehmlich Tierbilder, auf denen man jedes Haar und jeden Halm genau erkennen konnte. Dann könne er doch gleich fotografieren, meinte Gretchen Raabe spöttisch. Er sagte, das täte er auch – er mache beispielsweise Momentaufnahmen von springenden Pferden, und nach denen male er dann. Da male er das pure Leben. Der andere Herr war Psychiater. Jensen hatte Dr. Groß schon vor Jahren auf einem okkultistischen Abend bei Baron du Prel kennengelernt – man hatte auch einen gemeinsamen Bekannten, Dr. Freud in Wien. Otto Groß sprach bereits als Eingeweihter von dessen neuer Seelenlehre, und zwar in den höchsten Tönen. Er hatte ein fanatisches Vogelgesicht, mit dem er hackend seine Thesen vorbrachte. Sie bestanden im wesentlichen und hochintelligent darin, daß er das väterliche Prinzip als irreführend ablehnte und alle Zukunft der Welt vom mütterlichen Prinzip erwartete. Die Gräfin nannte ein Stichwort, ihr seit kurzem wohlvertraut: *Mutterrecht.* Gut, also Bachofen, meinte Dr. Groß, der habe schon viel geahnt. Mit Freud aber sehe man das alles noch viel genauer und tiefer. Jensen hielt dagegen, daß Bachofen doch gewiß poetischer sei als ein Psychiater. Er selber schreibe da gerade an einer Geschichte … *also:* Wie am oberrheinischen Kaiserstuhl im Mittelalter noch einmal der Versuch gemacht worden sei, die alte keltische Weiberherrschaft wieder aufzurichten – die Macht des Blutes und der Rasse erweise sich auch hier wieder, und dazu habe Bachofen ihm doch allerhand zu sagen. Von einem Psychiater möchte er sich nicht soviel erwarten. Die Gräfin pflichtete Jensen bei, Dr. Groß widersprach heftig, und der junge Maler hatte sich längst neben Frau Marie gesetzt. Um den Streit zu beruhigen, zündete Jensen die Leselampe an. Zur Feier des Tages möge die Gräfin aus *Ellen Olestjerne* vortragen. Sie wählte das Eingangskapitel, das von ihrer schönen, harten Mutter handelte.

Man war dann sehr beeindruckt. Dr. Groß brachte es auf den Punkt: Dies sei ein furchtbares Beispiel für die protestantisch-preußische Verhärtung der deutschen Frau und ein Zeugnis für den Irrweg des Patriarchats. Ein neues Heidentum müsse kommen, Venus-Astarte als neue Gottesmutter mit dem Dionysosknaben auf dem Schoß – manch einer in Schwabing habe dabei schon an die Gräfin und Bubi gedacht. Die ging auf soviel Verzückung nicht ein und ermunterte nun Jensen, aus seinem Neuesten vorzulesen. Es hieß *Mutterrecht.* Jensen erläuterte die Umstände seines Buches. Es spiele in einem herrlichen Stück Natur, in dem er damals von Freiburg aus gern gewandert sei, immer mit dem Ziel, im »Schwarzen Adler« zu Oberbergen einzukehren. Die Urbevölkerung dort sei keltisch gewesen. Welche Geschichte man daraus machen könnte, war ihm allerdings erst im vorigen Jahr klargeworden, als er auf Empfehlung von Dr. Klages Bachofens *Mutterrecht* studiert hatte. Dann las Jensen von der verschwiegenen Liebe des Feldhauptmanns Lazarus von Schwendi, Herrn in Burkheim, zur schönen Alfgund, von Bluts wegen Keltenprinzessin vom Kaiserstuhl. Dieser Liebe war, vom Vater unbemerkt, ein Sohn entsprossen, und der Feldhauptmann wird nun so spät erst seiner Schuld an Alfgund inne. Da klärt sie ihn auf: Er habe weder Schuld noch Verdienst. Lediglich ein Erzeuger und Fortpflanzer des Keltengeschlechts sei er gewesen – die *Mutter* sei damals wichtig gewesen, nicht der Mann. »Auf den kommt's nicht an, ob's der oder ein andrer.«[31]

Dr. Groß war gerührt. Soviel Einsicht hatte er vom alten Jensen nicht mehr erwartet. Auch die Gräfin lobte seine Einfühlung ins Heidnisch-Weibliche. Jensen machte darauf aufmerksam, daß er schon seit vierzig Jahren Heide sei, Agnostiker nämlich und Kirchenfeind. Nietzsche habe er dazu übrigens nicht gebraucht. Vieles von dem, was Nietzsche habe drucken lassen, stehe auch bei ihm, Jensen, und zwar früher. Die Ewige Wiederkehr lehre er schon etwas länger als jener Zarathustra.

Auch die Brüder Mann waren voller Zustimmung. Heinrich dankte Jensen für den Erweis, daß auch im Alterswerk das erotische Interesse nicht erlöschen müsse. Thomas fragte nach, in welchem Rangverhältnis sich damals ein Feldhauptmann zu einer Prinzessin befunden habe. Der junge Maler interessierte sich schließlich, ob Alfgund und Schwendi am Ende doch noch heirateten oder ob es beim Flirt bleibe. So las Jensen noch den Schluß der Geschichte. Nein, die beiden bekamen sich nicht mehr. Dafür war es zu spät, Alfgunds Haar und Brauen leuchteten schon schlohweiß, sie war längst aus den Jahren. Schwendi jedoch, obschon noch älter, wird unverhofft ein spätes Glück beschert. Das blutjunge Edelfräulein Eleonore gesteht ihm ihre Liebe seit Kindesbeinen, in ihren Augen ist er so jung wie sie selbst, und so werden sie ein Paar.[32]

Dr. Groß war etwas verstimmt. Da habe am Ende das Patriarchat denn doch wieder gesiegt. Die anderen dagegen applaudierten. Schwendi war natürlich so alt wie Jensen.

Man kannte sein Faible für die Verbindung von Kindfrau und Mann – mochte er doch auch im Alter noch ein wenig in die eigene Tasche wirtschaften. Wie es übrigens Wilhelm Raabe gehe? Der habe im letzten Herbst seine Federn endgültig zur Seite gelegt, sagte Jensen, er habe aufgehört zu schreiben.[33] Wie einem Schriftsteller denn das bekomme, fragte Thomas Mann. Nicht gut, sagte Gretchen, überhaupt nicht gut. Da gleiche auch der Ruhm nichts aus. Auf dem Gesicht dreier Lübecker Schriftsteller erschien momentweise Angst. Nur die Gräfin blieb gleichmütig. Der Roman lag Gott sei Dank hinter ihr, und sie spürte durchaus keine Lust mehr aufs Schreiben. Im Grunde wollte sie ja immer nur malen.

Die Liebe im Jahre 1903

FREUD UND FLIESS

Dr. Groß war auch im Jahr 1903 nicht oft in München, denn er arbeitete jetzt als Psychiater in Graz. Im vergangenen Juni hatte er übrigens in der Zürcher Burghölzli-Klinik eine Entziehungskur gemacht, um vom Morphium loszukommen, worüber er offen sprach. Wenn er nach München kam, dann, um Schwabinger Freunde und die Ärzte Löwenfeld und Seif, die er aus du Prels »Gesellschaft« kannte, zu besuchen. Sie schätzten den genialischen jungen Psychologen, und seit einiger Zeit verband sie mit ihm auch das Interesse für die neue Neurosenlehre des Dr. Freud in Wien. Schon der verstorbene du Prel hatte sich für Freud interessiert und ihn zu seinen spiritistischen Sitzungen eingeladen. Auch Schrenck-Notzing, der seit langem die Bedeutung des sexuellen Faktors für Geist und Charakter des Menschen betonte, sah sich von der Psychoanalyse bestätigt[1]. Der Psychiater Leopold Löwenfeld begleitete nun schon seit Jahren Freuds Arbeit mit kritischer Sympathie, was dieser, der Kritik nicht gut vertrug, oft nur verärgert zur Kenntnis nahm. Leonhard Seif schließlich war ein praktischer Arzt, der das persönliche Gespräch als den wichtigsten Teil seiner Behandlungsmethode ansah. Die Freudsche Rede-Kur hatte ihn deshalb bald überzeugt. Es gab 1903 in München durchaus namhafte Ärzte, die mit Freuds Neurosenlehre sympathisierten.

Die Wiener Kerngruppe der psychoanalytischen Schule tat ja gern so, als stieße sie überall auf rohes Unverständnis und schlimme Verfolgung, was doch keineswegs der Fall war. Otto Groß erklärte den Münchener Sympathisanten diesen Sachverhalt: Dr. Freud sei eben noch mit der *Herdenbildung* befaßt. In der Medizin gehe es nun einmal um die Macht, und an die komme man nicht als Einzelner, sondern nur mit einer Gruppe Gleichgesinnter. Diese müsse sich gleichsam als Herde um das Wort des Hirten scharen. Damit sie aber zusammenbleibe, sei es gut, ihr kräftige Feindbilder vorzuhalten. Sie reagiere darauf genauso wie Schafe auf den Anblick eines Raubtieres – stehe zusammen und werde sogar stößig. Deshalb sei Dr. Freud über heftige und möglichst ungerechte Angriffe auf seine Lehre keineswegs immer bekümmert, und er übertreibe gerne ihre Häufigkeit. Die Wiener Herde scharre und schnaube dann besonders einmütig. Es sei ja auch fast ein christliches Glück, derart recht zu haben und dennoch so beleidigt zu werden.

Otto Groß steckte übrigens voller Tagesklatsch über Freud, den die Münchener Sympathisanten gern hörten – er sei das eigentliche Herdengeläut, fand Löwenfeld. Für alle Mitstreiter, die den Meister auch etwas persönlich im Auge hatten, war derzeit die Auflösung seiner Freundschaft mit Wilhelm Fließ das Ereignis. Keiner hatte die Jahre über verstanden, was Freud an diesen zwar einfallsreichen, aber doch letztlich nur durchschnittlich verbohrten Nasenspezialisten in Berlin so intensiv gebunden hatte. Peinlich jene Episode, als die von Fließ irregeleiteten Freunde an die Existenz einer Nasenneurose geglaubt hatten. In schlichter Analogie zum Mannesorgan hatten sie in der Nase die Wurzel allen Übels erkannt, und Fließ begann, den Neurosen mit dem Operationsmesser zu Leibe zu rücken, wobei er die Nase des eigenen Freundes nicht ausgenommen hatte.[2] Niemand in Wien rührte gern an diese wissenschaftliche Fehlleistung,

Sigmund Freud und Wilhelm Fließ, Anfang der neunziger Jahre

man war nur froh, daß der Meister nicht voreilig darüber publiziert hatte. Wirklich fündig für die neue Psychologie waren Freud und Fließ nur einmal geworden: als sie sich von der Existenz einer ursprünglichen und allgemeinen Bisexualität des Menschen überzeugten.

Die gemeinsame Entdeckung charakterisierte laut Groß recht gut Freuds Beziehung zu Fließ. Diese habe starke homoerotische Züge aufgewiesen, was sie übrigens erst so fruchtbar gemacht habe. Freuds Unbewußtes sei dabei ordentlich in Schwung geraten, es sei allerhand von unten heraufgekommen, was sonst dort geblieben wäre. Die Bisexualität war nun ein Grundstein der Sexualtheorie. Und gerade an dem sei die Freundschaft der beiden schließlich gescheitert, tragischerweise. Fließ, der damals als erster darauf gekommen war, habe allmählich seine Priorität bedroht gesehen – und nicht zu Unrecht. Denn Freud behandelte diese Priorität allmählich so salopp, als wenn er sie eigentlich selbst beanspruchen könne. Das habe der Freundschaft wohl den Rest gegeben.[3]

Bei Freud sei wohl schlichter Neid im Spiel gewesen. Der Zank über Prioritäten beherrsche ja die Medizin, und was sei er denn anderes als der nur schlecht verkappte Wille zur Macht. Treibe man's auf die Spitze, müsse man sagen, daß Dr. Freud die Freundschaft für seine Karriere aufs Spiel gesetzt habe. Er lege in Karriereangelegenheiten jetzt eine energischere Gangart ein, was ihm nun endlich auch den Professor eintragen werde. Das alles sei gut auch für die Herde – bleibe dabei auch einmal ein Schaf auf der Strecke oder müsse jedenfalls sein Vlies lassen. Über Groß' Wortspiel mit »Vlies« konnte nur Jensen lachen. An den strengen Wissenschaftlern Löwenfeld und Seif ging es vorbei – Witze kamen in der Psychoanalyse nicht vor.

Überhaupt ging Groß gern zu den Jensens nach Sankt Salvator. Hier saß er dann im Garten und trug seine Ansichten vor. Wenn er erst eingesehen hatte, daß es weit und breit keinen Gegner gab und überhaupt keine strenge Autorität, sondern nur den verständnisvollen Jensen und Frau Marie, die ihm zuweilen freundlich über den scharfen Vogelkopf fuhr – dann erzählte er ihnen vom Paradies. Das Paradies lag in der Nähe von Punta Arenas im patagonischen Urwald, und die Menschen dort waren naiv und glücklich. Otto Groß hatte es tatsächlich auf mehreren Ausflügen besucht. Er war eine Zeitlang als Schiffsarzt zur See gefahren und dort an Land gegangen: Die Abendsonne liegt feuerrot auf den Kordilleren, sanft geht draußen die Dünung, und Otto Groß denkt an die großen Bücher, die er schreiben wird. Wenn er noch einige Kokablätter nimmt, hat er sie im Kopf schon fertig.[4]

Jensen dachte an Freud. Vor zehn Jahren, bei du Prel, war der doch gerade vom Krankenlager des Dr. Fließ gekommen, mit hochentzündeter Nase. Jensen fragte sich, unter welchen Bedingungen er seinerseits denn Wilhelm Raabe hätte fallenlassen. Wenn der ihn plagiiert hätte? Wohl nicht. Dann hätte er zum Ausgleich eben von Freund Raabe abgeschrieben. Das mochte im übrigen auch des öfteren geschehen sein und lag nun tief verborgen in Jensens 120 Büchern. Nein, es hatte immer nur einen *Casus belli* gegen Raabe gegeben: Wenn der etwas mit Marie angefangen hätte. Hätte? Jensen würde bis an sein Lebensende nicht wissen, ob das nicht doch einmal der Fall gewesen war.

THOMAS UND PAUL

War er ehrlich zu sich selbst, dann war das Liebe – jedenfalls diejenige Erscheinungsform dieses Gefühls, die ihm verstattet war. Allerdings legte sich jeden Morgen ein Schleier darüber aus psychologischer Zweifelsucht und nervöser Irrita-

Thomas Mann und Paul Ehrenberg, München um 1900

tion. Dann schrieb sich Thomas Mann etwa das Folgende ins Notizbuch:

Paul ist so gemein, daß man sich nicht denken kann, er könne jemals sterben. Er ist der Weihe und Verklärung des Todes nicht werth.[5]

Denn Paul war leider eine Flirtnatur, und es war überhaupt die Frage, inwieweit er die Zuneigung erwiderte:

Übrigens ist er für den Flirt *geboren* und *nicht* für die Liebe oder die Freundschaft. Auch unsere Freundschaft ist ein Flirt, und ich bin ganz sicher, daß sie weniger Reiz für ihn hätte, wäre sie es nicht.[6]

Aber im Liebenden war schließlich der Gott und nicht im Geliebten, der gar nicht recht wußte, was durch ihn geschah. Der hübsche und liebenswürdige junge Maler Paul Ehrenberg bereitete Thomas Mann natürlich vor allem viel Kummer. Dann stand im Sommer 1903 im Notizbuch:

Fiebernacht der Liebe nach einem unglücklichen Zusammensein: Eine Folge von lauter kurzen Träumen, in denen immer Er da ist und sich kalt und verdachtvoll zeigt oder ... von seinem Verkehr mit Anderen erzählt. Dazwischen fortwährendes Erwachen, Aufrichten, Lichtmachen: »Mein Gott, mein Gott, wie ist es möglich! wie ist soviel Qual möglich!«[7]

Ganz neu war diese Erfahrung nicht. Wenn Otto Grautoff dazu meinte, er sei einfach verliebt wie ein Sekundaner, dann hatte er auf seine Weise recht.[8] Immerhin war Grautoff Zeuge jener Passion gewesen, die er in Sekunda zu Willri Timpe durchgestanden hatte. »Die Ära ›Timpe‹ ist in Glanz und Gloria wieder heraufgezogen«, schrieb er Grautoff denn auch zurück.[9] Natürlich war es Glanz und Gloria, bei aller Qual! In die Vereisung und Verödung seiner Seele war das Leben eingebrochen und hatte Ströme von Gefühl und Wärme durch seine Adern gegossen.[10] Er war plötzlich *heil und ganz*. Das war eine ungeheure Erfahrung. »Ich danke Dir, mein Heil! mein Glück! mein Stern!« schrieb er ins Notizbuch.[11] Und schließlich setzte er zur Bekräftigung, ja Heiligung des Erlebnisses die alte stehende Formel hinzu: »Ich liebe Dich! Mein Gott ... Ich liebe Dich!«[12]

Grautoff fragte mit Andeutungen an, wie weit die Beziehung zu Paul denn gehe. Er brachte die Hunde aus dem Souterrain wieder ins Spiel, von denen er seit seiner Hypnosekur nicht mehr gesprochen hatte. Thomas Mann nahm ihm das nicht übel. Grautoff wußte soviel von ihm, daß er ein Recht hatte, nach dem Natürlichsten und Nächstliegenden zu fragen. Und natürlich begehrte er den Geliebten. Schon, als er noch an reine Freundschaft glauben wollte, machten ihn die Einfälle und Beobachtungen stutzig, die ihm fürs Notizbuch kamen – die zu seinem harmlosen Münchener Bekannten Leo Putz etwa:

Putz, der sich und seine Nase unaufhörlich in »geschmackvoller« Weise ironisiert... der überall Geschlechtliches sieht und jedes Wort geschlechtlich deutet, auch im Salon.[13]

In der Tat: Da hatte er an einem anderen etwas beobachtet, was er derzeit gut auch an sich selbst feststellen konnte. Daß Putz sich dabei so auf seine Nase kaprizierte, war auch nicht übel. Eine bestimmte Analogie lag hier ja für jeden guten Psychologen auf der Hand.

Dennoch, die Zeit war vorbei, in der er Grautoff am Intimsten teilhaben ließ. Der würde ewig namenlos bleiben und sich eines Tages vielleicht sogar mit seinem Wissen über den großen Freund aufspielen müssen.[14] So schrieb er ihm denn auf seine Anfragen etwas zurück, was er selbst nicht glaubte, des Sinnes etwa: daß er die ganze Affäre doch recht schlicht und männlich bestehe, und wenn doch einmal das *Sehnsüchtige* sich einmische, dann gehe das eben a conto der *verfluchten Nervenschwäche* und werde schon gemeistert.[15] Im übrigen war ja auch nicht anzunehmen, daß Paul solche sehnsüchtigen Wünsche seinerseits erwiderte. Vermutlich kannte er derlei überhaupt nicht.

Was Thomas Mann aber glaubte, war, daß ihm eine solche Beziehung zu einem Menschen kaum je wieder geschenkt sein würde. Schon hatte er sie für dieses Leben nicht mehr erwartet.[16] Und es war klar, daß der Ring von Erstarrung, Öde, Eis um sein Ich nur schmelzen konnte unter der Wärme eines Gefühls, das von einem Mann ausging.

Aber – verhielt sich das denn wirklich so ausschließlich? Gab es nur diesen einen Weg zur Erlösung? Er machte derzeit noch eine merkwürdige andere Erfahrung. *Buddenbrooks* waren eben in der neuen Ausgabe erschienen und verkauften sich blendend. Thomas Mann war jetzt nicht nur namhaft, sondern auch erfolgreich. Deshalb hatte ihm Fischer nun seine erste Lesereise arrangiert. In Berlin, der ersten Station, stellte sich heraus, daß er auch vorzüglich vortrug. Er las aus dem *Tonio Kröger*, und die »blonde Inge« hatte die Zuhörer am Ende völlig verzaubert. Ihm aber ging dort oben hinter dem Lesepult etwas auf: Jetzt hatte er seine *Herde*! Daß so viele Menschen sein Buch gekauft und offenbar auch gelesen hatten, war noch nicht genug gewesen. Er mußte sie auch leibhaftig dort unten im Schatten sitzen sehen, die bedürftige Menge. Wie sie ihm ihr Gefühl darbrachte, wenn er es mit kühlem Pathos einforderte! Wie sie pünktlich dies gerührte und falsche Publikumslachen produzierte, wenn er ihr einen seiner genau bemessenen Scherze vorsprach! Wie sie ihn schließlich mit süßem Beifall anfüllte, sättigte, ausfüllte!

Eine Einschränkung war zu machen: Diese Herde war krank. Wäre sie nicht mit Literatur infiziert, dann säße sie da nicht und hörte ihm ergeben zu, wie er sie beschuldigte – mit Literatur infiziert zu sein. »Zuweilen«, so las er seinen Zuhörern unverfroren aus dem *Tonio Kröger* vor,

zuweilen gerate ich auf irgendein Podium, finde ich mich in einem Saale Menschen gegenüber, die gekommen sind, mir zuzuhören. Sehen Sie, dann geschieht es, daß ich mich bei einer Umschau im Publikum beobachte, mich ertappe, wie ich heimlich im Auditorium umherspähe, mit der Frage im Herzen, wer es ist, der zu mir kam, wessen Beifall und Dank zu mir dringt, mit wem meine Kunst hier eine ideale Vereinigung schafft … Ich finde nicht, was ich suche, Lisaweta. Ich finde die Herde und Gemeinde, die mir wohlbekannt ist, eine Versammlung von ersten Christen gleichsam: Leute mit ungeschickten Körpern und feinen Seelen, Leute, die immer hinfallen, sozusagen, Sie verstehn mich …

»Sie verstehn mich«, sagte er da unverschämterweise vom Podium ins Publikum, und in der Tat – die Herde verstand ihn und nickte ihm begeistert zu: »Mäh!«

»Leute, die immer hinfallen«, wiederholte er und fuhr fort: »und denen die Poesie eine sanfte Rache am Leben ist – immer nur Leidende und Sehnsüchtige und Arme und niemals jemand von den anderen, den Blauäugigen, Lisaweta, die den Geist nicht nötig haben!«[17]

»Bäh!« schrie die Herde am Ende und applaudierte. Und er stand über ihr und war ihr guter Hirte.

Ach, er war ja nicht »gut«. Gut war er als Schauspieler hier oben, der den Priester dieser bedürftigen Urchristen spielte und ihnen den asketischen Weg des Geistes wies. Was er aber obendrein und hauptsächlich dabei erlebte, durfte er ihnen nicht sagen: Ein Kraftstrom floß zwischen ihm und dem Publikum und gab ihnen beiden erst das eigentliche, das höhere Leben. Es war wie in der Liebe, schier zum Verwechseln damit. Er und das Publikum fanden sich im Saal zu Hochzeit und mystischer Gemeinschaft im »Willen« – das *principium individuationis* ging unter, und sie waren eins. Doch war das nicht nur der »Wille« der Mystiker, in dem man sich traf, es war auch der Wille zur Macht – sein *Wille zur Macht.* Ja, ganz natürlich war er herrschsüchtig, viel mehr als Heinrich. Nicht umsonst war Savonarola sein Held.[18] Stand er hier oben auf dem Podium und war erfüllt von der Verehrung der Beherrschten da unten – dann war er plötzlich *heil und ganz.* Er war dann völlig lebendig, und das Leben hatte Ströme von Gefühl und Wärme in seine Adern gegossen.[19] Er hatte geglaubt, das sei nur in der Liebe so – und dabei das Gefühl vergessen, wenn er als Kind *Prinz Karl* gewesen war: warm, lebendig und sehr groß.

Allerdings auch sehr einsam. Denn die Nähe anderer

störte den Traum. Immer, wenn er Prinz Karl gewesen war, war er ganz allein gewesen – an eine Prinzessin hatte er nie gedacht. Auch der Bruder war nicht vorgekommen. Und die Personen, die er, wie das Kindermädchen, zu seinem Hofstaat ernannt hatte, konnten sowieso nicht stören. Sie wußten ja nicht, daß sie in seinem Traum auftraten. Es war wie jetzt auf dem Podium. Er oben, warm, lebendig und sehr groß – und dort weit unten die Herde, die ihm Blut und Wärme lieh. Sie verehrte ihn, wollte ihn aber gar nicht so genau kennen. Er ehrte sie auch, jedoch nur kollektiv und aus der Distanz – das einzelne Schaf aber war eine Last.[20]

Nun war es leider so, daß nicht nur die Herde krank war, sondern auch er, ihr Hirt und Herrscher. Sein Machtwille war zwar intakt, und das war allerdings das Wichtigste. Doch sonst war er ja ganz schön nervös und dekadent. Die verfluchte Nervenschwäche![21] Darüber mußte ihn die Herde trösten – ja, golden belohnen dereinst. Auf seiner ersten Vortragsreise hatte er ein tief bewegendes Erlebnis gehabt. In Düsseldorf war er zum ersten Mal in seinem Leben in einem richtigen Grandhotel abgestiegen, und als er am Abend jede Einzelheit des bis dahin ungeahnten Luxus in seinem Notizbuch festhielt, war es ihm klar: So mußte das *Schloß* des Prinzen Karl beschaffen sein. Es mußte ein Schirm der Schonung und Rücksicht um den verletzlichen Herrscher sein. Begeistert machte er die ersten Entwürfe dazu und nannte sich probeweise schon einmal *Königliche Hoheit:*

Niemand spricht zu ihm. Niemand geht laut in seiner Nähe. Befehle werden in etwas geneigter Haltung, ernst mit hochgezogenen Brauen und einem gedämpften »Jawohl, Königliche Hoheit« entgegengenonmen.
Allgemeine Lautlosigkeit seines Lebens: Gehen (Teppiche), Fahren (Gummi). Höchstens Festlärm (Beifall, Hochs) unterbricht die Stille.[22]

Im Laufe der Notizen fiel ihm dann allerdings auch ein, daß ein solches Schloß Geld kostete. Es war nämlich noch das Trinkgeld für das Hotelpersonal zu bemessen. Er rechnete hin und her, strich, verbesserte, strich, schämte sich für sein Knausern und kam schließlich zu einer vertretbaren Summe:

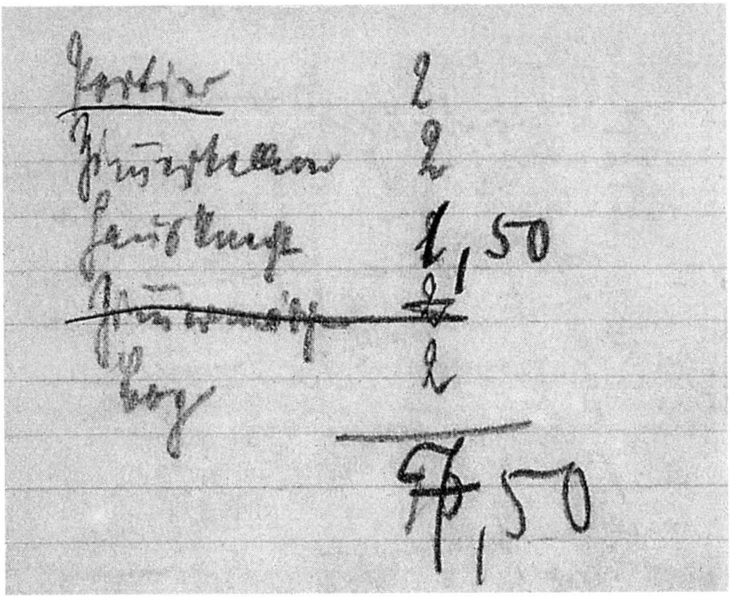

Das war gewiß eine lebenskluge Aufteilung – aber *vornehm* war sie nicht: Ein gutes Trinkgeld bekam, wer ihn bei zu geringer Münze hätte blamieren können (der *Portier* natürlich, dann Zimmerkellner und Boy), auf den schlichten Hausknecht würde man schon weniger achten (1,50 Mark), und das scheue Zimmermädchen traute sich gewiß nicht (also gestrichen). Jedenfalls: Luxus war teuer.

Über seine Berechtigung, ein auserwähltes und erhöhtes Leben zu führen, war er sich allerdings seit dem Erfolg der

Buddenbrooks nicht mehr im Zweifel – wenn es ihm gutging. Er hatte sich dazu eine Passage aus der *Genealogie der Moral* ausgedeutet. Sie ging über den fragwürdigen »guten Hirten« und »asketischen Priester« und seine derzeitige historische Mission und lautete:

Die *Herrschaft über Leidende* ist sein Reich, auf sie weist ihn sein Instinkt an, an ihr hat er seine eigenste Kunst, seine Meisterschaft, seine Art von Glück. Er muß selber krank sein, er muß den Kranken und Schlechtweggekommenen von Grund aus verwandt ein, um sie zu verstehen – um sich mit ihnen zu verstehen.[24]

»Er muß den Kranken und Schlechtweggekommenen von Grund aus verwandt sein« – das war natürlich eine höchst melancholische Diagnose, der er besonders zustimmte, wenn es ihm schlechtging. Sie ließ sich aber auch ins Heroische wenden. Wenn er da oben mit denen da unten insgeheim so verwandt war, dann vertrat er sie doch auch dort oben im Licht. Dann war er *repräsentativ* – wie ein Fürst. Dann hatte Prinz Karl endlich sein offizielles Mandat: krank, nun ja – aber adelig. Das Wort vom »kranken Adel der Literatur« hatte er im *Tonio Kröger* auch schon einmal ausprobiert. Als er aber – auch das war neu – gegen Ende dieses Jahres 1903 einen Leserbrief zu beantworten hatte, war der Prinzentraum bereits in ein weiteres Stadium getreten. Er schrieb dem unbekannten Leser:

Näher, als jemand, der, wie Sie, ein Leser des »Tonio Kröger« ist, kann mir niemand kommen, und wenn Sie mich persönlich verschlossen fanden, so mag es daran liegen, daß man den Geschmack an persönlicher Mittheilsamkeit verliert, wenn man gewohnt ist, sich symbolisch, das heißt: in Kunstwerken zu äußern. Man führt, möchte ich sagen, ein symbolisches, ein repräsentatives Dasein, ähnlich einem Fürsten, – und sehen Sie! in diesem Pathos liegt der Keim zu einer ganz wunderlichen Sache, die ich einmal zu schreiben gedenke, einer Fürsten-Novelle, einem Gegenstück zu »Tonio Kröger«, das den Titel führen soll »Königliche Hoheit« ...[25]

Der Prinzentraum hatte sich nämlich komplettiert. Das war natürlich wieder einmal Jensen zu verdanken – vor allem aber einem ganz außerordentlichen Erlebnis in der neuen Gesellschaftssphäre, die ihm jetzt offenstand.

Jensen beobachtete schon seit Jahren, mit welch brennendem Interesse der junge Mann das Leben am Hof der Sachsen-Meininger verfolgte. Er hielt das anfangs für Poetenneugier, wie sie nach der Heirat Käthchens mit Prinz Ernst ja auch bei ihm erwacht war. Und noch immer war er fasziniert davon, daß in den Adern seiner eigenen Enkel blaues Stauferblut rollte. Allerdings sah er den eigentlichen Zugewinn darin, daß er damit in eine verwandtschaftliche Beziehung zu so romantischen Gestalten wie König Manfred oder Konrad das Kind getreten war – das war Poesie. Daß jemand aber seinen Ehrgeiz darein setzte, selber und ganz persönlich für einen Prinzen zu gelten wie der junge Mann, war ihm allerdings etwas befremdlich. Bei Lenbach, Stuck oder Heyse ließ er das noch hingehen – aber zählte sich Thomas Mann denn nicht zu den Modernen? Wie auch immer, er schickte dem jungen Mann gelegentlich prächtige Ansichtskarten von seinen Besuchen in den Meininger Villen zu Amalfi, Florenz und am Comer See. In der »Villa Carlotta« hatten die Jensens einmal sogar die gesamte Meininger Dienerschaft nur für sich gehabt[26], und Marie und er hatten es dann hochkomisch gefunden, wie sie dem spürbar von Mißgunst geplagten jungen Mann jede Einzelheit berichten mußten. Ob die Befehle in geneigter Haltung entgegengenommen worden seien? Wie man Jensen angeredet habe? (»Dottore« schien ihm noch unbefriedigend.) Wie es gekommen sei, daß die Dienerschaft Jensen beim Abschied mit Beifall und lauten Hochs bedacht hatte? (Jensen hatte zwei Fäßchen Chianti gestiftet.) Als Jensen dann sah, daß es dem jungen Mann ernst war mit seinem Plan eines Adelsromans und er der konkreten Anschauung bedurfte, lud er ihn einmal dazu, als Käthchen und Ernst in Sankt Salvator zu Besuch waren.

Der junge Mann kam umgehend, setzte dann aber den Prinzen Ernst durch sein steifes, förmliches Benehmen einigermaßen in Verlegenheit. Ernst, der sich längst nur noch als Künstler fühlte, begegnete dem Kollegen aus der Literatur mit zwangloser Freundlichkeit, die dieser jedoch nicht zu erwidern verstand. Das charmante Käthchen rettete die Situation, indem sie Heiteres von der Radwanderung durch Italien erzählte, von der sie gerade zurückgekehrt waren. In einem Abruzzendorf hatte man die beiden Hochgewachsenen doch tatsächlich für Sprossen eines Riesengeschlechtes gehalten.[27] Thomas Mann war nun ein wenig aufgetaut. »Wieso eigentlich *Rad*wanderung?« hatte er gefragt. Ob man auch die Pferde dabeigehabt habe? Prinz Ernst lachte. Zu Meiningen konnte man sich schon lange keinen Marstall mehr halten. Oberstallmeister Freiherr von Stein zu Nord- und Ostheim führe diesen Titel nur pro forma und ganz ohne Pferde wie er eben auch ein Flügeladjutant ohne den dazugehörigen Armeeflügel sei. So gehe das überhaupt am Hofe zu. Die Herzogliche Bibliothek verwalte der pensionierte Pfarrer Linschmann, und Staatsrat Schaller, der Innenminister, müsse noch das Verwaltungsgericht leiten. Im Landeshaushalt für 1900 bis 1902 habe man für das Herzogliche Haus gerade 395000 Mark übrig gehabt, das sei nur doppelt soviel wie die Zinsen für die Eisenbahnanleihe.[28] Was davon übrigbleibe, stecke man eben ins Hoftheater. Hoheit mochte das alles aber kaum bedauern. Für sein neues Atelier in der Nymphenburgerstraße habe es durchaus gereicht.[29]

Als Thomas Mann im Abendzug zurück nach München

fuhr, fand er, daß Prinz Karl mit Prinz Ernst doch grundsätzlich eines gemein habe: die Sanierungsbedürftigkeit. Und die Anwesenheit des schönen Käthchens hatte klargemacht, was ihm außerdem noch fehlte: eine *Prinzessin.*

Eine Vorstellung von einer solchen Prinzessin hatte er allerdings schon. Seit einiger Zeit waren ihm in der Oper und auf Soireen zwei elegante Jünglinge aufgefallen, die immer zusammen auftraten. Die höfliche Selbstverständlichkeit, mit der sie in den Spielpausen zu konversierenden Gruppen traten und hier offenbar sehr willkommen waren, der Schnitt ihrer im englischen Landstil gehaltenen Jacketts und noch die junge Dame, die sie stets begleitete, legten Zugehörigkeit zu höchsten Kreisen nahe. Bei einer Aufführung der *Walküre* fragte er schließlich danach. Es handelte sich um zwei Söhne des Geheimrats Pringsheim, der die falsche Renaissancevilla in der Arcisstraße besaß, jene mit der eigenen, knatternden Lichtmaschine. Die junge Dame war übrigens ihre Schwester. »Edle Geschöpfe«, befand das scharfzüngige Gretchen in ihrem Hosenrock – »so edel wie dekadent«. Die Familie sei ziemlich *verrottet.* Die Mutter, Tochter der großen Hedwig Dohm, habe eine vielversprechende Schauspielkarriere abgebrochen, um das Heim des schwerreichen Professors Pringsheim zu schmücken. Der betrüge sie nun dafür am laufenden Band – seine Geliebten gingen sogar in der Arcisstraße ein und aus, und Hedwig Dohms Tochter nehme das hin. Aber nicht deren Mutter! Mit Begeisterung hatte man in der Frauenbewegung aufgenommen, wie Hedwig Dohm in einem Roman mit dem Schwiegersohn und dem ganzen reaktionären Münchener Milieu abgerechnet hatte. Alle waren wunderschön zu erkennen gewesen.[30] Thomas Mann bemerkte, um Gretchens Kampfeslust zu kühlen, daß er für Schlüsselromane nichts übrig habe. Was man denn über das Mädchen wisse?

Gretchen wußte alles. Seit Hedwig Dohms Roman hatte

man in der Bewegung ein Auge auf die Familie Pringsheim und deren einzige Tochter. Die hatte so vielversprechend begonnen, mit einem Studium der Mathematik an der Universität – mehr an Emanzipation war aber offenbar nicht zu erwarten. Sie wurde leider gehalten wie eine Prinzessin – schon, daß man sie Katja rief, sei bezeichnend. Sie sollte eben keinesfalls ein Käthchen sein wie jede andere Katharina – wie Käthchen Jensen beispielsweise, die doch immerhin nun Freifrau sei und einen *echten* Prinzen habe.

Da hatte er seine Prinzessin. Gewiß, sie war so wenig adelig wie er ein Prinz, und beides schmerzte. Adelig war man nur von Geburt, darauf bestand auch Nietzsche, und er gab ihm recht. Hilfswörter wie »Adel des Geistes« oder »Adel der Literatur« waren tröstlich und erhoben ihn zuweilen, doch sie überzeugten letztlich nicht. Er würde aber nun seine ganze Kraft darein setzen, vor den Leuten so hoch zu steigen, bis sie allmählich vergaßen, daß er nicht von Geburts wegen da oben war. Dann würde auch er sich wieder echt für Prinz Karl halten können.

Thomas Mann ließ sich im Frühjahr 1903 in die Münchener Gesellschaft einführen, mit festem Blick auf den Salon des Hauses Pringsheim. Dahin war es allerdings für einen Novizen eine weite Strecke. Das Mädchen Katja sah er wie bisher nur durchs Opernglas. Doch er hatte sich schon in sie verliebt. War das nicht die »Fernstenliebe«, die Zarathustra predigte? Nicht einen konkreten Menschen solle man lieben, sondern klüger den *Entwurf* eines Menschen – ein »schönes Gespenst«, das man in der eigenen Phantasie mit Fleisch und Blut ausstatten konnte. Fern läuft es vor dir her. Das schöne Gespenst war die Prinzessin Katja. Sie war schon vollkommen ausgestattet und die seine, bevor er sie überhaupt kennenlernte. Diese Liebe war der Wertschätzung ähnlich, die er vom Podium aus für die Menschen da weit unten empfand – und sie für ihn. Sie machte ihn *sehr groß* und deshalb warm und lebendig. Es war das Prinzengefühl.

So ganz stimmte das mit Zarathustra aber nicht überein. Der meinte durchaus keine Prinzessin, sondern den Freund. »Der Freund sei euch das Fest der Erde und ein Vorgefühl des Übermenschen.«[31] Diesen Satz hatte er Pauls wegen so oft vor sich hingesprochen. Galt er nicht mehr? Er galt und würde immer gelten. Doch wenn er sich an diese Wahrheit hielt, dann war es mit der Erhebung des Prinzen Karl zur Königlichen Hoheit vorbei. Ein Fürst hatte zu repräsentieren – und wer würde sich denn vertreten sehen von einem Mann ohne Frau und Familie, der ein zweifelhaftes Sonderdasein irgendwo am Rande führte? Seit einigen Jahren verfolgte er das Beispiel Stefan Georges. Trotz der Schwabinger Aufgeregtheiten um seine Person würde der nie die Isolation überwinden, die sich um ihn gelegt hatte. Publikum und Kritik begannen schon, sie ihm übelzunehmen. »›Alle Vereinsamung ist Schuld‹: also spricht die Herde.« Auch das wußte Zarathustra.[32]

Und Thomas Mann verwarf den Freund und wählte das Prinzengefühl. Es machte ihn fast so warm und lebendig wie die Liebe und ließ sich mit ihr geradezu verwechseln. Ab jetzt kannte er seine wahren Lebensziele: die Herde und die Prinzessin – beides hing zusammen. Der Freund aber fiel, fiel. Seine Naivität, sein schmales Talent, seine »nette« Mittelmäßigkeit erschienen nun in kaltem, nüchternem Licht. War die Beziehung zu Paul und auch die zu seinem geigespielenden Bruder nicht doch pure Zeitverschwendung? Er fragte und notierte sich: »Sollte ein namhafter Mann und ernster Künstler lieber nicht so viel Zeit daran wenden, zwei ewig namenlose Kinder mit glänzenden Briefen zu unterhalten?«[33]

Es war der Abend des 24. August 1903, als Thomas Mann der Prinzessin erstmals persönlich begegnete. Franz von

Katja Pringsheim mit ihrem Zwillingsbruder Klaus

Stuck gab im Garten seiner Villa eines seiner beliebten römischen Feste. Das heutige stand unter dem Motto »Pompeji«. An diesem Abend im August 79 war die Stadt von der Asche des Vesuv verschüttet worden und für lange Zeit untergegangen. Seit seiner Wiederentdeckung im Jahre 1860 aber war Pompeji allmählich unversehrt wieder aufgetaucht und galt nun als Symbol für die Unsterblichkeit der Antike. – Thomas Mann war mit Otto Grautoff gekommen. Bald hatten sie auch die Prinzessin entdeckt. Sie stand zusammen mit ihren Brüdern in einer Gruppe, die sich um Jensen gebildet hatte, der sein Gedicht *Nero* rezitierte. In letzter Zeit schrieb er viel Antikisierendes. Als er Thomas Mann und Grautoff sah, winkte er sie heran und stellte sie vor. Es passierte nun, daß die Prinzessin Thomas Mann anlächelte. Sie habe schon viel von ihm gehört und natürlich auch – gelesen. Er bestand mit Mühe zehn Minuten Konversation, wonach er mit einem Lächeln und einer Einladung in die Arcisstraße entlassen war.

Vier Tage verbrachte er in äußerster Bewegtheit und richtete seine Rede an das ferne schöne Gespenst. »Du darfst so nicht lächeln! Höre, so darf man niemandem lächeln!« Auch schmiedete er zügellos Pläne, in die er die Vermögenslage seines möglichen Schwiegervaters einbezog. Er fürchtete sich nicht vor dem Reichtum. Einerseits hatte er gute Verwendung dafür, andererseits war ihm alles Vergängliche nur ein Gleichnis. So störte ihn auch das Judentum der Pringsheims nicht, man dachte in ihrer Gegenwart gar nicht daran, sondern spürte nichts als Kultur. Hier lag auch seine Chance. Er war Christ, war aus guter Familie und hatte Verdienste, die gerade diese Leute zu würdigen wußten ... Die Prinzessin hatte schon gelächelt, und er war eingeladen.[34]

Nach vier Tagen eröffnete er sich Grautoff und besprach mit ihm seine Vermutung, daß er das hohe Interesse nachhaltig auf sich gezogen habe. Das bereute er schon am nächsten Tag. Am Abend entwarf er in seinem Notizbuch einen Brief an Grautoff und ersuchte um striktes Stillschweigen. Darin stand:

Ich Narr! Ich Geck! der besser thäte, sich auf die Hosen zu setzen und etwas Gutes zu arbeiten, anstatt solchen Zaubermärchen nachzuhangen. Gleichviel! Man muß schon irgendetwas sein, um es auch nur zu solchen Träumen zu bringen, und seit damals, da der antike Garten mit dem internationalen Publicum noch ein nackter Fliesenhof war (Du standest auch damals daneben – merkwürdig, wie es immer das Selbe bleibt!), haben ich *und* das »Objekt« immerhin Carrière gemacht.[35]

Er schickte den Brief nicht ab. Grautoff sollte nicht auch noch der Vertraute dieser Liebesangelegenheit werden. Merkwürdig in der Tat, wie sich alles wiederholen wollte: Erst die Passion für Willri Timpe, und Grautoff stand auf dem Schulhof daneben; dann die Liebe zu Paul, auch hier stand Grautoff, der alles erfuhr, ja gleichsam daneben; und nun hatte sich dieses Muster im Garten der Villa Stuck schon wieder eingestellt. Neu war allerdings, daß sich das »Objekt« seiner Sehnsucht verändert hatte. Jetzt war es also eine Frau. Und neu war auch ein Wort, das sich in die Mitteilung seiner jüngsten Sehnsucht eingeschlichen hatte: *Carrière.*

TREUE LIEBE: JENSENS »GRADIVA«

»Es ist immer dasselbe«, sagte Jensen. »Man sagt wohl, *on revient toujours à ses premiers amours* – aber das ist ungenau. Die erste Liebe kommt immer wieder *zu Dir* zurück. Du kannst ihr nicht entgehen. Es kommt nur darauf an, welch neue Gestalt und Maske man ihr jeweilen gibt.« Jensen beschrieb seinem Gast die Novelle, die er seit einigen Tagen unter der

Feder hatte. Dr. Otto Groß hatte soeben geheiratet und seine junge Frau nach Sankt Salvator mitgebracht. Jensen kannte Frieda von Kindesbeinen, denn sie war die Nichte seines alten Freiburger Freundes Riehl.[36] Eigentlich aber hatte er Groß eingeladen, weil er sich gut mit Träumen auskannte, und um die ging es wieder einmal.

Auch für Jensen hatte das antike Fest in der Villa Stuck Folgen gehabt. Die heißen, lautlosen Mittagsstunden, die er in den Trümmern Pompejis verbracht hatte, traten wieder in die Erinnerung. Das war im Sommer 1894 gewesen.[37] Alle anderen Besucher der Ausgrabungsstätte flohen damals an die Gasthoftische, ihn aber hielt ein merkwürdiger Zwang in den glühenden Ruinen. In der flirrenden Einsamkeit geriet er dabei immer wieder auf die Grenze, die das wache Sehen der Augen in ein einbildnerisches übergehen ließ.[38] Dann wurde aus dem pompejanischen Ruinenfeld eine Heidelandschaft in Holstein: In der Mittagshitze lag das Pfarrhaus des Pastors Claudius. Ein blondes Mädchen ging über den Hof, und sofort hatte er sie erkannt an der Art, wie sie eigentümlich den Fuß aufsetzte: Maike. Da war sie wieder. Da war der Traum wieder von der ersten, der verbotenen Liebe – zur Schwester. Immer wieder war Jensen damals hinausgegangen in die Mittagshitze und hatte den Traum kommen lassen. Dann war der langsam wieder tief versunken.

Nun, nach jenem Abend in der Villa Stuck war er einmal mehr zurückgekommen. Von neuem kostete Jensen den Reiz des Erinnerungsbildes. Immer wieder seit Jahrzehnten war ihm ja dieser Traum in die Feder gefahren, und er hatte ihn neu beschrieben, zuletzt in *Mutterrecht.* Jensen wußte, daß Kinder und Freunde heimlich lächelten: Der alte Mann und das Mädchen, mag er sich's gönnen. Nur Marie und er wußten, daß es ein Lebensthema war. Daß es ihn jetzt noch mehr bedrängte, lag allerdings wirklich am Alter, dem die

Die *Gradiva* über Freuds Behandlungscouch in der Wiener Berggasse

Kraft zur Abwehr schwand. Freund Raabe ging es genauso. Der ließ in seinem letzten Werk einen alten Mann in Heimatstadt und Kindheit zurückkehren. Und dort, in *Altershausen*, begegnete ihm tatsächlich der liebste Kindheitsfreund – und zwar als eben der Zwölfjährige, als den er ihn einst verlassen hatte. Raabe schien an dieser leiblichen, gegenwärtigen Begegnung mit dem zwölfjährigen Freund so sehr gelegen zu sein, daß er sich ein reichlich großzügiges Arrangement erlaubt hatte: Ludchen Bock war damals unglücklich auf den Kopf gefallen und danach geistig stehengeblieben wie eine Uhr. So konnte dem siebzigjährigen Fritz Feyerabend – ein berühmter Seelenarzt, übrigens – tatsächlich der Kindheitsfreund entgegentreten, der seit dem zwölften Lebensjahr immer derselbe geblieben war – wie in seiner Erinnerung. Heiliger Schopenhauer, wie wenig galten in der Erinnerung doch Raum und Zeit! Raabe wies ja auch gebührend darauf hin: *Das Kind ist immer noch dabei!*

Und mit Pompeji hatte es Raabe natürlich auch. Sein Held, für den die lange verschüttete Kindheit wieder so greifbar lebendig wurde, war selbstverständlich und bedeutsamerweise am 24. August geboren, dem Untergangsdatum Pompejis. Ja, Raabe hatte sich mit seiner Erinnerungsgeschichte sehr bemüht – er hatte sich dabei aber geradezu verkrampft, fand Jensen. Tatsächlich kam er ja mit dem Buch auch nicht mehr weiter, er würde es wohl nicht zu Ende bringen.[39] Irgend etwas hatte Raabe falsch gemacht. Jensen vermutete, daß er mit seinen Kindheitserinnerungen nicht zurecht gekommen war. Waren sie zu bedrohlich? Einen Schreibkrampf bekam man nicht ohne Grund. Auch Raabe selbst schien das zu ahnen. Zur letzten Jahreswende hatte er vor *Altershausen* endgültig resigniert und Jensen mitgeteilt: »Die letzten Federn sind verschrieben, und wenn die Tinte im Tintenfaß austrocknet, ist es mir auch recht. Wer das Quieta non movere nur der Welt rundum beibringen könnte und wenn's durch Prügel wäre!«[40] Das klang nach bitterer Einsicht und Reue: Quieta non movere – ans Ruhende nicht rühren, das Vergangene hätte er wohl besser auf sich beruhen lassen. Jensens Ansicht war das nicht. Acheronta movere, mit der Unterwelt etwas anfangen, war da schon eher sein Motto. Mochte von unten kommen, was da wollte – er würde schon darüber schreiben.

Das mußte sich nun wieder einmal bewähren. Vor einigen Tagen hatte sein Traum wieder seine ganze Macht bewiesen: Da stand Jensen beim Kunsthändler Nanny in der Türkenstraße und sah sich Gipsantiken an.[41] Die Halbplastik einer jungen Frau von großer Anmut fesselte ihn plötzlich – eine vage Erinnerung an irgend etwas und irgendwen berührte ihn leicht. Schließlich hatte er's: Es war ihre Art, den im Schreiten zurückbleibenden Fuß fast senkrecht aufzusetzen. So ging auch das Mädchen in seinem Traum. Er erstand das Bild, und schon beim Verlassen der Kunsthandlung wußte er, daß er über die junge Römerin eine Novelle schreiben würde. Zu Hause am Schreibtisch schob er den Roman, an dem er gerade arbeitete, zur Seite und fing sofort an.

Es galt wieder einmal, der alten Liebe frische Gestalt und neue Masken zu verleihen, und für diesmal: Ein junger Archäologe hat seine Kinderliebe zu einem blonden Mädchen, das ganz eigentümlich den Fuß setzte, vollkommen vergessen. Beim Nahen des Frühlings aber wird er unruhig, arbeitet schlecht, flieht vergeblich ins Café und reist schließlich in den Süden. In den Ruinen Pompejis dann steigt ihm die Erinnerung an die frühe Liebe wieder auf, genauso wie einst die Stadt selbst aus der Verschüttung wieder hochgekommen war – denn der junge Mann trifft dort durch Zufall jenes Mädchen in Person. Diesen enormen Zufall, sagte Jensen, könne er sich mit demselben Recht genehmigen wie Raabe sich den Unfall seines Ludchen Bock.

Dr. Groß hörte Jensen mit Interesse zu. So gehe das Unbewußte vor, gewiß. Das Früheste sei unsterblich in uns, wie Pompeji unter der Asche. Das habe ja auch Wilhelm Raabe gemeint mit *Das Kind ist immer noch dabei!* Dr. Groß riet, die Rückkehr der Jugendliebe in einer Reihe von Träumen des jungen Mannes vorzuführen, und machte Vorschläge. Als Anhänger des Dr. Freud kannte er sich aus.

Über die Plastik aus der Kunsthandlung Nanny mußte er übrigens lächeln. Er müsse das Jensensche Unbewußte für sein Stilempfinden loben! Was Jensen da bei Tageslicht für das Bild einer jungen römischen Dame gehalten habe, sei mitnichten eine. Es sei eine Mänade, die dem Dionysos zu Ehren tanze. Das habe das Unbewußte natürlich sofort gemerkt.

Jensens Unbewußtes schien überhaupt ziemlich in Bewegung geraten. Wie kam es, daß er das so ehrgeizige Romanwerk auf seinem Schreibtisch auf einmal beiseite schob, um schnell, scheinbar ganz unvorbedacht, den Anfang der neuen Geschichte hinzuwerfen und sie in wenigen Tagen bis zu Ende zu führen? Nie geriet er dabei ins Stocken, fand immer alles in sich, wiederum anscheinend ohne Nachdenken, fertig vor. Er hatte das Gefühl des Gleitens und dabei die träumerische Sicherheit des Nachtwandlers.[42]

Marie bekam alte Ängste – wurde Jensen wieder allzu flüssig? Es strömte wie zu Freiburger Zeiten. Lockte das Unendliche ihn wieder, das Verfließen im Unbegrenzten? Er war aber für solche Räusche jetzt zu alt. Was, wenn er sich am Ende nicht wieder zusammenkriegte? Dr. Groß beruhigte sie. Jensen wolle sich nicht mehr davonmachen wie früher. Er habe sich nur mit der Feder eine besonders dicke erotische Ader angestochen und schwimme jetzt gleichsam auf einer Woge von Libido. Genau dies Träumerische habe auch Dr. Freud an sich gehabt, als er die *Traumdeutung* geschrieben habe. »Wie ein Schlafwandler«, hatte seine Tochter Mathilde gesagt.[43] Der habe übrigens dabei wohl kaum an eine Geliebte gedacht. Die Ausführung einer Lieblingsidee, die einem ein großes Werk eintrage, tue es auch.

Jensen hatte die Traumdeutungs-Schrift übrigens auf dem Schreibtisch liegen. Dr. Löwenfeld hatte sie ihm geschickt.[44] Der alte Erotiker Jensen hatte dann auch rasch mitbekommen, wie Freud das Träumen erklärte, und war ganz damit einverstanden. Für die Arbeit erwies sich das Traumbuch dann als sehr nützlich. Jensens Unbewußtes produzierte bald selber einige kräftige Symbole und ein ganz raffiniert entstelltes Traumbild von der ehelichen Beiwohnung.[45] Ja, es strömte wieder. Die kleine Schwester kehrte ewig wieder, und er blieb ihr treu. Nie mehr seit jenen Tagen unter der Jungfrau hatte er sich dem Traum widersetzt. Raabe aber hatte solche Freiheit niemals gehabt – immer hatte er sich Zwang angetan. Das hatte den Freund nun vor der Zeit die letzte Feder gekostet. Jensen aber wickelte nur sieben Tage, nachdem er die erste Zeile geschrieben, wieder einmal ein druckfertiges Manuskript in braunes Packpapier und schickte es seinem Verleger Reißner nach Leipzig. Als Titel schlug er vor: *Gradiva. Ein pompejanisches Phantasiestück.*

DIE GRÄFIN SOWIE: KLAGES, MONSIEUR, ADAM UND CARLO

Eine ganze Schar von Mänaden schwang sich im Kreis um den Dionysos, der verzückten Blickes bald eine, bald die andere ansah und einzufangen versuchte. Eine, die fast nur in rote Schleier gehüllt war und Hörner auf dem Kopf trug, begann, solo zu tanzen. Die Große Mutter in ihrem schwarzen Gewande umschritt die Bacchanten, Jünglinge und Hermaphroditen und ließ leise ihren Triangel ertönen. Auch der skeptische Betrachter mochte sich jetzt überzeugen, daß ein neues dionysisches Zeitalter heraufzog. Schließlich war es ja im Altertum schon einmal vorgekommen, daß die dionysischen Kulte eine wohlgeordnete patriarchalische Weltanschauung wieder über den Haufen rannten. Das würde sich jetzt wiederholen, und seinen Ausgang nahm es nun von Schwabing.[46]

In der Mitte des Saales formierte sich der Maskenzug. Voran der indische Dionysos, den Wolfskehl darstellte, eine Bacchantin zur Seite, die ein ehernes Becken schlug. Darauf der Meister – Stefan George heute als Cäsar in weißer Toga und mit einem goldenen Kranz um die Stirn. Er trug einen kugelförmigen, durchbrochenen Krug, in dem ein Licht brannte. Zuweilen lächelte er starr und wie aus weiter Ferne. Ihm folgte Schuler, der Eingeweihte antiker Blutmystik, als Große Mutter im schwarzen Schleier. Wer sich antik kostümiert hatte für dieses Schwabinger Maskenfest, schloß sich an. Einigen Unbelehrten, die meinten, auch als Renaissancepage oder als Shakespearescher Narr könnten sie mittun, wurde der Zugang verwehrt. Der Zug stimmte einen eintönig dumpfen Gesang an und bewegte sich langsam durch den Saal. Alle hatten von ihren Beschäftigungen abgelassen und umsäumten respektvoll seinen Weg. An dessen Ende traten die Masken zu einem Tableau zusammen, dann erklang ein hallender Beckenschlag, dem die Große Mutter einen lange ausschwingenden Ton von ihrer mystischen Triangel hinterherschickte, und man verteilte sich auf die Menge, die nach der wieder einsetzenden Musik nun um so begeisterter tanzte.

Die Gräfin war als phrygische Flötenbläserin erschienen. Sie hatte das Kostüm ohne weitere Hintergedanken wegen seiner Kleidsamkeit gewählt. Klages aber – er war als Heraklit gekommen, was jedoch schwer erkennbar war – fand das hochbedeutsam.[47] Für Leute mit Intuition – Schuler würde sagen: in denen die Blutleuchte brenne – münde eben alles ins *Pelasgische.* Nach einer makedonischen Tradition seien die Phryger nämlich ursprünglich in Thrakien seßhaft gewesen, also pelasgischen Stammes und damit den chthonisch-mütterlichen Urkulten verbunden. Und die Flöte sei ein besonderes Symbol der tellurischen Kraft, das Mundstück der Alma mater sozusagen. Das müsse Franziska erspürt haben als nachgeborene Astarte und dionysische Naturmutter. Schuler würde das freuen und irritieren zugleich. Denn seine Vorstellung von den Müttern gleiche doch eher römischen Matronen. Wenn weiblich Geschlechtliches zu sehr hineinspiele, stoße ihn das ab.

Die Gräfin verstand von alldem wenig. Das waren Spezialitäten des Kreises um den Meister, die man auch nur begriff, wenn man ein ausgiebiges Studium des *Mutterrechts* hinter sich hatte. Das verlangte man auch gar nicht von ihr. Der Kreis hatte sich längst darauf geeinigt, daß gerade sie eine Person sei, in der sich die dionysische Antike ohne intellektuelle Umschweife wiederverkörpere. In ihr melde das heiße, wahre Leben wieder seine Rechte an, die ihm der jüdische *Logozentrismus*[48] verkürze. Mit ihrem Kinde auf dem Arm stelle sie die astartische Urform der Mutter dar, die im Christentum zur »lieblichen« lebensleeren Madonna herabgekommen sei.[49] Dem Kreis nahestehende Maler porträtierten die Gräfin denn auch gern als erotische Mutter. Man empfand es ebenso als Bestätigung, daß selbst ein so sinnenferner Schriftsteller wie Thomas Mann sich diesem Reiz nicht hatte entziehen können. In seiner jüngsten Novelle hatte auch er die Gräfin und ihr Bübchen abgebildet, wenngleich mit einiger Reserve.[50]

Das Fest ging jetzt in eine allgemeine Ekstase über, die vom indischen Dionysos kommandiert wurde, der über die Tanzenden einen mächtigen goldenen Stab schwang. Die phrygische Flötenbläserin, nun auch begeistert, verfiel darauf, an diesem Stab emporzuklettern, den ihr Dionysos froh entgeistert hinhielt. Dabei brach er entzwei. Dionysos erwachte augenblicks aus seinem heiligen Rausch und wurde ziemlich ärgerlich. Frau Wolfskehl trat hinzu und versprach ihrem Mann, sofort einen neuen Thyrsos herzurichten, was ihn besänftigte. Er entschuldigte sich bei der Gräfin und sprang wieder unter die Mänaden. Heraklit kam und drängte zum Aufbruch.

Natürlich war sich – bis auf Schuler – jedermann im Kreis um Stefan George des Unterschieds von Wirklichkeit und Spiel bewußt. Doch wurde das Spiel sehr ernstgenommen, weil es tieferliegende Gedanken und Phantasien ausdrückte, die man allerdings in der Wirklichkeit durchsetzen wollte. In ihrem Zentrum stand das *Leben.* Man fand es auf vielerlei Weise durch Schuld des Christentums verkürzt und verkümmert – des Lebens große Gegner waren der Geist und der tathungrige Wille. Die wichtigste Anstrengung mußte es nun sein, erneut zum eigentlichen Leben durchzustoßen. Wem das gelang, der sah die *Urbilder* wieder. Die Urbilder zeigten die kosmische Wirklichkeit und stammten aus pelasgischer Frühzeit. Sie bewirkten selber etwas: In wem sie auftauchten, dessen Blut entzündete sich und leuchtete kosmisch.

Das alles war begrifflich unscharf und mußte es auch sein, denn es richtete sich ja gegen alle Begriffe. Die Gräfin nahm es eben gefühlsmäßig auf, in der Art ihrer *Zarathustra*-Lektüre. Die allgemeine Stoßrichtung war ihr ja längst bekannt. Zwischen Michael Georg Conrads Preisliedern auf Bayerns Blut und Boden und Alfred Schulers kosmogonischen Fragmenten mochte sie die Hand nicht umdrehen, und wenn sie sich ihrer ersten Nietzsche-Begeisterung erinnerte, war das auch nichts anderes gewesen. Nie zuvor aber war sie an Menschen geraten, die es derart verstanden, ihre Gedanken mit Worten, Gesten und rituellen Umgangsformen in eine besondere »Atmosphäre« umzusetzen. Manches fand die Gräfin an ihnen ja ziemlich komisch – besonders ihren Neid aufeinander und ihre Verklatschtheit – doch, wenn sie von einem »kosmischen« Abend nach Hause ging, war sie erhoben. Man ließ sie ihre innere Höhe entdecken.

Zum Meister war die Gräfin nicht zugelassen, doch sie verkehrte im Hause Wolfskehl. Karl Wolfskehl war Privatgelehrter mit großem Vermögen und residierte mit seiner Frau Lotte in der Leopoldstraße. Er war ein schier verblüffender Alleswisser, mit kindlich freiem Charme – und vom Temperament her der einzig echte Dionysier der Runde. Dabei stand ihm das Dionysische eigentlich gar nicht zu, denn er war Jude und damit dem *molochitischen* Jahwe-Geist verbunden. Klages hatte aber den ganz seltenen *altrassigen* Judentypus in ihm erkannt, der ihn den Ariern zur Seite stellte. Das mußte auch Schuler respektieren. Auch Alfred Schuler war Privatgelehrter – ein Archäologe, der schon im Studium die antike Substanz in sich erspürt hatte und seitdem für die Gegenwart verloren war. Er erwartete in der Tat und mit großem Ernst ein neues römisches Heidentum, auf das er sich bereits mit seiner schwarzen, togaähnlichen Kleidung eingestellt hatte. Schuler führte einem hedonisch-heidnischen Eros das Wort und hielt sein Interesse für junge Matrosen, Boxer und Ringer für antik. Im Innersten empfand er weiblich und kostümierte sich gern als griechische Naturmutter. Auf jenem antiken Fest bei Wolfskehl hatte es sich allerdings ergeben, daß seine eigene Mutter nach ihm suchte und plötzlich vor ihm stand, als er schon ganz in seiner Demeter-Rolle aufgegangen war. Wie aber sollte da die Urmutter mit *ihrer* Mutter sprechen? Schuler hatte sie deshalb verleugnet mit den Worten: »Weib, was habe ich mit dir zu schaffen!«, was ihm später als jahwistischer Bewußtseinsrest sehr peinlich war.

Der Kopf der Kosmiker aber war Ludwig Klages. Aus

Hannover gebürtig und seit kurzem Doktor der Chemie, plante er, ein psychodiagnostisches Seminar auf graphologischer Grundlage zu gründen. Er war ein gründlich systematischer Geist, der mit Methode gegen jedes Denksystem opponierte. Recht freizügig stand er in der Nietzsche-Nachfolge und hatte dessen Kulturkritik zugespitzt. Alles, was das »starke Leben«, den »starken Affekt«, die »Rauschwoge« im Blut verhinderte, war vom Gehirn verschuldet und gehörte damit zur Herrschaft des Geist- und Vatergottes Jahwe. Dagegen setzte Klages den Bewußtseinszustand der frühen Menschheit – der vorgriechischen Pelasger, die Bachofen wiederentdeckt hatte. Deren Bewußtsein stand zum Kosmos hin offen, trank dessen Bilder und war hauptsächlich *Seele.*

Klages nannte den Basler Juristen und Religionswissenschaftler Johann Jakob Bachofen seinen Lebensführer. Wolfskehl war Anfang der neunziger Jahre auf das schon wieder vergessene *Mutterrecht* gestoßen und hatte dann die Kosmiker damit bekannt gemacht. Er selbst bezog vom *Mutterrecht* seine dionysische Lebensstimmung, und Schuler wiederum fand hier den mütterlichen Weltaspekt als eine reale Geschichtsepoche vor.

Doch nur Klages erfaßte die Metaphysik in Bachofens Geschichtsdenken. Er setzte der Gräfin auseinander, so wie Bachofen das väterliche und das mütterliche Geschichtsprinzip auffasse, sei das im Grunde eine Theorie vom Aufbau der Welt – vom ganzen Kosmos mit Erde, Sonne, Mond und Sternen. Und in der Mitte sei des Menschen Stand, als Mikrokosmos. In diesem Mikrokosmos aber habe der *Geist* und damit der *Tatwille* alle anderen Potenzen unterjocht. Seit Beginn der *logozentrischen* Neuzeit verwüstete die Menschheit das Antlitz des Planeten und pumpte sich im pausenlosen Kokurrenzkampf aus. Die einzige Rettung bestand darin, die weiblich-mütterlichen Potenzen wieder zu befreien – damit das vom *Jahwismus* gemaßregelte Blut wieder zum Fließen kam.

Die Gräfin liebte Klages, und so hörte sie nicht genau zu. Während er sprach, versuchte sie herauszubekommen, was ihn antrieb. Sein Äußeres täuschte. Er glich den idealischen Jünglingen um Stefan George – hochgewachsen, der Schädel wohlgeformt, bei geistigen Dingen leicht in Begeisterung versetzt, mit der Neigung zu steilen Gesten. Dieser Jünglingstypus jedoch ließ es bei sparsamer Lektüre der im Kreis gerade diskutierten Schriften bewenden, begnügte sich mit dem Bekenntnis zu hohen Ideen, ohne sie vertreten zu können, und er konnte die Begeisterung abstellen wie elektrisches Licht, wenn der Meister den Raum verließ. Mit Klages verhielt es sich anders. Er war offenbar zu seinen Gedankenentwürfen innerlich gezwungen. Die Gräfin kam den tieferen Gründen dafür näher, als sie seine graphologischen Interessen bedachte. Da wurde ihr klar, daß er eigentlich Psychologe war. Sie verstand jetzt auch einen Scherz, den Otto Groß über Klages gemacht hatte, wobei er ihn mit Freud verglich: Ob man das Unbewußte nun bei den Pelasgern oder bei den Hysterikern suche, prinzipiell bleibe es sich gleich – man kümmere sich dabei immer um das eigene. Was also war mit Klages?

Sie hatte ihn bei Fritz Huch kennengelernt, und er eröffnete ihr eine neue Welt. Das geschah über den Roman, den zu schreiben sie fahrlässigerweise für Langen übernommen hatte. Er ging das Projekt als Psychologe an. Das sei der Roman ihres Lebens, und sie dürfe nicht nur eine Anklageschrift gegen ihre Eltern daraus machen. Sie müsse sich an *alles* genau erinnern, und dann komme eben heraus, wie in unserer Zeit das Blut gemaßregelt werde – und woher sie die Kraft gehabt habe, sich von alldem zu befreien. Klages interessierte sich vor allem für ihre Freiheit, und damit meinte er ihre Freiheit zu lieben. Er suchte sie wohl selbst.

Seit langem hatte er ein Verhältnis mit Putti, der Tochter seiner Pensionswirtin, einem freundlich duldsamen Mädchen, das sich mit dem Bacchantischen alle Mühe gab – doch mehr als eine Schwabinger Filia hospitalis war sie für ihn wohl nicht.[51]

In den ruhigen Wochen auf Samos im Herbst 1900 erkannte die Gräfin, daß sie Klages liebte. Wieder in München, suchte sie jetzt seine Nähe. Es gab nun wunderbare lange Abende, an denen er ihr in begeisterter Rede seine Gedanken entwickelte – auch ihm waren die Ideen oft ganz neu, zu denen ihn ihre Gegenwart brachte. Dabei ging es immer um die Rauschwoge im Blut, die verfehlterweise ins Hirn umgelenkt war. Wenige Menschen nur vermochten heute, diese Woge in sich hochschießen zu lassen. Franziska gehörte zu ihnen. Nie zuvor hatte jemand ihre Existenz mit Worten so erhoben. Sie fand bald den Ausdruck dafür und schrieb ihn sich immer wieder ins Tagebuch: Mit Klages konnte man *fliegen*.[52]

Eine Zeitlang konzentrierte sie sich ausschließlich auf ihn. Sie »streunte« nicht mehr und stellte auch ihre gelegentlichen Besuche im Etablissement der Frau B. ein. Als Schrenck-Notzing wieder einmal einen deutlichen Vorschlag machte – sie sollte ihn als »Übersetzerin« zu einem Kongreß begleiten –, lehnte sie nicht nur ab, sondern hetzte auch noch Frieda Strindberg auf ihn, der er dann mit fast denselben Worten dieselben Avancen machte. Damit war sie ihn jedenfalls auf Monate los.[53] Sie schlief überhaupt nur noch mit zwei weiteren Männern – mit Monsieur, denn das war ja fast eine Konvenienzehe, und mit Adam, weil der sie so liebte. Klages stimmte den beiden zu. Das sei heidnisch, dieses eigentlich nicht die Person lieben, sondern die Liebe an und für sich.[54] Franziska sei eine heidnische Heilige.[55]

Was aber war denn nun wirklich zwischen ihm und ihr? Der besinnungslose Rausch des Anfangs hielt nicht vor. Sie sahen einander bald klarer. Klages analysierte ihren Eros. Sie empfinde also, daß sie eigentlich allen Männern gehöre.[56] Das sei einerseits heidnisch, unter heutiger Perspektive sei es aber auch kindlich zu nennen, und man müsse diesem Eros doch auch Begrenzungen wünschen. Es kam allmählich heraus, daß Klages diese Grenzen setzen wollte – mit sich als Mittelpunkt. Mit seinen sonstigen Anschauungen stimmte das jedoch kaum überein.

Die Gräfin fand allerdings heraus, daß Klages nicht nur den *Zarathustra* verehrte, sondern ebensooft in der *Genealogie der Moral* las. Es war der Wille zur Macht, der ihm zu schaffen machte, und zwar in seiner eigenen Person. Klages suchte zu herrschen, wo das nur möglich war, und viele hielt er lange Zeit in seinem Bann.[57] Nun hätte er es dabei belassen und sich genealogisch als einen ursprünglich Starken und Vornehmen feiern können. Erstaunlicherweise verbot er sich das. Gerade den auf Tat und Zukunft gerichteten Willen verurteilte er scharf, und den Machthunger nannte er die Maske eines Hasses, der auf Zerstörung der Welt abziele.[58] Hier lag überhaupt der Punkt, an dem er sich von Nietzsche abkehrte und sich Bachofens fatalistischem, beharrendem Muttertum zuwandte. Die Gräfin hatte die triviale Vermutung, daß die Kritik des tätigen, zukunftgerichteten Willens mit Klages' Haß auf seinen Vater zusammenhing. Sein Vater war sehr mächtig und bestimmend, gegen seinen Willen war lange nichts zu machen gewesen. Doch Stunden nur nach seinem Doktorexamen hatte Klages seinem Vater telegrafiert, daß er niemals den von ihm gewünschten Chemiker-Beruf ergreifen werde. Das hatte den Bruch bedeutet, aber auch den Anfang seines eigenen Denkens.[59]

In diesem Denken verurteilte er nun den Willen. Dabei war es gerade dieser Trieb, das hatte die Gräfin bald erfaßt, der ihn beherrschte – als Wille zur Tat machte er ihn schöpferisch und als Wille zur Macht besitzergreifend. Klages wollte sie besitzen – und wenn er sie ganz hatte, nannte er das Gleichklang. Hatte er dies Gefühl aber nicht, fiel sofort alles auseinander.[60] Und liebte er sie denn seinerseits als Person? Eigentlich war er doch kalt und ohne Einfühlung. »Lieber Freund, ich glaube nicht, daß Sie sich jemals in einen anderen Menschen hineinfühlen«, schrieb sie ihm.[61] Das war es, was sie ohne Hoffnung voneinander trennte: Sie meinten jeweils nur sich selbst. Sie liebten einander dafür, daß sie sich *fliegen* halfen – hoch, weit und getrennt. Die Gräfin lernte sich besser kennen in diesem Verhältnis und schrieb Klages einen langen Brief über sich. Persönlich und beständig lieben könne sie nicht. »Liebe in diesem Sinn kenne ich nicht«, sagte sie ihm, »nur Wollust, Verlangen oder Versagen – und diese drei spielen mit mir, wie ich anscheinend mit denen spiele, die sie mir geben.« Und sie war ehrlich genug, daß sie das nicht für »heidnisch« und »enorm« ausgab. Es handle sich hier um *hysterische Indolenz,* schrieb sie vielmehr.[62] Wenn sie ganz aufrichtig war zu sich selbst, dann war Monsieur die ihr angemessene Liebe. Er war die Jahre über ein Fremder geblieben. Nie hatten sie ein tieferes Gespräch geführt, über ihre Sorgen ging er hinweg. Nachts klopfte er plötzlich an ihr Fenster. Dann war ihm auf einem Fest das Verlangen nach ihr aufgestiegen, die Rauschwoge sozusagen. Sie ließ ihn immer ein, und es war der Rausch. Vor Morgengrauen ging er dann. Am Tage sah sie ihn höchstens von fern, in der Straßenbahn oder im Café. Außer Liebe zu später Stunde wollte er überhaupt nichts von ihr, das machte sie so frei. Sie wußte von ihm eigentlich nur, wie er sie umfing. Dem ganzen Verhältnis eignete die unbedingte, enthobene und entbundene Unverantwortlichkeit, die sonst nur der Traum gewährt, wo das Ich mit Schatten ohne gültiges Eigenleben, mit Erzeugnissen seiner selbst verkehrt. »O mon ami, mon ami«, sehnt sie sich im Tagebuch, wenn Monsieur zu lange ferngeblieben ist.[63]

Klages aber nahm ihr Urteil über ihn nicht einfach hin. Banale Selbsterkenntnis war nicht seine Sache – er machte eine prachtvolle Idee aus der Angelegenheit. Er bleibe immer fern bei aller Nähe, hat sie ihm vorgeworfen?[64] Aber das ist ja gerade das Höchste – es ist der *Eros der Ferne.* Dieser findet statt, wenn im Rausch der Mitberauschte zum spiegelnden Bild wird »eines ihn aus purpurner Nacht anblickenden Auges des Alls«. Nur das »Ewigferne« beseligt, und die Nähe, das »Besitzergreifen« entzaubert – wie es Verderben bringt, den Schleier des Isisbildes zu heben.[65] Mit »Isis« meint er natürlich Franziska, die heidnische Heilige, bei der er das alles gelernt hat. Als er es ihr vorträgt, ist sie wieder sehr beeindruckt. Er hat den traurigen Sachverhalt so großartig aus- und umgedacht. Daraufhin *fliegen* sie wieder ein bißchen. Am traurigen Sachverhalt ändert das nichts.

Mit dem *Eros der Ferne,* auch *Eros der Fremde,* hat Klages einen Schlüssel für sie beide gefunden. Einen Menschen in der Nähe und allein können sie nicht lange lieben. Dieser Eros will ins Weite und Allgemeine. »Eigentlich gehöre ich allen«, so schreibt es sich Franziska schon früh auf.[66] Tief berührt liest sie dann bei Bachofen, daß so auch das ursprüngliche weibliche Naturrecht gelautet hatte. Klages weitet sich in anderer Richtung aus. Er führt den Kosmos wieder ins Denken ein und zerbricht die engen Schranken der Begriffe – und es fließt ein Strom der Bilder. Auch versucht er, sich mit Vorträgen und Seminaren in der Graphologie eine Gemeinde zu schaffen. Sieht er dann hinab vom Podium auf die gefesselten Zuhörer ihm zu Füßen, dann spürt er auch hier jenen Eros der Ferne. Die Gräfin aber löst sich von ihm, denn sie zerfetzen und zerreiben einander nur.[67] Klages hält sich nun wieder an Putti.

Zur Ablösung hatte ihr Jensen geraten. Er hatte schon einige Zeit, zuerst erheitert, dann mit zunehmender Besorgnis, ihren Umgang mit den Kosmikern beobachtet. Besonders von Schuler war er anfänglich fasziniert gewesen. Die Gräfin traf die beiden einmal im »Leopold«, als Schuler Jensen gerade auseinandersetzte, daß die Reformation das Werk des Judentums gewesen sei und auch Luther selbst ein Jude.[68] Sie hatte Jensen selten so angeregt gesehen. Er und besonders Freund Raabe in Braunschweig seien ja zeitlebens rechte Käuze gewesen, sagte er später zu Franziska. Wie aber in dem Schulerschen Hirn sich ein zweifellos gesunder Affekt zu einem geradezu poetischen Wahnsystem ausgestaltet habe – dagegen seien sie beide ja nüchtern wie die Chronikschreiber. Eines Abends aber war Schuler in Sankt Salvator erschienen und hatte bis Mitternacht versucht, Jensen für den Plan zu gewinnen, den wahnsinnigen Nietzsche zu heilen. Der kranke Dionysier sollte durch Vorführung frühgriechischer Korybantentänze aus seiner jahwistisch-logozentrischen Erstarrung befreit werden. Wolfskehl und Klages hätten den Plan bereits gebilligt.[69] Als Schuler schließlich auf der Diele des Häuschens einen solchen Korybantentanz probeweise vorführte, begannen die Jensens allmählich am eigenen Verstand zu zweifeln und führten den Erregten mit sanftem Zwang zum Bahnhof.

Von Klages ließ sich Jensen in Bachofen einführen. Das resultierte dann in jener so rasch wie begeistert hingelegten Novelle *Mutterrecht,* die in Georges Kreis allerdings wenig Anklang fand. »Heimatkunst«, befand der Meister. Für Klages' Intellekt hatte Jensen Hochachtung, jedoch wenig Sympathie. Da sei zuviel Ranküne gegen das Großhirn, das müsse er auch als Schopenhauerianer sagen. Im übrigen treibe diesen Klages der Machtwille an, das sehe man doch. Ob nun Eros der Ferne oder Sexus der Nähe, Klages wolle Franziska beherrschen, und das gehe in ihrem Fall eben nicht gut. »Ich habe nie das Knie gebogen, den stolzen Nacken nie gebeugt«, zitierte er. Das habe in einem Brief aus dem Altenburger Internat gestanden und gelte auch weiterhin.

Am Silvesterabend 1902 ging man um zwölf zu Wolfskehls. Klages, Putti, Schuler und seine Mutter waren auch anwesend. Schuler weissagte aus den Bleigießereien. Die Gräfin hatte einen Tod und eine Schlange gegossen.[70] Sie solle im neuen Jahr etwas sterben lassen, las Schuler heraus. Nach einiger Zeit hatten alle einen Schwips. Wolfskehl zog sie in sein Zimmer, um ihr die Eulen zu zeigen. »Ich habe dich so furchtbar lieb«, gestand er ihr. Sie ging nun darauf ein, mochte ihn ja eigentlich auch. Im Tagebuch zog sie dann einen Schlußstrich und schrieb wie ein neues Programm Wolfskehls Namen darüber: *Carlo*.[71]

Va Banque

BEIM FALSCHEN PROPHETEN

Die Trennung mußte Klages furchtbar wurmen, nach allem, was man aus dem Kreis des Meisters hörte. *Gekränkte Größe,* die Gräfin hatte das erwartet. Er würde sich rächen – und sicherlich nicht an ihr, das wäre wohl unter Niveau. Vermutlich würde er eine große Idee bemühen, um seine Wut an den Mann zu bringen, was ihm selber allerdings verborgen bleiben würde. Banale Selbsterkenntnis war dieses Seelenforschers Sache nicht. Tatsächlich erfuhr man im Laufe des Jahres, daß Klages aufrüstete. In Schwabing ging er neuerdings mit einer blutroten Weltanschauungskrawatte umher – als »Abtrünniger vom Geist«.[1] Man wußte, Rot war die Farbe des bewußtlosen Lebens und seiner Blutleuchte. Klages rüstete also verstärkt gegen Jahwe auf. Die Gräfin verstand: demnach gegen den Juden Wolfskehl, den glücklichen Rivalen.

Erst einmal häuften sich von seiten Klages' und Schulers die sogenannten Judenerklärungen. Weil sie das Heidnisch-Nordische bekämpft hatten, waren der Seelensubstanz nach Juden: Karl der Große (als Sachsenschlächter), Luther natürlich und Bismarck (alles Preußische war *molochitisch*) und überhaupt alle Nordischen, die sich an Jahwe verkauften. Zu ihnen zählte ab jetzt Ricarda Huch, die öffentlich Luther verteidigt hatte – ihre Seelenfarbe sei nun nicht mehr glühend, sondern ein blasses Lila, verfügte Klages. Auch der Lübecker Thomas Mann gehörte dazu, weil er sich so offen für die Tochter des jüdischen Eisenbahnmillionärs Pringsheim interessierte.[2] Damit war der Weg frei für die Exkommunikation Wolfskehls. Er hatte vor einiger Zeit Sympathien für den Zionismus bekundet, und damit war nun auch seine Seelenfarbe erloschen, die in diesem altrassigen Juden wegen seiner Begeisterung für das Mutterrecht eine Zeitlang zinnoberrot geleuchtet hatte.

Dann, Mitte Januar 1904, überstürzten sich die Ereignisse. Klages fragte förmlich bei Stefan George an: »Was bindet Sie an Juda?« Der Meister wies die Frage zurück. Daraufhin gaben Klages und Schuler eine Erklärung ab gegen die Juden im Kreis um George und beauftragten überdies Adam Hentschel – er rang und boxte – mit der Verfolgung aller den »Kosmikern« feindlich Gesinnten. Es kam Pogrom-Stimmung auf. Wolfskehl fürchtete eine Zeitlang um sein Leben, und die Gräfin schlief mit einem Revolver unter dem Kopfkissen, was bei ihrer Achtlosigkeit im Umgang mit Waffen auch für ihre Freunde eine Bedrohung darstellte.[3]

Es gab nun zwei Lager: der Rest der »Kosmiker«, also Klages, Schuler und Busse, und auf der anderen Seite die um Georges *Blätter für die Kunst* Gescharten unter der Führung des Meisters, Wolfskehls und Gundolfs. Im März 1904 sah in diesen Wirren Ludwig Derleth seine Stunde gekommen. Er war Gymnasiallehrer gewesen, unterzog sich aber seit einigen Jahren der Aufgabe, eine neue Religion zu stiften. Sie sollte eine Verbindung von Heidentum und Katholizismus darstellen und in der Form einer Theokratie verwirklicht werden. Für Derleths Höhenräusche war Napoleon das große Vorbild. Es galt nur noch, ihn in der Gestalt eines religiösen Diktators wiedererstehen zu lassen. Derleth dachte dabei vermutlich an seine eigene Person. In der Karwoche nun lud er ausgewählte Persönlichkeiten feierlich zur ersten Lesung seiner *Proklamationen* in eine Dachwohnung an der Destouchesstraße.

Thomas Mann traf die Gräfin wieder einmal auf der Kaulbachstraße. Leider war Bubi nicht dabei, dessen Zutunlichkeit seine Befangenheit zu mildern pflegte. So war er ganz der schlimmen Vitalität dieser Frau ausgesetzt, die er aber keineswegs unter die vulgären Bürger rechnen durfte. Am besten, er begann ein Gespräch über Literatur. Immerhin war die Gräfin seit letztem Herbst Kollegin, ihr autobiographischer Roman war in München durchaus ein Erfolg. Sie schnitt ihm aber das Wort ab. Nie wieder werde sie schreiben, nicht noch einmal solche Qualen und schwere Stunden! Ihre Sache sei das Malen – im Grunde sei sie ohne alle geistigen Ansprüche. Beide wußten, daß jedenfalls letzteres nicht stimmte. Es war wohl noch ein Klages-Rest in ihr, den Geist zu verwerfen und im übrigen »das Leben« hochzuloben. Prompt tat sie nun auch das noch: Sie habe eben ein zu erotisches Verhältnis zum Leben! »Verhältnisse« wäre genauer, dachte der junge Mann süffisant. Im übrigen erwartete die Gräfin ihn heute abend bei Derleths zu sehen. Frau Pringsheim komme schließlich auch – die Gräfin hatte Katjas Mutter bei den Jensens gesehen. Dort hatte sich Frau Pringsheim mit ihrer Jugendfreundin Ellen, der Gattin des Herzogs von Sachsen-Meiningen, getroffen. Die beiden hatten von alten Bühnenabenteuern geplaudert, wozu die Gräfin Anekdoten aus ihrem verfehlten Schauspielunterricht beigetragen hatte. Immerhin hatte sie einmal sogar die Rolle der Julia gelernt. Es stellte sich heraus, daß Frau Pringsheim die Julia allerdings auch schon gespielt hatte, und zwar mit Kainz.[4] Die Gräfin lachte belustigt. Sie gönnte gern.

Natürlich würde Thomas Mann nun zu Derleth gehen. Es war eine Gelegenheit, sich Katjas Mutter zu präsentieren. Sie mochte ihn, weil er gut aussah und gut schrieb. Er zeigte ihr, daß er sie mochte, weil sie schön und weil sie – hier stach ihn allerdings der Hafer – *reich* war. Der Abend bei Derleth verstimmte ihn dann tief. Der größenwahnsinnige Deutschlehrer ließ in seiner Dachwohnung die *Proklamationen* durch einen »Jünger« verlesen. Es ging dabei um die Stiftung einer neuen Weltordnung, die durch einen militärischen Diktator hergestellt werden sollte. Die *Proklamationen* schlossen damit, daß Derleth alle zu Soldaten ernannte, die für diese neue Ordnung arbeiteten und sie »hoch über die Menschen« stellte. »Ihr erklärt einen Ort zur Hauptstadt der Welt durch euere Gegenwart!«[5] Dieser Ort war München. Thomas Mann war gelangweilt, und ihn schauderte zugleich. Der hier war wieder einmal ein Bruder – *Bruder Derleth.* Es wimmelte in Schwabing von asketischen Priestern, krank die meisten, macht- und größenhungrig alle. Er kannte den Typus bald vom Wegsehen. Abends, wenn er vom Manuskript aufblickte und zur Napoleonbüste hinübersah, dachte er zuweilen an die vielen, die jetzt mit ihm in Schwabing denselben Traum von Macht und Größe träumten. Einer von ihnen war also auch dieser Derleth. Ein Bruder ... Ein etwas unangenehmer und beschämender Bruder. Und ihn schauderte, wenn er daran dachte, wie leicht auch er selbst in solch einer Dachkammer hätte enden können. Er ließ seine Augen umherwandern, während der vortragende »Jünger« dort oben am Pult ins Schreien kam. Dann verweilte er auf einer großen, in heftigen Strichen ausgeführten Kreidezeichnung, die Napoleon darstellte. Nein, er wollte sich von Brüdern wie Derleth den Schauder des Glücks, wie ihn Napoleon lehrte, nicht verderben lassen. Überhaupt war er jetzt auf einem anderen Weg. Er richtete sich steil im Stuhl hoch. Da fing er den Blick der Gräfin auf, sie hatte ihn beobachtet. Sie lächelte ohne jeden Spott, aber auch ohne jedes Zeichen, daß sie ihn *nicht* verstanden hatte. Seit ihrer Zeit mit Klages wußte sie offenbar, worum es den meisten hier in Schwabing ging. Sie lächelte und wandte langsam den Kopf zur anderen Seite der Dachkammer. Dort saß Katjas Mutter, Frau Pringsheim – schön und *reich.* Thomas Mann wurde etwas ärgerlich. Die Gräfin wußte zuviel. Er würde ihr das bald heimzahlen, unverfänglich, literarisch-verschlüsselt. Darauf verstanden sie sich ja schließlich beide.

Als der kümmerliche und doch fernen Respekt erheischende Höhenrausch der *Proklamationen* ausgestanden war, der vortragende »Jünger« mit zitternder Hand vom bereitstehenden Wein getrunken und dann die Tür hinter sich zugeschlagen hatte und nun alles aufbrach, begleitete Thomas Mann Katjas Mutter hinaus. Das Coupé der reichen Dame hielt vorm Haus. Man sah, wie der Kutscher auf dem Bock zwischen den beiden hellstrahlenden Laternen die Hand mit dem Peitschenstiel zum Hute führte. Thomas Mann geleitete die reiche Dame zum Schlag. Er machte eine gute Figur dabei. Noch etwas Konversation: Wie sie den Abend gefunden habe? Sie fand, Derleth sei vielleicht ein Genie – doch ihm fehle etwas. Ja, was? fragte Thomas Mann nachdenklich. Vielleicht das Menschliche? Ein wenig Gefühl, Sehnsucht, Liebe? Auch als Genie müsse man ein gewisses Verhältnis zum Leben haben, und er stehe nicht an, es ein erotisches zu nennen. Die schöne Lenbach-Mama hatte gut verstanden. Sie übernahm auch seine Grüße an »Katja« und überhörte gern, daß er nicht »*Fräulein* Katja« gesagt hatte, denn sie schätzte seine Bücher. Dann fuhr das Leben schön und *reich* in seiner Kalesche davon. Als er sich umwandte, sah er die Gräfin. Sie wartete wohl noch auf ihren polnischen Maler und hatte die Abschiedsszene beobachtet. Sie grüßte aufmerksam und erheitert, aber ohne Spott.

Am nächsten Morgen setzten sich die beiden Lübecker Romanciers hin und schrieben über den Abend bei Derleth. Thomas Mann machte sich an eine Skizze über jene merkwürdige militärische Variante des asketischen Priesters, die Derleth darstellte.[6] Daß er sich selbst in ihm ein wenig mitbeschrieb, er eine kleine Selbstanzeige gegen sich erstattete, war ihm wie immer wichtig. Das sollten sie schlucken, bevor sie ihm wohlwollten! Dann machte er sein Verhältnis zu Katja und ihrer Mutter erstmals zu Literatur. Insbesondere huldigte er der Mutter und nannte sie wiederholt »schön«. Daß er sie zusätzlich auch immer als *reich* bezeichnete, tat er wieder aus Gewissensgründen. Was ihm wirklich wichtig war, das verriet er auch öffentlich allen, die ihn zu lesen wußten. Vermutlich verstand das hier aber nur Heinrich, die andern hielten es wohl für Ironie. Schließlich nahm er sich die Gräfin vor, eine kleine Rache war angebracht. Er spaltete sie auf. Einmal durfte sie sich wiedererkennen in einer allzu demonstrativen »Erotikerin«, der er einen Hinkefuß machte zum Zeichen, daß damit nicht alles stimmte. Zum andern führte er sie als ledige Mutter vor, adeliger Herkunft zwar, doch von ihrer Familie verstoßen. Er setzte hinzu: »ohne alle geistigen Ansprüche«. Das stammte schließlich von ihr selber. Was redete sie auch so fahrlässiges Zeug! Mochte sie sich ärgern.

Die Gräfin aber schrieb die zweite Nummer des *Schwabinger Beobachters* – ein hektographiertes Blättchen, das nächtens in die Briefkästen gesteckt wurde. In ihm wurden die jüngsten Schwabinger Vorgänge kommentiert und parodiert. Zu Derleth fiel ihr ein Vers ein, der rasch berühmt wurde: »Warte, Schwabing, Schwabing warte, dich holt Jesus Bonaparte!« Als Thomas Mann den *Beobachter* eines Morgens aus dem Briefkasten zog, fand er diesen Vers für sich angestrichen.

Die Liaison der Gräfin mit Wolfskehl gestaltete sich nicht weniger anstrengend als die mit Klages. Auch Carlo nahm im anderen nur sich selbst wahr. Der Nachteil war hier, daß sie wenig mit ihm gemein hatte. Mit ihm konnte sie nicht fliegen. Deshalb mußte sie nun ihre Stimmungen fälschen. Carlo war permanent begeistert, und er verlangte das auch von anderen, das war mühsam. Sie hatte schon Träume, in denen er ihr als Ludwig II. erschien.[7] Gott sei Dank kam Monsieur nun nachts wieder häufiger, das erdete die Gefühle wieder. Um sich abzulenken, fing sie auch noch etwas mit Dr. D. an, eine matte und schnell langweilige Sache.[8] Nur Schrenck-Notzing wies sie wieder ab, als er einen neuen Anlauf versuchte. Das wenigstens machte etwas Spaß.

Einzig von Jensen kam Trost und Rat. Merkwürdigerweise lief auch das über Bachofen. Jensen hatte im Vorjahr eine *Mutterrechts*-Novelle geschrieben, die von Weiberherrschaft im badischen Kaiserstuhl fabelte, und aus dieser Sphäre war ihm ein tieferes Verständnis ihrer Existenz aufgegangen. Sie sei eine nachgeborene Astarte und dionysische Naturmutter, befand er. Das hatte nun auch schon Klages festgestellt, um mit ihrer grenzenlosen Liebeslust wenigstens mythologisch zurechtzukommen. Jensen, der dieses Problem nicht hatte, zog jedoch daraus einen anderen Schluß. Sie möge doch das Mutterrecht auch einmal praktisch anwenden. In seinem Licht könnten dann weder Klages noch Wolfskehl Ansprüche stellen – sie hätten einfach kein Recht auf sie. Jensen zitierte aus seiner Novelle: »Auf den Mann kommt's nicht an, ob's der oder ein anderer. Das Weib schaut nur auf ihn, ob er ihr gefällt, doch sie gibt ihm kein Recht.«[9] Die Gräfin nahm sich den Rat zu Herzen. Sie half Wolfskehl noch, die Angriffe der beiden maßlos gewordenen Antisemiten zu bestehen – dann gab sie ihn auf, nannte ihn fortan ihren Freund und fuhr mit Such und Bubi nach Forte dei Marmi. Von dort schrieb sie ihm einen langen Brief, der mit den sonderbaren Worten schloß: »... mir ist hier gar nicht recht geheuer mehr –«[10].

Am 22. Dezember fand sich Thomas Mann plötzlich neben der Gräfin auf demselben Bahnsteig. Gottlob war Bubi dabei, der auch gleich auf sein neues Fahrrad zu sprechen kam. Die Gräfin fuhr ebenfalls nach Prien – zu ihrem jährlichen Weihnachtsbesuch bei den Jensens. Thomas Mann war nicht angemeldet, doch er hatte längst ein Freundschaftsrecht, ins Häusle einfach »einzufallen«, wozu er sich am Morgen spontan entschlossen hatte.

Thomas Mann war erschöpft. Dieses Jahr hatte ganz außerordentliche Gefühlsanstrengungen gekostet, bis er sein hohes Ziel erreicht und sich mit Katja Pringsheim endlich verlobt hatte. Sie war so unfaßlich spröde und kämpferisch gewesen und hatte jeden Gedanken an eine Ehe weit von sich gewiesen. Er hatte gehofft, daß die Stärke seines Gefühls allmählich für sich spräche und sie überzeugte – doch vergeblich. Da hatte er selber das Wort ergriffen, Reden geführt und Briefe geschrieben wie nie zuvor. Und langsam, langsam hatte sie sich geöffnet, ihm seine Sehnsucht endlich geglaubt und dann zugesagt. Im Februar würde er seine Frau heimführen.

Bis dahin aber war er verlobt. Und diese Verlobungszeit nahm ja absurde Züge an! Nie war er allein, und das Schlimmste: Immer mußte er vor den vielen Verwandten und Freunden der Pringsheims konkret und präsent sein – eben *sein,* während es doch früher den größten Teil des Tages über genügt hatte, zu tun als ob. Jetzt wurde es ernst mit dem Leben. Heinrich aber saß derweil wieder bei Dr. von Hartungen in seinem friedlichen Sanatorium und schrieb an einem neuen Roman ...[11]

Im Zug berichtete die Gräfin von Panizza. Er war schon sehr krank aus Paris zurückgekommen und hatte es bald nicht mehr mit sich ausgehalten. Eines Tages war er nackt auf die Straße gelaufen, woraufhin man ihn in die Nervenklinik eingeliefert hatte. Er habe das getan, um eingeliefert zu werden und Halt zu finden, meinte Thomas Mann und dachte noch ein bißchen an Heinrichs Sanatorium. Die Gräfin war eine der wenigen, die Panizza noch besuchten. Man hatte seinen Wahn immer für Literatur gehalten – und nun, wo er sich als wirklich verrückt erwies, war sein ganzer Anhang erschrocken von ihm abgefallen. Bubi behauptete, in der psychiatrischen Klinik rieche es nach Hirn.[12]

In Prien lag tiefer Schnee. Die Jensens freuten sich herzlich über den unerwarteten Doppelbesuch. Das »Häusle« war wohlgeheizt, und es duftete nach Weihnachtsgebäck. Für den nächsten Tag hatten sich Käthchen und Prinz Ernst mit ihren nunmehr fünf Kindern angesagt. Man trank Kaffee und bestellte Grüße. Thomas Mann mußte von Lübeck berichten. Er hatte dort das erste Mal seit dem Erscheinen der *Buddenbrooks* einen Leseabend gehabt. Es war glimpflich abgegangen. Von Ida Boy-Ed war zu grüßen und von Kulenkamps, Fehlings waren allerdings nicht erschienen. Die Gräfin grüßte von Panizza.

Dann mußten die Jensens sich für eine Stunde entschuldigen. Der alte Heinrich von Reder, Nachbar und übrigens Freund und Kollege aus längst vergangenen Krokodilszeiten, hatte sie auf einen Advents-Punsch herübergebeten. Bubi war nach oben ins verwaiste Lugo-Zimmer gegangen und spielte. Die Gräfin und der junge Mann saßen sich gegenüber.

»Sie werden nun bald heiraten«, sagte die Gräfin freundlich. »Ja«, sagte er, und unversehens sprach er weiter als Prinz Karl: »Ich will mir eine Verfassung geben.« Die Gräfin verstand das wie »Einfassung« und dachte noch ein bißchen an Panizza. »Ihre Verlobte ist schön und *reich*«, sagte sie nüchtern. »Sie ist die Prinzessin aus dem Märchen«, sagte er. »Und der kleine Maler?« fragte die Gräfin. Der junge Mann sah sie an. Sie lächelte ohne jeden Spott. »Der Freund sei euch das Fest der Erde und ein Vorgefühl des Übermenschen«, sagte sie. »Zarathustra«, sagte der junge Mann. Nun lächelten beide und sahen in den Garten hinaus.

»Sie wollen also heiraten und damit in die Wirklichkeit übergreifen«, sagte die Gräfin, »dabei ist sie für Sie doch das Verbotenste. Aber ich verstehe das.«[13] »Zur Genealogie der Moral«, sagte der junge Mann. Er war erstaunt. Das war nun doch ein Buch für Männer. Die Gräfin bemerkte seine Verblüffung. »Ich habe da über Klages nachschlagen müssen«, sagte sie. »Der Wille zur Macht wird dort gut erklärt. Ludwig Klages und der kleine Maler – wir haben sie an den Willen zur Macht verloren.« Der junge Mann nickte. Hier hatte sich nun eine Intimität mit der Gräfin ergeben, die auf Wahrhaftigkeit beruhte. Und diese Ehrlichkeit wiederum ergab sich schlicht daraus, daß man voneinander wußte – in Schwabing erfuhr man einfach alles. Der junge Mann wußte alles über Klages, und die Gräfin wußte alles über den kleinen Maler.

»Wie wird das sein ohne die Liebe?« fragte sie schließlich. »Es wird sein wie immer, wie vor dem kleinen Maler – und wie es irgendwann auch später wieder gewesen wäre. Ich liebe am besten von ferne«, sagte er. »Wie geht das?« fragte sie mit plötzlich gespannter Miene. Und er erklärte es ihr. Da war ein Musterbild – frühe Lieben, die sich nie erfüllt hatten, waren zu ihm geronnen. Sie waren vierzehn, fünfzehn gewesen – dann war der Typus ein wenig gewachsen, aber über achtzehn hatte er es nicht hinausgebracht. Dieser Typus lebte als Wunschbild, als Idee, in seinem Geist. Immer wieder gab es dann einen Jüngling, der ihm ähnelte und die Sehnsucht auf sich lenkte – und doch war er nie persönlich gemeint, sondern nur das heimliche Herzensabenteuer, das er bescherte. Selten merkte so einer auch nur, daß er geliebt wurde. Das geschah ja immer von ferne, verstohlen, verhohlen. Oft habe er sich gefragt, ob das nicht der tiefste Reiz an diesen Bilderlieben sei: das völlig Unpersönliche. Der Reiz des Tagtraums: sofort ans Ziel zu gelangen, ohne sich mit der lebenden Person umständlich aufzuhalten. Zugegeben: Mit der Person des kleinen Malers war das doch anders gewesen, mit ihr hatte er sich lange und gern umständlich aufgehalten. Das war nun vorbei. Nun warte er wieder auf die fernen Bilder am Wege.[14]

Die Gräfin sagte, daß auch sie die Liebe von ferne bevorzuge. Die Männer dürften ihr nicht zu nahe kommen, so sehr sie gerade ihre Umarmung suche. Ihr idealer Geliebter trüge auch geradezu einen Gattungsnamen: *Monsieur.* Er komme ausschließlich des Nachts, wenn alle Kater grau seien. Seine Person gehe sie nicht viel an. Sie liebe die Liebe und damit das Allgemeine. Ihr Wunschbild: *der Herr im Lift.* Wie das? Und sie erklärte es ihm:

Ich sitze abends im Lesezimmer eines Hotels. Er auch, aber an einem anderen Tisch. Ich schreibe. Er liest. Er schaut hier und da herüber – ich auch. Ich weiß gleich, daß er es ist – er hat den infamen Charme.
Eigentlich warte ich auf jemanden anders. Da ruft man mich ans Telefon – er kann heute nicht mehr kommen. Ich gehe zum Lift – der fremde Herr auch. Er tritt nicht in den Hintergrund des kleinen Raumes, sondern neben mich an die Tür. Wir stehen einander gegenüber. Er ist sehr hoch, sieht mir von oben herunter in die Augen. Der Lift gleitet, hält an jeder Etage und Zwischenetage, denn der Boy ist verschlafen und scheint zu meinen, daß überall jemand aussteigt. Wir haben auch das Gefühl, daß der kleine Raum immer leerer wird, immer einsamer. Unsere Augen lassen sich nicht los – der fremde Herr sagt kein Wort, beugt sich langsam zu mir herunter – wir sehen uns immer noch in die Augen – unsere Lippen »finden sich«. Kein Wort wird gesprochen – der Lift hält.
Und ich mache hier eine Pause, lieber Freund.

Sie prüfte die Wirkung auf den jungen Mann und war zufrieden. Er schien tief beeindruckt. Sie fuhr fort:

Der Herr im Lift ist der Idealfall – der erfüllte Traum. Nicht immer sind die Götter so neidlos. Manchmal lernt man ihn auch kennen, sieht sich wieder, dann ist natürlich alles entwertet.[15]

Der junge Mann hatte vollkommen verstanden. Die Idee mit dem Lift sei großartig. Ein Lift war in der Tat der intimste und gleichzeitig neutralste Ort von der Welt – wie nur im Tagtraum. Man komme in Kürze zum Ziel und bleibe doch einander fern. Ob er die Idee unter die eigenen Träume aufnehmen dürfe? Vielleicht mache er einmal einen Liftboy zum Romanhelden. Dem würden dann alle Wunschbilder wahr. Sie sahen sich an und lächelten einander zu.

Dann fragte die Gräfin, ob er wohl wisse, woher solche Neigungen kämen. Von Klages habe sie sich dazu eine Antwort erhofft, doch der habe aus seiner Erfahrung sofort einen philosophischen Gedanken gemacht, der ihr nichts erkläre: »Eros der Ferne« – völlig unrealistisch. Sie denke dagegen oft, daß sie ihre All-Liebe ihrer Mutter wegen praktiziere – um sie zu kränken, letztlich aber, um sie neidisch zu machen. Der junge Mann meinte, die Mütter seien zwar wichtig. Doch sein Fall liege gewiß tiefer – und also vermutlich auch der ihre. Wie? Nun – ob sie schon einmal davon geträumt habe, eine Prinzessin namens Carla zu sein?

An dieser Stelle verwirrte sich das Gespräch. Die Gräfin verstand nicht: eine Prinzessin namens Carla? Der junge Mann erklärte mühsam, er habe hier an seine Schwester gedacht, die einen solchen Traum gewiß hege. Ob sie denn jemals eine Prinzessin hätte sein mögen? Auch diese Frage trug wenig bei. Die Gräfin war mit einer ganzen Reihe von Prinzessinnen verwandt und hätte mit keiner tauschen mögen. In der Regel lebten sie mit älteren Männern auf alten, kalten Schlössern und hatten kein Geld. Der junge Mann schwieg irritiert. Dann: Da müsse er noch einmal neu ansetzen.

Sie lebe ja nun sehr bescheiden, verglichen mit anderen Aristokraten wie eine Magd, sozusagen. Ob sie denn zuweilen träume, daß aus dieser Magdsgestalt irgendwann das ganz Unerhörte, das Besondere und Großartige hervortrete – die sensationelle Malerin vielleicht oder die bedeutende Dichterin? Jetzt hatte die Gräfin verstanden: Ob sie sich wünsche, *enorm* zu sein? Ja! Durchaus. Im Grunde: seit sie sich erinnern könne. Von Anfang an: *Alles können, alles beherrschen* – Seiltanzen zum Beispiel, ganz hoch oben sein.[16] Daher habe sie auch Klages so geliebt. Mit ihm habe sie fliegen können – hoch, weit und leider getrennt.[17]

Der junge Mann sah sie an, leicht schiefgeneigten Kopfes mit sich weitenden Augen. Dann sagte er langsam und mit Nachdruck: Ob Hochseil oder Prinzessin Carla – bei beiden gehe es um dasselbe, *Erhöhung.* Hier liege der eigentliche Lebensantrieb, noch weit vor allen Müttern: Erhöhung, *unermeßliche Erhöhung.* Die Gräfin starrte ihn an, verblüfft, erschrocken. Jetzt – hier erst war ihre eigentliche Intimität berührt, so, daß es ihr peinlich war. Der junge Mann war ihr nähergekommen als selbst Klages – sie teilten ein Geheimnis, das sie verband. Dann sagte der junge Mann noch einmal, freundlich und ohne Spott: *unermeßliche Erhöhung.* Die Gräfin spürte, daß es jetzt an ihr war.

SIE: Die Götter haben mir doch Unendliches gegeben, vielleicht geben Sie mir noch einmal alles. Nur, daß ich jeden Tag von neuem all meine Kräfte zusammensammeln muß, ist der einzige dunkle Punkt. Ach, ich bin gelaufen, gelaufen, hingefallen, wieder aufgestanden, umgeworfen, wieder aufgesammelt, bis ich da angekommen bin, wo mein Ziel anfängt. Angst und Zweifel, Kräfteversagen und Müdigkeit. Aber immer dahinter das Gefühl, ich muß noch etwas Großes zusammenbringen, das verläßt mich nie.[18]

Er: Größe! Außerordentlichkeit! Das habe ich erwartet. Ich bin aber trotzdem enttäuscht. Angst, Zweifel, Kräfteversagen und Müdigkeit: Wie verträgt sich das mit dem starken Leben, das Sie führen? Was soll überhaupt das starke Leben?

Sie: Das starke Leben war meine einzige Lebensmöglichkeit. Es ist die Voraussetzung für die Erhöhung oder schon selbst die Erhöhung.

Er: Wie stellten Sie das fest? Wußten Sie das schon in Lübeck, wenn Sie durch die Breite Straße gingen oder so eilig in die Marienkirche?

Sie: Später erst, in Hamburg. Da wurde mir klar: Ich bin erblich belastet. Meine Nerven sind zerrüttet. Morgens lag ich mit nervösen Angstgefühlen und Einbildungen lange wach. Ich wußte, ich war immer krank und kann nicht gesund bleiben. Früher oder später wird es kommen, wenn ich nicht früh sterbe, so ende ich doch im Wahnsinn. Schließlich war die Entscheidung da: Entweder Krankheit und Auflösung von allem oder ein starkes Leben für mein Ziel, für das Fabelhafte, Große und Reiche. Die Entscheidung hieß München!

Er: Ausgerechnet – München?

Sie: München. Wie für Gretchen Raabe oder auch für Sie, Herr Mann. Dort gab es die Kunst, und das Große konnte mir nur über die Kunst kommen. Erst einmal aber kam das starke Leben – über die Liebe. Ich fand den Freund, wie Zarathustra ihn will: meinen Maler. Alles, was an Sinnlichkeit und Leidenschaft in mir ist, war wie im Sturm aufgewacht. Ihm danke ich, daß ich mein Selbst, meine Kraft wiedergefunden habe.[19]

Er: Soweit der Maler. Und die Malerei?

Sie: Ich kann bis heute nicht einmal Zypressen.[20]

Er: Und die Gesundheit?

SIE: Ich war bald wieder so elend, so kaputt, krank, und mir war, als ob alles aus wäre. Aber – das war nun anders als vorher. Es war trotzdem das neue Leben.[21] Sehen Sie: das fremde Kind in mir. Das ist eine Entdeckung, die ich vor dem Traualtar gemacht habe: Das fremde Kind, mein zweites Ich – es *spielt*. Mein Entschluß zur Ehe war nämlich *va banque*.

ER: Und Sie haben das Spiel nach einem Jahr verloren. Was sollte es überhaupt?

SIE: Eigentlich wollte ich mich unterbringen – mir »eine Verfassung geben« wäre wohl zu aristokratisch ausgedrückt in meinem Fall. Denn den Assessor Walter Lübke habe ich von Anfang an über mich getäuscht. Ich habe ihn wohl geliebt. Aber meine Sinne, meine Leidenschaften ihm gegenüber schwiegen. Liebe und Erotik gehen für mich so ganz auseinander. Mit der Erotik meinte ich nur den Münchener Maler.

ER: Soweit die Münchener Maler. Und Ihre Entdeckung, das fremde Kind?

SIE: Das war der eigentliche Gewinn. Bei der Trauung erschien es. Es war plötzlich da in mir und spürte eine Art Freude bei alledem, einen Stolz, so *va banque* zu spielen. So ganz allein und so ganz stark, die Kraft, die niemand ahnte, schwoll in mir empor. Fort comme la mort, jetzt für immer und nie mehr und nie wieder schwach. Die Stunde der großen Verachtung, in der alles brach, nur die Kraft nicht. Das fremde Kind ist mein zweites Ich.[22] Das ist mir seitdem geblieben – die Kraft für das starke Leben.

ER: Bei schwankender Gesundheit – ziemlich schwankend, vermutlich.

SIE: Zugegeben. Das geht aber nur mein erstes Ich an. Nietzsche sagt: »Abgesehen davon, daß ich ein décadent bin, bin ich auch sehr gesund.« Als décadent habe ich allerdings ewig Bronchitis und Magengeschichten.[23] Aber Papa Jensen hat auch ewig Bronchitis. Wie geht es übrigens Ihrem Magen?

Er: Nicht besser, wie Sie richtig vermuten. Einmal kehrt er sich mir aus Ehrgeiz um,[24] ein andermal aus schlechtem Gewissen – *vor* meinem Ehrgeiz, wenn ich zu sehr im Schlaraffenland gelebt habe.[25] Ich heirate nämlich ins Schlaraffenland.

Sie: Sie wollen sich eben gut unterbringen, wie damals ich beim Assessor Lübke. Im Schutz des Reichtums wollen Sie Ihre Bücher schreiben. Wenn Sie nicht doch krank werden, wie ich. Denn Ihr Glück machen Sie so nicht.

Er: »Jedes Tier, somit auch *la bête philosophe,* strebt instinktiv nach einem Optimum von günstigen Bedingungen, unter denen es seine Kraft ganz herauslassen kann und sein Maximum im Machtgefühl erreicht.«[26] Nietzsche – in der *Genealogie* natürlich.

Sie: Ein Lieblingszitat von Klages. Nietzsche fährt aber fort: »Es ist *nicht* sein Weg zum ›Glück‹, von dem ich rede, sondern sein Weg zur Macht, zur Tat, zum mächtigsten Tun ... Dergestalt perhorresziert der Philosoph (wir setzen hier dafür den Dichter) die *Ehe* samt dem, was zu ihr überreden möchte – die Ehe als Hindernis und Verhängnis auf seinem Wege zum Optimum.«

Er: Mein Optimum werden meine Romane sein. Die aber schreibe ich in der Tat besser im Schutze der Ehe denn als Außenseiter mit einem roten Schal um den Hals. Insofern werde ich auch »glücklich« sein. Ich werde mich dem Glück *unterziehen* aus einer Art Pflichtgefühl, einer Art von Moral. Ist es nicht dasselbe wie Jensens Beschränkung auf Marie und die Kinder? Er nennt es sein *enges* Glück. So will ich es auch – Glück als Disziplin und Veranstaltung: ein *strenges* Glück.[27]

Sie: Jensen hat aber gerade auf die Macht verzichtet und die Liebe gewählt. Das ist leichter. Nun denn: Sei glöcklich ...

Er: … du *fremdes* Kind! Danke. Sie sind die Richtige für diesen Wunsch. Wenn ich Nietzsches asketischer Priester bin, sind Sie die asketische Nonne.

Sie: Nur in der Auffassung von asketisch gibt es den kleinen Unterschied. Es ist der zwischen uns beiden. Ich will die Macht nicht und keine Leserherde für meine Romane. Wohl aber will ich die Erhöhung. Und finde ich sie nur in der Umarmung, im Rausch, so möge es sein. Bei Ihnen ist es dann …

Er: … verkehrt herum. Das nennt Nietzsche beim Künstler die notwendige »Falschheit seines innersten Daseins«[28]. In der *Genealogie* natürlich. Überhaupt merkwürdig: Wir halten uns an Nietzsches Bücher wie an Lebensanleitungen.

Sie: Weil wir unser Leben wie ein Buch führen. Wir schreiben es als Roman. Auf sein glückliches Ende!

Er: Daß wir glücklich durchhalten bis zum Ende!

Man sah einander lange an, ernsthaft belustigt. »Spielende Kinder«, sagte die Gräfin. *»Va banque«,* sagte der junge Mann. Sie lachten. Von oben rief Bubi, daß die Jensens zurückkehrten. Man sah zu, wie ihre Gestalten auf dem verschneiten Uferweg langsam herankamen.

Die Jensens waren guter Dinge. Sie hatten beim Oberst Reder Erinnerungen an alte Krokodilszeiten aufgewärmt. Damals war es wirklich noch um die Literatur gegangen, nicht nur um Verkaufszahlen und Feuilletonruhm. Ein Kritikerpapst wie Alfred Kerr, der von Dichtung keine Ahnung hatte, wäre unmöglich gewesen. Geibel hätte ihn gar nicht erst hochkommen lassen. Der Meinung waren auch die beiden Lübecker Romanciers. Sie mochten Kerr auch nicht. Marie trug ihre Bratäpfel auf, eine Art Generalprobe. Morgen kamen die Staufer-Enkel, die sich schon ein ganzes Jahr darauf freuten. Man vernahm, daß das Meininger Prinzenpaar noch an ein sechstes Kind dachte.[29] »Noblesse oblige«, sagte der junge Mann beeindruckt.

Später führte Bubi mit den Handpuppen der Jensenschen Enkel selbsterdachte Stücke auf. Jedes endigte mit der Polizei, eines mit: »Adieu, Herr Tod, adieu, Herr Gerichtsvollzieher.«[30] Alle lachten. Man kannte die ständige Finanzmisere der Gräfin, sie selbst spottete gern darüber. »Ich sollte *reich* heiraten«, sagte sie. Jensen schmunzelte. Auch der junge Mann stimmte ihr amüsiert zu. Es wurde noch ein schöner Abend.

Die Gräfin und Bubi, um 1903

Thomas Mann und Erika, um 1907

Full House

SANATORIUM

Das wirkliche Leben legte ein ziemliches Tempo vor. Im vorigen Frühjahr war die Hochzeit gewesen, dann Bezug der großen Wohnung in der Franz-Joseph-Straße, und im November kam das erste Kind – die Geburt war eine furchtbare, eine große Sache gewesen! Er hatte einen Begriff vom Leben gehabt und natürlich einen vom Tod, aber, was das war, die Geburt, das wußte er bis dahin noch nicht. Diese Erfahrung hatte ihn gewaltig durchgerüttelt. Zur Ablenkung war er bald auf Vortragstournee gegangen.

Und jetzt versuchte er es einmal mit einer Badereise. Aber, das Sanatorium zum »Weißen Hirschen« über Dresden war nicht vergleichbar! Kein Sanatorium würde je wieder so friedevoll und stärkend sein wie die »Villa Cristoforo« in Riva. Der Rückweg dorthin war ihm jedoch versperrt – er war kein alleinstehender Neurastheniker mehr. (Jetzt war er ein verheirateter.) Er sah hinüber zum Manuskript, das er auf dem Salontisch aufgeschlagen hatte. Seinen »Bienenstock« pflegte er es zu nennen[1]. Dieses Bild hatte er aus der *Genealogie.* Wie Nietzsche war er ein Flügeltier und Honigsammler des Geistes, nur für den Bienenstock da, nur um diesen Schatz zu mehren und für nichts anderes.[2] Flügeltier? Er mußte sich gestehen, daß er auf der Flucht war. Kaum hatte er in München ein paar Tage bei Weib und Kind vorgesprochen, flog er schon wieder aus. Selbst Heinrich hatte sich schon über die viele Reiserei mokiert.[3]

Was floh er? Die neue Wirklichkeit, die er sich eingebrockt hatte: Ehemann und nun auch Vater zu sein. Das ergab ein Gefühl von Unfreiheit, das in hypochondrischen Stunden sehr drückend wurde.[4] Dafür hatte er sich aber auch schon zu rächen versucht. Er hatte eine wunderbar schwüle Inzestgeschichte geschrieben und sie mitten ins Milieu der Schwiegereltern plaziert. Jedenfalls als Eltern waren die ja mit schuld an seiner Misere. Und vorsichtshalber hatte er sich just zur selben Zeit öffentlich gegen alle verwahrt, die sich in seinen Arbeiten wiedererkennen mußten: »Sagt nicht immer: Das bin ich, das ist jener. Es sind nur Äußerungen des Künstlers gelegentlich eurer. Stört nicht mit Klatsch und Schmähung seine Freiheit.«[5] Mochten sie nun zappeln! Jedoch hatte sein Schwiegervater durchaus nicht gezappelt. Kaum hatte Professor Pringsheim Sohn und Tochter in des Schwiegersohns literarischer Heimtücke wiedererkannt, dazu den eigenen Speisesaal samt Essensaufzug und sogar das Eisbärenfell, auf dem das Unsägliche geschah, da stand er schon in der Wohnung des Autors und störte ihm seine Künstlerfreiheit. Mit der Schirmkrücke klopfte er ihm auf den Schreibtisch, was er von seinem *Wälsungenblut* hielt. Thomas Mann hatte seine Inzestnovelle bei Fischer sofort zurückziehen müssen. Es war nichts mit der *Rache* des Künstlers an der Wirklichkeit. Es blieb nur die Flucht.

Aber sie führte nicht weit. Nun also saß er im Sanatorium »Weißer Hirsch« über Dresden und wartete vergeblich auf Frieden und Stärkung, wie sie in Riva doch die Regel gewesen waren. In Riva bei Dr. von Hartungen: Dorthin zu reisen, wäre zu offenkundig Fahnenflucht gewesen und verbot sich fortan.

Das Sanatorium des Dr. Christoph von Hartungen hatte Heinrich schon vor vielen Jahren entdeckt.[6] Es lag in Riva am Gardasee, einem Treffpunkt der Intellektuellen und des Adels. Auf die Gebrechen der Intellektuellen waren seine Anwendungen denn auch zugeschnitten: Man kurierte hier Neurasthenie und Diabetes mit »diätetischen«, »atmosphärischen« und »hydriatischen« Verfahren nach dem Wasserpfarrer Kneipp. Besonders hatte die Kur es auf das vegetative Nervensystem abgesehen. Heinrich hatte hier gelernt, auf sein Sonnengeflecht zu achten – das war die körperliche Mitte, von der alles Geistige und Seelische abhing. Wenn man auf diese Mitte richtig zuatmete, wurde alles gleich besser. Mehr Psychologie benötigte Heinrich nicht.

Von großer therapeutischer Wirksamkeit war der Sanatoriumsbesitzer und ärztliche Leiter selbst. Dr. von Hartungen war ein glänzender Gesellschafter aus Neigung und überdies ein Mann von tiefer Geistesbildung. Spinoza, Kant und Schopenhauer waren seine Autoren, und sie hatten ihn unabhängig und tolerant gemacht. In manchem stand er der Sozialdemokratie nahe. Der Medikamentenhörigkeit der Schulmedizin setzte er übrigens nicht nur Licht, Luft und Wasser entgegen, sondern auch das Gespräch mit seinen Patienten. Wenn seine Nervösen nach dem Baden, Duschen, Turnen und Tiefatmen sich in ihre kleinen Gartenpavillons aus Baumrinde zurückgezogen hatten, hofften sie auf seinen Besuch. Und er kam.

Es war erstaunlich, wie rasch man sich ihm öffnete. Bei seinem ersten Aufenthalt in der »Villa Christoforo« hatte Thomas Mann sich mit Nietzsche gewappnet und dozierte aus der *Genealogie* über die Ursachen seines Magenleidens: Das Brüten am Schreibtisch und Schopenhauers Metaphysik seien ihm einfach nach innen geschlagen, die typische Priester- und Dichterkrankheit. Ihm schmecke eben das Leben nicht, und deshalb habe er sich einen verdorbenen Magen und eine belegte Zunge angezüchtet.[7] Er hatte gemeint, mit solch tiefgründiger Psychologie das lästige Wassertreten und

Tiefatmen für unwirksam zu erklären und vermeiden zu können. Da aber griff sich Dr. von Hartungen das Buch, aus dem er zitierte, und las nun seinerseits vor: »Und darum gute Luft! gute Luft! und weg jedenfalls aus der Nähe von allen Irren- und Krankenhäusern der Kultur! Und darum gute Gesellschaft, *unsre* Gesellschaft!«[8] Man mußte sehr lachen. Nietzsche im Luftbad!

»Sie wollen Macht und eine Herde, junger Mann«, sagte Dr. von Hartungen schließlich. Er kenne das von sich, er habe sie ja auch gewollt. Nun kämen die Mühseligen und Beladenen aus aller Welt zu ihm – Neurastheniker, zu schwach, sich selbst Gesetze zu geben und sie zu halten, um sich von seiner Strenge stützen zu lassen. Eine hochkarätige Herde übrigens, die da in seiner Einfriedung weide. Er nannte Namen: Hermann Sudermann, Peter Rosegger, Franz von Defregger, Eugen d'Albert, Daniela Wagner und ein Dr. Rudolf Steiner. »Und Heinrich und Thomas Mann«, dachte Thomas Mann. Ihm fiel ein solches Herdenfoto ein, das Heinrich ihm gezeigt hatte. Es war bei einem Bergausflug der Kurgäste aufgenommen, und Heinrich stand tatsächlich neben einer Ziege, die gleichberechtigt ihren Kopf ins Bild hielt.[9]

»Sie wollen Macht und eine Herde«, wiederholte Dr. von Hartungen, »und dazu brauchen Sie Kraft. Ihren kranken Magen werden Sie behalten, er ist eine Voraussetzung. Aber, Sie können hier lernen, ihn zu ertragen. Dazu brauchen Sie Diät, Wasser und gute Luft. Kommen Sie jährlich auf diese grüne Aue, und es wird an nichts mangeln.« Thomas Mann war nach diesem Gespräch so mit Wärme, Stärke und Zuversicht erfüllt wie seit langem nicht. Nicht viel hätte gefehlt und er hätte in seiner schlichten Kammer zum Dank ein wenig geblökt.

Dr. von Hartungen sah es nicht gern, wenn seine Nervösen während der Kur einer anstrengenden geistigen Tätigkeit nachgingen. Bei Heinrich allerdings hatte er mit den Jahren eine Ausnahme zugelassen. Ihn überzeugte die Leichtigkeit, mit der dieser seine Romane hinlegte – problematisch schien eher jener Teil des Tages, an dem er nicht schrieb. In Riva waren einige der wichtigsten Bücher Heinrichs entstanden, denen man ihren Entstehungsort nun keineswegs ansah – im Gegenteil. Mit leichtem Schaudern bedachte Thomas Mann, daß in seiner Borkenhütte auch Heinrich einst gesessen und am heißen, leidenschaftlichen Leben der Violante von Assy gedichtet hatte. Das war jeden Nachmittag geschehen, nach dem morgendlichen Baden, Duschen, Turnen und Tiefatmen und der anschließenden Mittagsruhe. Aus dem Fenster hatte sich ein freizügiger Blick auf das Licht-Luft-Bad für Damen ergeben, und Heinrich hatte dort besonders die üppige Malerin Baronin Reusch ins Auge gefaßt, die sich hier in einem legeren Russenkittel erging. Ihr Anteil an seinen Phantasien über das Liebesleben der Herzogin von Assy war offenbar nicht gering gewesen – die Sanatoriumsvariante vom *Eros der Ferne.*

Thomas Mann allerdings schrieb hier kühlere Stücke, zu denen er des Fensterblicks nicht bedurfte – *Tonio Kröger* war darunter mit seiner gewissenhaften Absage an den Süden. So ganz in Ordnung sei das nun auch nicht, scherzte Jensen, der auf der Durchreise nach Florenz einsah – hier im wunderbaren Südtiroler Herbst so hochmoralisch ein zugiges dänisches Seebad zu preisen. Ob *er* denn die Seemannsabenteuer von *Luv und Lee* am Nordseestrand verfaßt habe, fragte ihn Thomas Mann. Jensen verwies auf seine in Kiel erworbene Küsten-Bronchitis, die ihn schließlich im Süden festgehalten habe. Man lachte, und Dr. von Hartungen empfahl auch Jensen regelmäßiges Tautreten und Tiefatmen.

Er und Dr. von Hartungen verstanden sich übrigens auf Anhieb. Erheitert parierte Jensen die Versuche des Arztes, mit Einfühlung und Wienerischer Liebenswürdigkeit auf ihn überzugreifen – und gab dann überraschend nach. Hartungen hatte Carla Mann erwähnt. Die schöne junge Schauspielerin hatte zusammen mit dem Bruder Heinrich hier gekurt.[10] Die beiden verbinde offenbar ein sehr inniges Verhältnis. Jensen sah nachdenklich zum Licht-Luft-Bad für Damen hinüber und fing dann noch einmal von seiner Bronchitis an. Er erklärte dem gespannt zuhörenden Arzt den Zusammenhang von Bronchialkatarrh, Ewiger Wiederkunft und seiner Liebe zu einer Schwester, die er nie gehabt habe – wie Maike immer wiederkehre, wie ihm das dann in die Feder fahre und sofort eine Novelle ergebe. Seitdem er sich in diesem Punkt nicht mehr sträube, schweige der Husten und tropfe die Nase nicht mehr – Tautreten und Tiefatmen in allen Ehren. Dr. von Hartungen gab ihm durchaus recht. Dies sei der Königsweg zur Bronchitis, den Jensen da genommen habe – Psychoanalyse sei das. Er habe bereits beschlossen, in seinem Sanatorium eine Abteilung für Seelenzergliederung zu eröffnen, das sei schon ziemlich in Mode. Da könne dann mancher in Riva einer längst vergessenen Schwester wieder begegnen.

Im Frühjahr vor seiner Verlobung war Thomas Mann das letzte Mal in Riva gewesen. Nun blieb die »Villa Christoforo« Heinrich vorbehalten. Und Orte wie der »Weiße Hirsch« waren kein Ersatz. Allerdings kündigte sich ein kleiner Trost an: das Häuschen.

HÄUSCHEN

Das Häuschen war ein Wunschtraum, der noch aus seinem ersten Jahr in München stammte. Als Gasthörer hatte er einige Kollegs an der Technischen Universität belegt, und bei Wilhelm von Hertz hatte er damals gelernt, was man zum Lebensglück brauchte: Fleiß, die Kunst, den persönlichen

Adel – und ein Landhaus. Hertz, aus einfachen Verhältnissen stammend, war 1858 nach München gekommen, um hier Karriere zu machen, was ihm erstaunlich gut gelang. 1894, als er dienstags und donnerstags von vier bis fünf über »Höfische Dichtung« las, war er ordentlicher Professor, Akademiemitglied, trug den Maximiliansorden, und seine Erhebung in den persönlichen Adel stand bevor. Klaräugig, weltfroh, schwungreich und maßvoll stand er auf dem Katheder und hatte einmal, danach befragt, öffentlich geäußert, daß er ohne Abstriche *glücklich* sei. Offenbar mußte man dazu so klaräugig sein und wohl auch so gewinnend.

Der junge Mann hatte damals bei Hertz viel mitgeschrieben. Hier konnte er vielleicht auch etwas fürs Leben lernen – über natürlichen Adel beispielsweise und wie der sich immer durchsetzen würde. Das ließ sich gut an Hartmann von Aues Gregorius erkennen. Der war das Sündenkind zweier vornehmer Geschwister und mußte bei Fischern verborgen werden, die von seiner Herkunft nichts wußten. Doch sein natürlicher Adel setzte sich durch. Er gedieh wunderbar an Leib und Seele. *»Da sagen die Leute, nie sei eines Fischers Sohn so begabt gewesen.«* Den Satz hatte er sich damals im Kollegheft unterstrichen.[11] Die Erwähltheit zeigte sich eben schon früh, schrecklich früh. Man hatte ein Zeichen an der Stirn. Aber man hatte noch kein Landhaus. Professor von Hertz da oben ließ ja keinen Zweifel, daß zu natürlichem Adel auch ein Landhaus gehörte. Ein Landhaus zu besitzen, war nämlich seit einigen Jahren in München Ausweis für besondere Erwähltheit. *Procul negotiis* – wer über die Mittel dazu verfügte unter den Münchener Malern und Dichtern, zog hinaus in die Natur, an die Seen oder ins Gebirge. Ein Bewunderer seiner Nachdichtungen mittelalterlicher Epik hatte dem Professor von Hertz denn auch eine Landvilla geschenkt, am Starnberger See. Dort traten frühmorgens die Hirsche aus dem Wald.[12]

Es war merkwürdig – aber seitdem verfolgte der junge Mann nicht nur genau, wer von den Münchener Künstlern gerade geadelt worden war (Friedrich von Thiersch: 1897, Albert von Keller: 1898, Gabriel von Seidl: 1900, Gabriel von Max: 1900, Franz von Stuck: 1906, Heinrich von Zügel: 1907, Alfred von Heymel: 1907), sondern auch, wer sich ein Landhaus angeschafft hatte (Ganghofer am Wetterstein: 1897, Heyse am Gardasee: 1899, Franz von Stuck in Traunstein: 1902, Ricarda Huch in Grünwald: 1907). Man ließ sich Briefpapier drucken mit dem Bild des Landhauses im Kopf, darunter Name und Ort, aber nicht die Straße (»das weiß im Ort jeder«), etwa: Seepanorama, Pinie, römische Villa, darunter *Dr. Paul Heyse, Villa Annina, Gardone.* Das Vorbild dieser Villenmode war zweifellos die »Villa Carlotta« des Herzogs von Sachsen-Meiningen am Comer See, doch dergleichen war auch in den zügellosesten Träumen nicht erreichbar.

Die Jensens hatten sich ihr Landhaus übrigens nicht in den Briefkopf gesetzt, es war dazu wohl auch zu bescheiden (13 x 11,5 m). Auch waren sie viel zuwenig auf Repräsentation aus. Habe denn Wilhelm Raabe ein Landhaus, der es doch gewiß verdiene? fragte Jensen. Er wohne in einem Mietshaus parterre, und abends gehe er in Herbsts Weinstube. Marie mißbilligte allmählich Thomas Manns Repräsentationswünsche und mahnte an, daß das wahre Glück um eine andere Ecke böge. Auf dem Neujahrsempfang auf 1908 hatte sie dann ihre Gereiztheit nicht unterdrücken können. Die Jensens waren auf ihrem Weg zu »Ernsts«, der Familie ihres prinzlichen Schwiegersohns, rasch in die Franz-Joseph-Straße zur Gratulation vorbeigekommen. Sie kamen gerade zurecht, um Thomas Mann, noch erfüllt vom Erfolg seines Florenz-Dramas, wieder einmal vor seinen Gästen mit nur wenig Selbstironie von seinem »Rang« und einem gewissen »prinzlichen Empfinden« plaudern zu hören.[13] Vielleicht trage ihm übrigens *Königliche Hoheit,* der neue

Roman, an dem er schrieb, nun auch ein Landhaus ein. Da zog Marie, der solche Gesten eigentlich völlig fremd waren, einen Brief heraus, den sie am Morgen an Raabe geschrieben hatte, und las daraus vor. Es seien ihre Neujahrsgedanken, die Raabes und die Jensens betreffend:

Wir brauchen weder der Welt noch irgend jemand Dank dafür zu sagen, daß unser Leben doch, trotz allem, trotz dem Kampf um den täglichen Groschen, reich an Glück, Schönheit und Behagen war. Diejenigen unter den heutigen Dichtern und Schriftstellern, die vermöge der großen Honorare, die sie beziehen, prächtige Villen besitzen und im üppigsten Luxus leben, *sitzen doch die meiste Zeit in Sanatorien, sind immer schwer leidend und tief verstimmt.*[14]

Das letztere hatte sie mit erhobener Stimme gelesen. Jeder wußte, wer gemeint war. Man lachte nur höflich und dünn, als Jensen, um dem Angriff die Spitze zu nehmen, seinen Freund Heyse zu verteidigen begann, als sei der gemeint: Dessen üppiger Lebensabend sei doch wohlverdient. Marie ließ die Ablenkung denn auch nicht zu: Heyse? Der habe nie ein Sanatorium nötig gehabt. Sie meine schon notorische Sanatoriumskunden.

Ein Eklat wurde mit knapper Not vermieden. Das war vor allem Frau Pringsheim zu danken, die die Rede auf die gleichfalls überhöhten Honorare für Schauspieler brachte. Die Meininger beispielsweise könnten sich heute Kainz als Romeo gar nicht mehr leisten. Auch die damaligen Julias seien heute unbezahlbar, ergänzte Jensen. Die seien heute ausnahmslos »*reiche* Damen«, beim Propheten! Damit hatte er launig Frau Professor Pringsheims Schwiegersohn zitiert. Da alles lachte, lachte der auch.

Die Sache hatte noch ein Nachspiel. Tatsächlich baute sich Thomas Mann ab Herbst 1908 sein Landhaus, zum nächsten Sommer sollte es fertig sein. In der Tölzer Heißstraße hatte man eine Grundstücksokkasion machen können, Gabriel von Seidl (geadelt 1900) hatte sie vermittelt. Allerdings konnte man sich ihn als Architekten denn doch nicht leisten. Er empfahl seinen Neffen Hugo Roeckl, der den Bau dann in seinem Geiste aufführte. Und im Geiste des Bauherrn natürlich. Einiges Geld war ja da, die *Buddenbrooks* hatten doch viel erbracht, dazu gab es einen Vorschuß auf *Königliche Hoheit* und von der Bank einen Kredit. Der Bau wuchs – und unter der Hand wuchs er sich aus. Eine gewisse Beklommenheit darüber beschwichtigte der Bauherr mit einem hanseatischen *understatement*: Wie die Jensens vom »Häusle« sprach er von seinem »Häuschen«. Etwa: »Wir haben uns in Tölz ein Häuschen gebaut, das zum Juli fertig werden soll.«[15] Oder: »*Tölz*, dessen Luft uns so wohlthat, daß wir uns dort angekauft haben und uns ein Häuschen mit Blick auf den Ort, die Isar und das Gebirge bauen lassen.«[16] Marie war von dieser neuen Bescheidenheit so angetan, daß sie Jensen im Juli zu einem Ausflug nach Tölz überredete, um das Häuschen zu besichtigen. In der Heißstraße stand man dann vor einer dreistöckigen Riesenvilla. Sie war bereits teilweise bewohnt, denn die beiden Hausmädchen und das Kinderfräulein hatten ihre Zimmer schon bezogen. In dem sehr großen Garten tobte ein Schäferhund. Ein Gärtner beschnitt die Rosen. Das war das Häuschen. Marie lachte als erste.

Sie gab es dann auf. Hier war um der Freundschaft willen Nachsicht geboten. Allerdings untersagte sie in einem Brief von humorvoller Strenge Thomas Mann die Verwendung des Diminutivs in »Häuschen«. Der komme von »Häusle«, und darauf hätten Jensens die Rechte. Thomas Mann gehorchte und nannte sein Landhaus seitdem anders: »Herrensitzchen«[17].

Natürlich war die Angelegenheit ihm peinlich. Marie Jensen war eine kluge, großzügige Frau, vor der man nicht gern als ein Snob dastand. Doch, konnte er ihr im Ernst seinen Prinzentraum erklären? Das machte die Sache dann wohl kaum besser. Konnte er ihr denn obendrein erklären, daß solche Träume auch nur dann richtig funktionierten, wenn sie jedenfalls stellenweise solide in der Wirklichkeit verankert waren? Luftschlösser dieser Art, die man auch wirklich zu bewohnen gedachte, brauchten allerdings reale Fundamente. Er wußte das, und deshalb war er so hartnäckig bestrebt, die Bedürfnisse des Prinzen Karl auch in der Wirklichkeit unterzubringen – die Literatur hing davon ab. Die Grimmburg in seinem Fürstenroman hatte eben das reale dreistöckige Tölzer Herrensitzchen zur Voraussetzung. Nur weil er so hartnäckig war, konnte er nun im Sommer 1909 in *beide* zugleich einziehen: Als das Tölzhaus fertig war, kam gleichzeitig auch *Königliche Hoheit* heraus.

Man beschloß im Familienkreis, beides zusammen zu feiern, und lud im August ein zu einer kleinen *Gartenparty*, wie sie die amerikanische Frau Franz von Stucks in München eingeführt hatte. Thomas Mann hatte nur Personen gebeten, die mit dem Anlaß der Feier in Verbindung standen. Jensens hatten natürlich eine Einladung erhalten (»Bezug meines Landhauses«). Sie brachten Gretchen Raabe mit, die sich in München von der Pflege ihres schwerkranken Vaters erholte. Gretchen erschien im Hosenrock und in Begleitung einer russischen Malerin. Roeckl, der Architekt, war da und bezeichnete das Tölzhaus aufgeräumt als bedeutenden Schritt auf seinem eigenen Weg zur Nobilitierung. Er stand zusammen mit dem Dr. von Schrenck-Notzing und seiner schönen (und *reichen*) Frau. Schrenck, der sich übrigens selber in der Max-Josef-Straße von Gabriel von Seidl ein Palais hatte bauen lassen, plante nun auch ein Landhaus – mit Laboratorium für seine Geisterexperimente. Fast alle neuen Nachbarn aus der Tölzer Villen- und Landhauskolonie waren gekommen – man war ja nicht völlig allein hier draußen. Der Zwickerbauer und seine Frau vom angrenzenden Hof dagegen sollten die ländliche Abgeschiedenheit bekräftigen. Die Zwickers klagten allerdings vornehmlich, daß die Automobile der Landhausbesitzer zunähmen und das Wild verscheuchten.

Die Sensation des Abends war fraglos das Erscheinen der Sachsen-Meininger Fürstenfamilie. Die Jensens, die ihren Schwiegersohn eingespannt hatten, und Frau Pringsheim, die ihre alte Freundin Frau von Heldburg bedrängte, hatten sogar das Erscheinen von Herzog Georg bewirkt. Allerdings enttäuschten schon Prinz Ernst und das schöne Käthchen die Erwartungen des Zwickerbauern und wohl auch einiger anderer. Sie kamen mit dem Fahrrad und fuhren vergnügt klingelnd am Lohndiener vorbei in die Einfahrt. War es da noch überraschend, daß Herzog Georg und seine Gemahlin samt Hofstaat mit dem Zug gekommen waren und am alten Bahnhof die Mietdroschke genommen hatten? Wenn schon nicht vom Fürsten, so hätte man sich doch vom Sachsen-Meininger Theaterprinzipal mehr Sinn fürs Repräsentieren erwartet. Der Hofstaat bestand übrigens nur aus der weiterhin unverheirateten Prinzessin Marie und ihrem Fräulein von Gagern.

Beim Eintritt ins Haus erhielt jeder Gast ein signiertes Exemplar von *Königliche Hoheit.* Aber natürlich hatten alle den Roman schon gelesen, der Zwickerbauer und die neuen Nachbarn ausgenommen. Er war denn auch das Gesprächsthema des Abends, und sein Verfasser ging mit hochgeschärften Ohren von Gruppe zu Gruppe. Wenn er nachfragte, hörte er nur Lob und glaubte es aufs Wort. Trat er aber unbemerkt herzu, hörte er noch anderes – dies vor allem vom alten Herzog. Der hatte beim Lesen sehr wohl gemerkt, daß sich der Roman von den Verhältnissen der Sachsen-Meininger hatte inspirieren lassen. Alles hatte ihm dabei nicht gefallen. Er zog den Autor zum Gespräch in eine Ecke.

Was ihm nicht gefallen hatte, war die Sache mit der Abdankung des Kronprinzen. Das sei, pardon, eine richtige Literatenerfindung. Er habe da seine Erfahrungen. Ob Herr Thomas Mann den Literaten Richard Voß kenne und seinen Roman *Ein Königsdrama. Roman aus einem deutschen Herrscherhause.* Nein? Nein –? Nun, Herr Voß, ein blutarmer und neurasthenischer Mensch übrigens, den er viel gefördert habe, hatte 1903 in seinem Roman ein reales Vorkommnis im Hause Sachsen-Meiningen aufgegriffen: Damals hatte Prinz Ernst in der Tat öffentlich Unlust geäußert, die Thronfolge anzutreten – er hatte für sich und seine Frau ein Atelier einrichten lassen und wollte nur noch malen. Auf dringenden Vorhalt des Vaters hin hatte er sich jedoch rasch wieder auf seine Fürstenpflichten besonnen. Der Literat Voß aber habe das nicht zur Kenntnis genommen, sondern einen Roman geschrieben. Ob sich Herr Mann jetzt nicht erinnere – man kenne einander doch bei gleicher Profession – ? Jedenfalls habe Herr Voß eine hochdegenerierte deutsche Fürstenfamilie geschildert, von der sich der Thronfolger dann aus lauter Neurasthenie erschossen habe. (Für diesen habe ihm Bernhard Albrecht, Erbprinz von Sachsen-Meiningen, der natürlich noch lebe, das Modell abgegeben.) Der nächste, des Hauses Letzter (das sei Prinz Ernst von Sachsen-Meiningen), trete dann auch zurück, »morsch« – wie es wörtlich bei Voß heiße – und also neurasthenisch. Mit Herrn Voß sei daraufhin sofort jeder Verkehr abgebrochen worden.[18]

Und nun finde man die ganze üble Nachrede in *Königliche Hoheit* wieder – wenn auch nicht in bösartiger Absicht.

Prinz Klaus Heinrich trete ja auch pflichtgemäß die Erbfolge statt seines Bruders Albrecht an, so morsch sei der ja nicht. Was Herrn Mann denn aber so daran gereizt habe, die Sachsen-Meininger gewissermaßen zu plagiieren? Es war die Idee der Abdankung gewesen. Thomas Mann erklärte sie dem Herzog. Abdankung war mehr, als daß einer seinen Platz für einen Besseren räumte. Es hatte viel auf sich damit, im Grunde war Abdankung ein *Mysterium.* Der Herzog verlor allmählich seinen Unmut. Er war selbst Künstler. Man schied am Ende versöhnt und in gegenseitigem Respekt.

Den Mittelpunkt einer anderen Gesprächsgruppe bildete Geheimrat Pringsheim, der den neuen Nachbarn gerade den Begriff »Schlüsselroman« erklärte. Hier ging der Autor rasch vorbei.

Am Kamin saßen Freifrau von Heldburg und Frau Pringsheim, das schöne Käthchen und Frau Katja, welche den kleinen Gottfried auf dem Schoß trug. Die beiden ehemaligen Schauspielerinnen amüsierten sich. Der Verfasser von *Königliche Hoheit* hatte so angelegentlich geschildert, wie des Prinzen Onkel Lambert sich durch eine Mésalliance um Rang und Vermögen gebracht habe. Nichts war ihm geblieben als – Frau von Heldburg zitierte wörtlich und dramatisch »mit Stütze« – eben eine »Gemahlin, die ehemals ihre Pas auf der Bühne des Hoftheaters vollführt hatte und, nach dem Namen eines Gutes, das der Prinz besaß, den Titel einer Freifrau von Rohrdorf führte«. Freifrau von Heldburg (geborene Franz) lachte und sagte, das gehe auf sie. »Irrtum«, sagte das schöne Käthchen, Freifrau von Saalfeld (geborene Jensen), sie sei gemeint. Aber sie kenne doch ihren Schwiegersohn, sagte die *reiche* und schöne Frau Pringsheim – mit dieser Sottise ziele er doch wieder einmal auf sie. Alles lachte. Von diesen Damen nahm keine übel – dazu fühlten sie sich zu wohl. Frau Katja aber sah aus dem Fenster, und der kleine Gottfried krähte vergnügt.

Später begab sich Unvorhergesehenes. Als der Autor des zu feiernden Romans in die Diele trat, das Glöckchen schwang und zu einer Lesung einlud, entstand ein Irrtum. Einige von den neuen Nachbarn, mit dem Namen Thomas Manns weniger bekannt als mit dem Jensens, erwarteten als selbstverständlich, daß dieser nun aus seinem neuen dreibändigen *König Friedrich*[19] vortrage. Vermutlich waren sie der Ansicht, mit *Königliche Hoheit* sei immer dieses Werk gemeint gewesen. In der Tat hatte Jensen mit seiner humorvoll und patriotisch gehaltenen Anekdote um den Alten Fritz schon einen beträchtlichen Erfolg in den Leihbibliotheken errungen. Der Irrtum war jedenfalls schicklicherweise nicht mehr aufzuklären, und so ergab es sich, daß man nun den höflich widerstrebenden Jensen ans Lesepult drängte. Der Hausherr sorgte sogar mit bitterem Lächeln für ein Leseexemplar aus seiner Bibliothek.

Nun gehörte Jensen zu jenen Autoren, die noch besser lesen, als sie schreiben. Seine Vortragskunst war berühmt. Auch jetzt hatte er alle Zuhörer bald in seinem Bann. Zu Beginn las er die Episode, wie der Oberst von Quade in der Schlacht für König und Vaterland seinen linken Arm hergeben muß und sich seitdem als Krüppel fühlt. Zu nichts mehr nütze, will er abdanken und reicht sein Abschiedsgesuch ein. Da tritt ihm eine junge schöne Frau zur Seite und wird ihm fortan nach Kräften den verlorenen linken Arm zu ersetzen suchen. – Die Kenner von *Königliche Hoheit* sahen sich verblüfft an. Das Motiv kannten sie doch? Jensen, der ihre Irritation erriet, unterbrach sich und sagte lächelnd, der Motivschatz der Literatur gehöre allen – Früheren und Späteren. Dann las er mit Wärme eine merkwürdige Liebesepisode. Sie handelte zwischen Bruder und Schwester und hielt an der Grenze des Erlaubten. Sie schloß: »Dettmar Kampen wußte nicht, was ihm geschehen sei; eine Strecke mit geschlossenen Augen reitend, spürte er noch die warmen Lippen seiner Schwester auf den seinigen. Ihr Kuß hatte ihm Liebe bezeugt, die einzige, die es für ihn auf der Welt gab.«[20] Jensen ließ die Worte ausschwingen und klappte das Buch zu. Die ergriffenen Zuhörer faßten sich erst spät zu heftigem Beifall, an dem sich auch der Verfasser von *Königliche Hoheit* beteiligte. Dann fragte Geheimrat Pringsheim etwas scharf, ob Jensen das Motiv der Geschwisterliebe etwa von Wagner habe. Jensen erwiderte freundlich, er sei von selbst darauf gekommen.

Zum späten Abend gab es noch einmal Aufregung. Die Gräfin kam doch noch, und zwar in Begleitung. Thomas Mann hatte sie eingeladen, weil sie seit jenem Gespräch in Prien nach seinem Gefühl »dazugehörte«. Sie als einzige kannte das Spiel, das er spielte. Ihr brauchte man den Prinzentraum nicht mehr zu erklären. »Ein schönes Schloß«, sagte sie zur Begrüßung. »Va banque«, sagte er leise. Sie stellte den Umstehenden Dr. Groß vor, der gerade wieder in München war und bei ihr wohnte. Er machte einen etwas gehetzten Eindruck.

Die Gräfin sah blendend aus. Sie trug eine ungewohnt elegante Robe (seit kurzem kam der endlich erhörte Schrenck-Notzing für ihre Garderobe auf), die in Verbindung mit ihrem Titel den neuen Nachbarn viel Eindruck machte. Die Sachsen-Meininger verhielten sich dagegen reserviert. Georg, der »Bürgerfürst«, hatte bei aller Theaterpassion eine bürgerliche Moral. Auch Prinz Ernst, obwohl selber Künstler, mochte durchaus nicht jeden Schwabinger – Wedekind beispielsweise erregte seinen besonderen Abscheu.[21] Man begrüßte die Gräfin kühl, Prinzessin Marie nahm sie gar nicht wahr. Jensen, den das ärgerte, trat hinzu und begann ein Gespräch über das Theater und sein weibliches Personal. Der Hausherr beteiligte sich und fragte die Gräfin nach ihren Eindrücken im Lübecker »Tivoli«. Sie waren stark, ja, bestimmend gewesen. Deshalb habe sie später auch Schauspielunterricht genommen und am Gärtnerplatztheater mit beträchtlichem Erfolg immer die Zofen gegeben, sagte die Gräfin. Freifrau von Heldburg sah sie gerührt an. Auch Herzog Georg schien jetzt einen guten Kern in ihr wahrzunehmen. Das schöne Käthchen zog sie schließlich zur Seite und fragte nach Bubi, über den die Gräfin nun Anmutiges zu berichten hatte. Käthchen erzählte darauf Heiteres von ihrem sechsten Kind, das sie im letzten Jahr geboren hatte.

Dr. Groß dagegen verlor den ganzen Abend nicht seine Düsterheit. Mit den Sachsen-Meiningern wechselte er kein Wort, denn seit einiger Zeit war er Anarchist. Dem Hausherrn bestellte er Grüße der Herren Seif und Hattingberg, die dabei waren, die Psychoanalyse in München einzuführen. Er selbst sei über dieses bürgerliche Stadium allerdings hinaus. Er werde jetzt versuchen, in Ascona eine völlig neue Gesellschaftsform auf psychoanalytischer Grundlage zu erproben. Daraus könne sich dann das Paradies entwickeln. Einstweilen aber hatte er andere Sorgen. Er stand in Konflikt mit der Polizei wegen des Vorwurfs der Kurpfuscherei. Eine seiner Patientinnen hatte sich umgebracht – nicht ohne seine Billigung, wie er zugab. Dr. Groß war sehr rigide geworden in den letzten Jahren. Wie immer aber war er recht anregend. Bald fand sich Jensen mit ihm in einem intensiven Gespräch über Bachofens *Mutterrecht.* Dr. Groß kehrte dabei wieder den Feind des Patriarchats heraus – eine Haltung, die ihn auch mit Professor Freud in Wien hatte aneinandergeraten lassen. Jensen erinnerte daran, daß auch er eine Novelle namens *Mutterrecht* geschrieben habe – derlei lag eben in der Luft. Wie die Novelle denn noch ende, fragte Dr. Groß. Im »Schwarzen Adler« zu Oberbergen, sagte Jensen und erklärte es ihm. Da sah man Dr. Groß doch einmal heiter lächeln.

Schrenck-Notzings hatten im Laufe des Abends bei allen

wichtigen Gästen die Runde gemacht, denn sie waren gesellschaftlich sehr ehrgeizig. Alles beobachtete, wie Schrenck die Gräfin seiner Frau vorstellte: meine Übersetzerin.

Die Gäste verabschiedeten sich schließlich, ohne daß der Verfasser aus dem zu feiernden Roman gelesen hatte. Es war niemand mehr darauf verfallen, ihn zu bitten. Die Meininger fuhren davon, teils per Droschke, teils per Fahrrad. Jensens, die Gräfin und der umdüsterte Dr. Groß gingen zu Fuß zum Bahnhof. Ihnen folgten Gretchen Raabe, ihre russische Freundin und Architekt Roeckl, der beiden auf die charmante Münchener Art den Hof machte. Man sah, er übte für aussichtsreichere Fälle. Schrencks waren in einem großen Daimler davongefahren, sie beteiligten sich neuerdings auch an Automobilrennen. Gabriele von Schrenck-Notzing galt als die reichste Erbin Württembergs. Das Coupé der Pringsheims hielt zuletzt vorm Haus. Der Verfasser geleitete seine Schwiegereltern zum Schlag. Er habe für die unverhoffte Bekanntschaft mit Jensens Roman zu danken, sagte Geheimrat Pringsheim zum Abschied. Der Alte Fritz sei doch immer ein lohnendes Thema. Er wundere sich nur, daß der Verfasser von *Königliche Hoheit* es bisher ausgelassen habe.

Der Verfasser stand noch lange im Portal und sah ihnen nach: Prinz Karl vor seinem Herrensitzchen. Das war nun Wirklichkeit geworden. Aber für alle anderen blieb Prinz Karl weiterhin *incognito,* und das war unbefriedigend. So ging es auch mit der Grimmburg, dem Fürstenschloß in seinem Roman – auch da war er ja nun als Königliche Hoheit eingezogen, aber ebenfalls fast unbemerkt. Man hatte noch nicht richtig erfaßt, daß das Luftschloß Grimmburg ein ziemlich reales Symbol war – daß es in seinem Leben eine ganz konkrete Bedeutung hatte: Er spielte nicht mit dem Adel, er *war* adelig. An dem Tag, an dem die Welt das anerkannte, hatte er gewonnen.

Einige Tage nach der Tölzer Einweihungsfeier zog Dr. Groß zu den Jensens nach Prien. Marie hatte gemeint, er habe eine Woche in Ruhe und Sicherheit dringend nötig. Im übrigen wollte Jensen mit ihm über seine jüngsten Schreibpläne sprechen. Er bereitete nämlich endlich den Roman vor, mit dem er unter der Hand seine Autobiographie schreiben wollte. Es sei hoch an der Zeit, fand er, wenn noch etwas daraus werden sollte. Er war wieder ziemlich melancholisch in diesem Herbst 1909 – mit zweiundsiebzig hatte er auch ein Altersrecht dazu. Aus Braunschweig hatte dann Freund Raabe seinerseits Nachricht von einem schweren melancholischen Stoß gegeben – fünf Wochen vollständige Willenlosigkeit und unüberwindliche Schlafsucht.[22] Konnte ihm das nicht auch passieren? Jensen dachte daran, daß Raabe mit seiner Autobiographie nicht mehr zu Rande gekommen war – *Altershausen* würde nun mit Gewißheit nicht zu Ende geschrieben werden.

Dr. Groß beruhigte ihn. Jensen habe sein Unbewußtes immer besser behandelt als Raabe. Der habe viel zuviel verdrängen müssen – und als er sich das im Alter schließlich zugegeben habe, sei es zu spät gewesen. Da sei ihm sein Unbewußtes zwar in Person erschienen – doch als geistiger Krüppel. Oder was Ludchen Bock, der greise Knabe in *Altershausen,* denn sonst bedeuten solle? Jensen sei da doch meilenweit besser dran. Wenn er, Groß, sich recht entsinne, erscheine das Jensensche Unbewußte doch mit Vorliebe als junges Mädchen auf sommerheißer Heide, blond und mit reizvoller Art, den Fuß zu setzen. Daß ihm dabei Schwester und Geliebte durcheinandergerieten, störe ihn doch längst nicht mehr, wie man ja immer von neuem lesen könne. Sehr schön sei das damals in der *Gradiva* herausgekommen, die er, Groß, ja ein wenig mitberaten habe.

Marie lachte, sie dachte an den Professor Freud in Wien. Ob Groß dessen Schrift über die *Gradiva* kenne? Auch Groß mußte lachen. Tatsächlich hatte Freud alles Psychoanalytische, zu dem er damals geraten hatte, in der *Gradiva* original wiederentdeckt. Jensen berichtete von seinem Briefwechsel mit ihm und daß er ihm nicht alles über die Entstehung der Novelle mitgeteilt habe – schon gar nichts über Dr. Groß. Ein deutscher Dichter sei professionell gehalten, sich mit seinem Unbewußten zu zieren. Im übrigen habe sich dies Unbewußte bei der *Gradiva* ja auch wirklich sehr ins Zeug gelegt. Das habe er auch Dr. Jung von der Zürcher Nervenklinik geschrieben, der ihm einige unverständliche Fragen über den Kanarienvogel gestellt habe. *Dr. Jung?* Otto Groß verdüsterte sich. Er hackte mit seinem Vogelkopf mehrfach scharf in die Luft. Auf diesen Namen hätte er hier eigentlich nicht stoßen wollen, den hätte er gerne für immer verdrängt. Jensen riet ab, das mache krank. Groß möge doch erzählen – jedenfalls, was Dr. Jung mit der *Gradiva* zu tun habe.

Warum eigentlich auch nicht? Dr. Groß rückte seinen Gartenstuhl in die Herbstsonne, ließ sich von Marie die Kaffeetasse füllen und aß rasch noch ein Stück Stachelbeertorte. Dann berichtete er Erstaunliches. Es stellte sich heraus, daß er im Vorjahr wieder eine Entziehungskur vom Kokain gemacht hatte, im Burghölzli-Spital in Zürich. (Vor genau dreißig Jahren war dort Leuthold gestorben – Jensen gedachte seines gellenden Schreis, als ihn die Wärter packten.) Professor Freud habe ihn dort eingewiesen, und behandelt habe ihn der Doktor Carl Gustav Jung.[23] Der habe die Psychoanalyse bei ihm durchgeführt, und das sei für sie beide sehr unangenehm ausgegangen. Groß wollte sich dazu nicht weiter äußern. Doch die *Gradiva* hatte dabei eine gewisse Rolle gespielt, und davon wollte er gern erzählen:

Zwischen Zürich und Wien geht im Mai 1907 bereits seit

einem Jahr ein intensiver Briefwechsel. Professor Sigmund Freud setzt sich hier mit einem etwas zögerlichen Sympathisanten der Psychoanalyse auseinander, den er – seine hervorragenden Qualitäten als Psychiater hat er rasch erkannt – als Mitstreiter gewinnen möchte. Der Oberarzt am Burghölzli, Carl Gustav Jung, wird denn auch bald zu einem wichtigen Gefolgsmann der neuen Seelenlehre. Doch er hat Vorbehalte. Mit der umfassenden Geltung der Sexualtheorie kann er sich nicht anfreunden und deshalb auch nicht mit dem Verdrängungskonzept Freuds. Der umwirbt ihn und versucht, ihn zu überzeugen. Doch es ist kaum ein Jahr dieser Korrespondenz vergangen, da beziehen die beiden schon unversöhnliche Grundpositionen – sie wissen es nur noch nicht. Das geschieht anläßlich der ersten tiefenpsychologischen Literaturanalyse, die Sigmund Freud durchgeführt hat. Er hat sie während der Sommerferien 1906 geschrieben, vielleicht, um Jung eine Freude zu machen[24] – jedenfalls aber, um »die Literatur« zum Bündnispartner für die Neurosentheorie zu gewinnen.

Gegenstand seiner Analyse war Jensens *Gradiva.* Freuds Verbindung zu Jensen war ja seit ihrer Begegnung in du Prels »Gesellschaft« nie ganz abgerissen.[25] Zwar hatte man das Interesse fürs Geistersehen beiderseits aufgegeben. Auch blieb der Verkehrston immer förmlich: »Hochgeehrter Herr«. Doch man schickte einander gelegentlich das aus der eigenen Produktion, was man für »passend« erachtete, und manch feine Anspielung auf die tieferen Ursachen von Bronchitis und Nasalreflexneurose wurde in die Buchwidmungen geschmuggelt. Natürlich übersandte Jensen im Sommer 1903 die *Gradiva,* und er war enttäuscht, als er aus Wien nichts darüber hörte. Freud hatte nur oberflächlich gelesen. Im Frühjahr 1906 jedoch beschäftigte er sich mit Jungs Doktorarbeit über okkulte Phänomene[26]. Gerührt stieß er hier auf du Prels Lieblingsmedium, die Seherin von

Prevorst, spürte aber auch zwischen den Zeilen eine bedenkliche Sympathie des Autors für seinen Gegenstand. Er beschloß eine didaktische Maßnahme, zu der ihm Jensens *Gradiva* ganz besonders tauglich schien. Darin hielt ein junger Mann, der die Liebe zu seiner Jugendfreundin *verdrängt* hatte, die ihm unversehens erscheinende Geliebte für den Geist einer Toten. (Hier steckten offenbar Jensens Sympathiereste für den Spiritismus.) Er ging mit ihr ernsthaft um, als sei sie ein Schatten aus der Unterwelt – dieser Wahn hatte sich als Folge der Libido-Verdrängung eingestellt. Als sich der junge Mann jedoch zu seiner Liebe bekannte, schwand der Wahn sofort, und er nahm die geliebte Frau wahr als in Fleisch und Blut lebendig. Gab es einen besseren Beweis für die Sexualtheorie? Eine schlagendere Widerlegung des Okkultismus? Freud setzte sich in den großen Ferien hin und schrieb eine psychoanalytische Interpretation von Jensens Geschichte. Wie er sie verstand, hieß ihr Thema »die Wiederkehr des Verdrängten«.

Freuds Abhandlung *Der Wahn und die Träume in W. Jensens »Gradiva«* erscheint dann im Mai 1907. Dr. Jung ist begeistert. Er lobt die Klarheit der Ausführungen und stimmt ihnen völlig zu – oder doch: stimmt *beinahe* völlig zu. Er nörgelt nämlich an der Verdrängung herum, sie komme nicht deutlich heraus. »Warum ist der Komplex … verdrängt? Warum läßt er sich durch den Gesang des Kanarienvogels und sonstige Wahrnehmungen nicht einfach auf die richtige Spur führen?«[27] Hier meldet sich Jungs grundsätzliche Skepsis gegenüber dem Verdrängungskonzept. Freuds Sexualtheorie ist ihm gewissermaßen zu geschlechtlich. Das wird noch deutlicher, als die beiden Tiefenpsychologen sich das Vogel-Motiv in der *Gradiva* vornehmen. Man tauscht einen Augurenblick. Jung schreibt: »Die Rolle des Vogels ist ebenfalls belustigend. Sie sind jedenfalls aus Verständlichkeitsgründen in der Richtung dieses Symbols nicht weitergegangen«.[28] Jung meint natürlich die Sexualsymbolik des eingesperrten, doch paarungslustigen Tieres mit allen sich zu »Vogel« einstellenden Wort-Assoziationen. Die hatte Freud taktvoll vermieden. Und nun setzt Jung einen charakteristischen Verweis hinzu, in dem schlagartig seine eigene Idee von Verdrängung sich anzeigt: »Kennen Sie«, fragt er Freud, »die Arbeiten von Steinthal über die Mythologie des Vogels?«[29] Damit hat er sich vor der Sexualität in Sicherheit gebracht. Steinthal ist Anthropologe und handelt über die Vögel in menschheitsgeschichtlicher Tiefenperspektive.

Freud gibt den Augurenblick erst einmal zurück: »Sie haben recht, vom ›Vogel‹ habe ich aus Ihnen bekannten Gründen geschwiegen, Rücksicht auf Verleger und Publikum oder« – eine Spitze kann er nun doch nicht lassen – »Ihr sänftigender Einfluß, wie Sie wollen.«[30] Jungs Versuch, die sexuelle Bedeutung des Vogel-Symbols ins Mythisch-Menschheitsgeschichtliche aufzulösen, nimmt Freud gar nicht erst auf. Für solche Hinweise werde gewiß jemand sehr dankbar sein, der sich mit diesem Thema beschäftige. Will sagen: er nicht.

An diesem Punkt, meinte Dr. Groß, sei zwischen Freud und Jung schon alles entschieden gewesen: Freud wolle die Sexualtheorie durchsetzen, doch Jung ziehe sich vor ihr in die Frühgeschichte zurück. Die Sexualtheorie sei aber das A und O der Psychoanalyse. Was die beiden im Grunde zusammenhalte, sei ihr Ehrgeiz: Freud brauche diesen hervorragenden Mitstreiter und Jung diesen genialen Anführer und seine Bewegung. Das gehe aber nicht lange gut – drei Jahre noch gebe er den beiden, höchstens. Im übrigen fange Jung nun auch noch mit dem Geistersehen an, was Freud unheimlich auf die Nerven gehe. Im vergangenen Frühling sei Jung in Freuds Gegenwart ein Klopfgeist erschienen – Freud aber habe nur einen Schrank knacken gehört.[31]

Da sei, sagte Jensen, der Erziehungsversuch mit der *Gradiva* also gescheitert – schade. Woher aber denn Dr. Groß seine genauen Kenntnisse beziehe? Nun, Groß hatte die Briefe gesehen. Ungewöhnlich? Gewiß – aber seine Analyse beim Psychiater Jung sei ja auch sehr ungewöhnlich gewesen. Sie habe Tage und Nächte hindurch gedauert.[32] Man sei in eine solche Symbiose geraten, daß Jung ihn, Groß, als Zwillingsbruder angeredet habe.[33] Als Zwillingsbruder habe er dann auch die Briefe Freuds gelesen und Jungs Durchschriften. Er gebe den beiden höchstens noch drei Jahre. Jung sei ein großer Geist und ein Kleinbürger. Er habe die Gräfin Reventlow doch tatsächlich als »moralisch ganz heruntergekommen« bezeichnet.[34] Er sei eben, sagte Jensen, ein *Verdränger.* Daher die Geistererscheinungen. Das könne man ja alles in der *Gradiva* nachlesen.

Es wurde kühl im Garten. Marie bat ins Haus. In der Stube brannte das Kaminfeuer. Man hörte in der Küche die Zugehfrau wirtschaften – bald würde sie das Nachtessen auftragen. Dr. Groß war entspannt und heiter. »Paradiesisch!« Hier spüre er das Glück – als Möglichkeit. Was Jensen von seinen Plänen halte: Er wolle in Ascona eine Anarchistenschule eröffnen. Die Gräfin komme auch mit.

Die Arbeit des Lebens

DER GROSSE PREIS

Jensen freute sich. Die erste wirklich gute Nachricht in diesem Frühjahr 1910! Als er mit Thomas Mann telefonierte, teilte er ihm die Neuigkeit so dringlich mit, als ob sie diesen selbst beträfe: Paul Heyse bekam den Nobelpreis! Thomas Mann aber empfand einen Stich ins Sonnengeflecht. Heyse war einer von den Blonden und Blauäugigen – dem stand solch höchste Ehre eigentlich nicht zu. Er hatte doch schon alles. Sein Leben war leicht, lang und sonnenhell gewesen. Selbst im hohen Alter noch hatte er viele und hochgestellte Freunde in aller Welt. Längst besaß er ein Landhaus. Und zu seinem achtzigsten Geburtstag hatte man ihn endlich überreden können, den persönlichen Adel entgegenzunehmen. Auch Ehrenbürger der Stadt München sollte er werden. Und nun die höchste Auszeichnung überhaupt!

Einigen Germanisten unter Führung von Franz Muncker war es gelungen, Deutschlands Anspruch auf den Preis bei den Schweden endlich durchzusetzen. (Im nächsten Jahr war dann Belgien an der Reihe.) Gewiß, der Preisträger war ein längst erloschener Stern – doch im fernen Ausland empfing man noch sein Licht. Bei der Preisverleihung in Stockholm rühmte ihn Graf Wirsén dann als den Schöpfer der modernen psychologischen Novelle. Auch nannte er Heyse den »wichtigsten deutschen Lyriker der Gegenwart«. Thomas Mann las es und wurde bitter. Da sah man, was dieser Preis wert war.

Jensen empfand keinen Neid. Schon in den frühen Krokodils-Tagen hatte er Heyse als begünstigtes Sonntagskind anerkannt, das sich im übrigen auf seine Verdienste auch nicht allzuviel einbildete. Das hatte eine lebenslange Freundschaft begründet. Und nun lag Heyse zu Hause auf seiner Liegestatt und hatte die Gicht. Seit Jahren schon war er ausgeschrieben. Es sei in der Tat ein furchtbares Los, meinte Jensen, schon bei Lebzeiten vom Werk Abschied nehmen zu müssen. Aber der leichte, sonnige Heyse habe doch nie über sein Werk leben müssen, sagte Thomas Mann. Woher er nun das so genau wisse, fragte Jensen.

Thomas Mann ließ sich nicht irritieren. Heyse war ein *Glückskind.* Er hatte immer das Leben gehabt und deshalb selten die Kunst. Verdiente man denn die Kunst, wenn man bei gesellschaftlichen Empfängen zu brillieren wußte wie ein Diplomat und gleich darauf im persönlichen Gespräch noch den Sprödesten für sich einzunehmen verstand? Dann war man doch viel zu leicht und glatt. Die Kunst mußte zwingend doch gerade derjenige besitzen, dem das alles nicht gelang. Zu rigoros und zu einfach gedacht, um wahr zu sein? Er würde dafür sorgen, daß es eine allgemeine Wahrheit würde. Er brauchte sie schließlich.

Von Anfang an. Damals hatte er das Manuskript seines ersten Romans an Fischer geschickt und bangte, ob er es drucken würde. Zufällig waren die Fischers dann nach München gekommen und luden ihren jungen Autor zum Souper. Der aber war verlegen und deshalb bis zur Starrheit konventionell. Gewiß hatte er sich nun alles damit verdorben! Es wäre, wie immer, viel, viel besser gewesen, wenn Fischer ihn und er Fischer niemals zu Gesicht bekommen hätte. Allerdings hatte er dann einen rettenden Einfall gehabt – er schrieb Fischer am nächsten Morgen einen Brief. Damit wollte er seine literarische Persönlichkeit in des Verlegers Phantasie wieder hervortreten lassen und die körperlich-gesellschaftliche ein wenig vergessen machen.[1] Es gelang. Fischer druckte.

Drei Jahre später dann die Katastrophe mit Gerhart Hauptmann.[2] Fischer hatte seine beiden Autoren zu sich in die Wohnung geladen – sie sollten sich kennenlernen. Hauptmann war sehr aufgeräumt. In wenigen Tagen war die Premiere seiner *Rose Bernd,* und schon wegen der Besetzung war er siegessicher – Else Lehmann spielte die Rose. Rasch war er bei der zweiten Flasche angekommen und erzählte Theateranekdoten, die nicht immer ganz verständlich waren. Sein Kollege wurde bei soviel Lebenslust immer verkrampfter und machte bald den Eindruck schwerer Ermattung. Erstaunt und etwas befremdet ging Hauptmann dann viel früher als gewohnt. Thomas Mann mußte Fischer wieder einen Brief schreiben, in dem er um Nachsicht bat.[3] Er habe nur eine Hoffnung: daß er die von ihm Enttäuschten weiterhin entschädige durch die fleißig geschmiedeten Symbole seines Lebens, das weniger uninteressant sei als seine schnurrbärtige Persönlichkeit.

Die Literatur als Symbol für sein Leben – es hörte sich so einfach an. Grundsätzlich war es das wohl auch: Wenn das Leben nicht stimmte, reparierte er das, indem er schrieb – Briefe an Fischer oder eben seine Geschichten. Aber, was war denn nun sein Leben? Jene enge Existenz am Schreibtisch, auf dem schmalen Rednerpodest, diese falsche Lebensweise als Gatte und Vater, die monotonen Spaziergänge mit dem Hund auf immer denselben Wegen – nur das? Nein, das allein hätte sich zu symbolisieren nicht gelohnt. Sein Leben war ungeheuer viel mehr. Er trug den Keim, den Ansatz, die Möglichkeit zu ganz außerordentlichen Befähigungen und Betätigungen in sich. Wer, was, wie könnte er sein, wenn diese seine für die äußere Welt so ungeschickte schnurrbärtige Erscheinung ihn nicht abschlösse von seinen höheren Möglichkeiten? Auf den Spaziergängen an der Isar malte er es sich aus: Prinz Karl natürlich. Dann: Präsident der Akademie. Und: Verfasser des größten europäischen Romans. Sowie: Verfasser des größten Romans der Weltliteratur. Schließlich: Nobelpreisträger. Am Ende gar: Papst? Recht grobe Träume von der Größe – er gab sich das zu, wenn er erschöpft von ihnen zurück ins Haus trat. Sie allein aber reichten noch keineswegs aus.

Denn auch ihre Kehrseite, das Dunkle, das *Kleine* sollte die Welt an ihm akzeptieren – die Neurasthenie, die ungerechten Wutanfälle, daß er nicht lieben konnte, daß ihn kein Mensch interessierte, wenn der nicht gerade nützlich war, daß bei Kränkungen seiner Person er ernstlich an die Todesstrafe dachte, daß er den Hund blutig schlug, wenn der nicht gehorchte ... Das allerdings war sein Leben auch. So war auch das zu Symbolen zu schmieden – den Leuten als Literatur zu präsentieren.

Hier lag sein tiefster Ehrgeiz: Die Welt sollte ihn *ganz* kennen – seine Fähigkeit zur Größe *und* seine Jämmerlichkeit. Sie sollte erkennen, daß sein jämmerlich Menschliches die unbedingte Voraussetzung seiner Größe war. Kurz: Sie sollten beide zugleich anerkennen und damit hoch erheben – Prinz Klaus Heinrich *und* Tobias Mindernickel. Der Gewinn war dann enorm: Er mußte sich seiner Unzulänglichkeiten nicht mehr schämen – auf gewisse Weise hatten auch sie Größe. Eine schwankende Konstruktion allerdings – er würde sie aber schon durchsetzen.

Wie? Indem er sie den Leuten immer wieder vorsagte und an großen Beispielen klarmachte: an Schiller, an Friedrich, an Savonarola, an Wagner. Und in seinen Geschichten erzählte er – und wies auch ständig darauf hin – immer nur von sich selber: »Von mir ist die Rede«, das hatte er ja einmal fast geschrien, »von mir, von mir!« Daß er seinen Hund schlug bis aufs Blut, daß er den Leuten gerade da etwas vormachte, wo sie ihn für besonders echt hielten, daß er ein geheimes Laster hatte, daß er voller Haß auf Heinrich war, selbst, daß er gerne Fahrrad fuhr und seine Zähne nicht in Ordnung waren ... All das schrieb er seinen Figuren zu. Wenn es die Leute lasen, brachten sie es mit ihm selbst keineswegs in Verbindung. Nie würden sie das von ihm glauben. Aber, weil er es geschrieben hatte, erkannten sie es eben als Tatsache an. Es kam vor »bei ihm«. Das reichte. Er hatte sie mit sich beschäftigt.

Das war es. Eine Welt damit zu beschäftigen, was man ist![4] Gekannt und trotzdem geliebt zu werden, und zwar von allen Völkern der Erde! Er gab das manchmal für Bekenntnismoral aus oder auch für Wahrheitsfanatismus. Beides stimmte, war es aber noch nicht ganz. Tief zugrunde schließlich lag seiner Kunst – die Lust an der Macht.[5] Es war die Sache von Hirt und Herde. Der Hirt zeigt der Herde die Welt, er »interpretiert« sie ihr – mit Macht. Gab es je ein zu Ende gedachteres System von Interpretation als sein Werk? Wenn er *Königliche Hoheit* in die Hand nahm – welche Ehrlichkeit über sich selbst (die verkrüppelte Hand!) und zugleich wieviel Zurechtschieben, Abkürzen, Weglassen, Ausstopfen, Ausdichten, Umfälschen und was sonst noch zum Wesen alles Interpretierens gehörte ... *Die Genealogie der Moral* hatte darüber schon alles gesagt.

Die Welt und das Leben wurden zu seinem Buch. Das war nicht nur ein passender Vergleich, das war so tatsächlich. Was er schrieb, wurde wirklich. Sein Leben war ein Roman.[6] »Ich dichte an meinem Leben«, hatte er sich notiert – das war in der Verlobungszeit gewesen.[7] Tatsächlich behandelte er das Verhältnis zu seiner Braut wie ein Manuskript. Schrieb er einen Werbebrief an sie, schielte er doch auch schon auf den Prinzenroman, für den er Einfälle sammelte. Er schrieb den Brief zugleich für Katja und für den Roman.

Einmal hatte er geschrieben, daß sie eine *Prinzessin* sei und er – nun ja: »Ich, der ich immer eine Art Prinz in mir gesehen habe, ich habe, ganz gewiß, in Ihnen meine vorbestimmte Braut und Gefährtin gefunden.«[8] Als er das Prinzenbuch dann unter die Feder nahm, hatte er sich die Brautbriefe wiedergeben lassen und Exzerpte gemacht. Sie paßten fugenlos hinein.

Wenn so die Kunst sein Leben war, dann war sein Leben Kunst – anders als bei Heyse. Um diesen Zusammenhang aber stand es nun seit langem sehr bedenklich: Das Schreiben fiel ihm immer schwerer.

VERGEBLICHER FLEISS

Das war ja nicht immer so gewesen. Die ersten Novellen, dann *Buddenbrooks* hatten oft zähe Arbeit gekostet, der Magen revoltierte – eine derartige Hemmung wie jetzt aber hatte er nicht gekannt. Wann hatte das angefangen? Mit der Ehe. Daß sich die ganze Neurasthenie mehr und mehr auf den Magen konzentrierte, hatte er zuerst nach der Hochzeit gemerkt.[9] Merkwürdig, daß ihm fast gleichzeitig die Idee zum Hochstapler-Roman gekommen war.

Zu Beginn waren die Anfälle besonders schlimm gewesen – der Darm in idealem Zusammenwirken mit dem Magen, rein nervös, das war bald klar. Es fing jedesmal an mit Depressionen, Augenschwäche, Unruhe, tiefer Verstimmung. Dann lag er eine Nacht völlig schlaflos unter Übelkeiten und ununterbrochen quälenden Nervenschmerzen im Leibe. Den nächsten Tag war er dann vollständig kaputt, vertrug nichts als Suppe und dämmerte so hin. Die Besserung kam nur langsam. Was blieb, waren Müdigkeit, Überdruß, Unlust.[10]

Solch schwere Anfälle traten jetzt seltener auf. Die

Darm-Magen-Reizung und die Erschöpfung des Zentralnervensystems jedoch kamen oft genug. Am *Hochstapler* ging die Arbeit kümmerlich langsam voran.[11] Allmählich bekam er Angst.

AM ENDE NUR WAHN

Im November 1910 starb Raabe – Schriftsteller a. D. seit 1901. Seitdem er nicht mehr schreiben konnte, war er jeden Abend in Herbsts Weinstube zu finden gewesen – denn zu Hause war es unerträglich. Bertha war weinerlich und zänkisch geworden und kaum noch in der Lage, das Haus zu besorgen. Das mußte wohl oder übel Gretchen übernehmen, vielbeschäftigte Zeichenlehrerin am Lyzeum, den Braunschweigern jedoch als Malerin unverständlicher Bilder und wegen ihres Hosenrocks befremdlich.

Sie schrieb den Jensens einen langen Brief über des Vaters letzte Monate. Seit März hatte er an einem Blasenkatarrh gelitten und im Ofensessel mehr gelegen als gesessen. *In alls gedultig?* Vier Tage hatte er zum Sterben gebraucht und sich murrend und klagend dabei zugesehen: »Ist er denn noch nicht tot?«

Tatsächlich war er am Ende ein vermögender Mann gewesen – jedoch hatte ihn die lebenslange Geldknappheit in einen starren Altersgeiz getrieben, der ihm den Genuß der nun reichlichen Mittel verwehrte. Gretchen verglich das etwas bitter mit dem medizinischen Ehrendoktor, der ihm aus Berlin verliehen worden war, just als die Ärzte ihn aufgegeben hatten. Jensen hoffte, daß wenigstens Gretchen nun von dem Geld ihre Kunstreise nach Paris nachholen würde – wenn der bald Fünfzigjährigen denn überhaupt noch daran lag. Auch sie hatte der väterlichen Schriftstellerei das Opfer ihres Lebens gebracht. Gottlob waren da wenigstens ihre russischen Freundinnen gewesen – verdorrt war sie immerhin nicht.

Als Jensen seinen Nachruf für den *Raabe-Kalender* schrieb (den gab es nun auch schon), zog er nicht nur die Bilanz von Raabes Leben, sondern auch die des eigenen. Was war denn geblieben? Bei Raabe: ein später Ruhm, von dem er nichts hatte; eine verwirrte, keifende Witwe; eine Tochter, die um seiner Kunst willen auf die ihre fast ganz verzichtet hatte; eine Lesergemeinde von Spießern und hartköpfigen Oberlehrern, die ihn schon beim Begräbnis zum kerndeutschen Dichter ausgerufen hatte. Jensen fiel schließlich ein deutlicher Vers dazu ein: »Es war ein Wahn / Des Lebens Arbeit ward umsonst getan.«[12] So sei es auch um sein eigenes Leben bestellt, sagte er zu Marie. Seit man vor zwei Jahren Jörg, dem Lieblingsenkel, dem Stauferprinzen, das rechte Bein amputiert hatte, führte er solche Reden.[13] Marie verwies sie ihm wieder. Wo, an welchem Ort, er den Nachruf denn gerade geschrieben habe? Im Garten seines Landhäuschens doch wohl, dort unten der leuchtende Chiemsee, die mächtigen Berge so nah – und auf dem Pult der neue Roman, der die Tinte nur so schlucke. Das alles habe Raabe nie besessen. Mit dem sei es weiß Gott anders bestellt gewesen als mit Wilhelm Jensen, dem melancholischen Glückskind. Marie war ungewohnt heftig. Jensen ging also besser ins Haus und schrieb noch ein wenig am neuen Buch. Es handelte von Marie und ihm selbst und trug den traurigen Titel *Fremdlinge unter den Menschen.*

Was bleibt

OH, DU LIEBER AUGUSTIN

Für einen Psychotherapeuten war Professor Freud erstaunlich indiskret. Wenn er einen interessanten Fall hatte, erzählte er ihn nicht nur auf der Mittwochssitzung den Kollegen, sondern beteiligte auch so manchen Briefpartner daran. Dabei sah er sich auch bei berühmten Patienten nicht besonders vor und ließ manches aus ihrer Krankengeschichte durchblicken. Es galt schließlich, das Selbstgefühl der Herde zu fördern. So konnte Dr. Groß im Frühjahr 1911 den Jensens berichten, daß nun auch der bekannte Komponist Gustav Mahler zur Psychoanalyse gefunden hatte. Er habe es von Seif, der von jenem Dr. Jung in Zürich, es stimme aber wohl trotzdem.

Als Professor Freud im letzten Jahr seine Sommerferien in Holland verbrachte, erhielt er ein Telegramm von Mahler, der dringend um eine Konsultation bat.[1] Sie trafen sich in einem Leidener Hotel und gingen dann gemeinsam vier Stunden durch die Stadt spazieren, um dabei eine Art Psychoanalyse durchzuführen. Mahler wurde sehr von seiner Zwangsneurose geplagt. Immer, wenn er beim Komponieren die schönsten, ehrgeizigsten Höhen zu erreichen hoffte, trat etwas dazwischen – er hörte plötzlich das alte Leierkastenlied »Oh, du lieber Augustin«. Dann war alles dahin. Seit kurzem ging es ihm beim ehelichen Beischlaf genauso.

Offenbar tat das analytische Gespräch dann aber seine Wirkung, denn Mahler gewann seine Potenz bald zurück. Im übrigen hatte Professor Freud geäußert, er sei noch nie jemandem begegnet, der so schnell wie Mahler die Psychoanalyse erfaßt habe. Es sei, als ob er auf sie gewartet hätte.

Jensen fand das hochinteressant. Mahler habe in der Tat etwas höchst Angespanntes, Zwanghaftes in seinem Wesen. Seiner Musik merke man das aber nicht an, meinte Marie. »Kunststück«, sagte Jensen. Die Jensens hatten Mahler im Herbst bei Pringsheims kennengelernt, wo man die Uraufführung seiner achten Symphonie feierte. Auch Thomas Mann war dabeigewesen, und er und Mahler waren so förmlich wie im spanischen Hofzeremoniell miteinander umgegangen. Tatsächlich war der Eindruck von Mahlers Persönlichkeit so verzehrend intensiv wie fürstlich distanziert zugleich. Thomas Mann hatte ihm auch sofort nach der Begegnung ein Exemplar von *Königliche Hoheit* übersandt.[2]

Nun war Dr. Groß nicht allein deshalb ins Häusle gekommen, um psychoanalytischen Klatsch zu berichten. Er hatte einen Auftrag. Die Münchener Psychoanalytiker wollten sich im März zu einer Ortsgruppe der *Internationalen Vereinigung* zusammenschließen und Jensen als Ehrengast dazuladen. Seit Professor Freud jene Deutung seiner *Gradiva* veröffentlicht hatte, gehörte Jensen irgendwie zur Bewegung, als korrespondierendes Mitglied sozusagen. Er hatte ja schon im Sinne der Psychoanalyse geschrieben, als Sigmund Freud noch Schädelnerven sezierte. Auf den gelegentlichen Zusammenkünften der Analytiker im Hause Dr. Seifs hatte Jensen schon so manche seiner Geschichten vorgelesen – wobei er darauf geachtet hatte, daß immer eine Geschwisterliebe darin vorkam, was ja nicht schwerfiel. Es war erheiternd gewesen, wie sich die Herren regelmäßig bedeutsam ansahen, wenn wieder einmal ein junges, blondes Mädchen in der Mittagshitze über die Heide ging. Auf ihre

Nachfragen sagte er dann, er habe sich nichts Besonderes dabei gedacht. Dann waren sie sehr zufrieden. Nur einmal war er es leid gewesen. Da hatte Hofrat Rehm ihn gefragt, was in der *Gradiva* denn der ragende Blütenschaft eigentlich bedeute, den sein verliebter Held da vor sich hertrage.[3] Jensen hatte daraufhin gesagt, das sei ein Penis-Symbol. Das hatte die Analytiker doch sehr verstimmt. Solche Feststellungen waren schließlich ihre Sache.

Jensen nahm die Einladung an – schon Seif zuliebe. Dr. Leonard Seif war ein guter und aufopfernder Seelenarzt, der schon früh das Gespräch als Therapie eingesetzt hatte. Er hatte eine eigene Technik entwickelt, zu seinen Kranken so lange täglich über sie selbst zu sprechen, bis sie zu diesem Selbst zurückgefunden hatten. Die Leidenden unterwarfen sich gern der Gewalt seiner Rede und der Macht seiner Persönlichkeit. Ursprünglich hatte er Priester werden wollen und war dann doch der Berufung zum Arzt gefolgt.[4] So verschieden war das ja auch nicht. Vor einigen Jahren, als der junge Mann so vergeblich um die kleine Pringsheim warb, hatte Jensen den Verzweifelten an Dr. Seif verwiesen. Der hatte ihn über die krankhafte Entschlußangst der jungen Frau aufgeklärt und ihn so klug beraten, daß dann ja alles gutgegangen war.[5] Nun hatte Seif sich der Freudschen Bewegung angeschlossen und kämpfte für sie an vorderster Front. Mit Otto Groß blieb er befreundet, obschon er dessen anarchistische Ideen nicht billigte. Groß freute sich nun, ihn von Jensens Zustimmung unterrichten zu können. Dann mußte er zurück nach Ascona. Die Frau, mit der er seit einiger Zeit in einer »Beziehung« lebte (Groß hatte eine umfassende ehefeindliche Theorie der »Beziehung«[6]), war krank und bedurfte seiner Therapie. Nur wenige Tage später las Jensen in der Zeitung, daß Sophie Benz sich umgebracht hatte. Otto Groß, von dem das tödliche Gift stammte, war in einer Tessiner Nervenklinik interniert worden.

Jensen saß etwas erhöht. Nach den Grundsatzreferaten war nun Pause. Danach sollte er mit einer Lesung zum geselligen Teil der Gründungsfeier überleiten. Neben ihm saß Dr. Seif, der soeben gewählte Obmann der neuen psychoanalytischen Ortsgruppe München – sie war nach Wien, Zürich, Berlin und kurz nach New York nun die fünfte Gruppe der *Internationalen Psychoanalytischen Vereinigung.* Man gehörte zu den Pionieren. Dr. Seif hatte in seinem Einleitungsreferat keinen Zweifel daran gelassen, was einen Pionier ausmachte: Dieser war überzeugt vom Vorrang des Unbewußten und der Sexualität. Dann war Jensen also auch ein Vorkämpfer der Psychoanalyse – und zwar seit Jahrzehnten, schon vor ihrer Erfindung. Erheitert musterte er die Reihe der Ehrengäste – waren Pioniere darunter? Hofrat Spatz etwa? Der war hier als Schriftleiter der *Münchener Medizinischen Wochenschrift* und sonst gar nichts. Dr. Löwenfeld? Der schon eher. Doch polemisierte nicht gerade er seit Monaten gegen Freuds Leonardo-Analyse? Kunst und Geschlecht hätten doch nun wirklich keine gemeinsame Wurzel! Nein, kein Pionier. Dagegen die Gräfin – an vorderster Front, überhaupt keine Frage! Man hatte Franziska zu Reventlow für Dr. Groß eingeladen, der noch in Mendrisio einsaß. Dann Thomas Mann – seine Einladung hatte noch Groß angeregt: Der sei reif für die Psychoanalyse – mindestens so wie Mahler. Auch Jensen war der Meinung: ein echter Pionier. Im übrigen machte er die merkwürdige Feststellung, daß die Gräfin und der Schriftsteller ein schönes Paar abgaben. Mehr als das – die beiden verband etwas, was man spröde Sympathie nennen mochte. Beim Reden ergriff Fanny sogar den Arm ihres Gegenübers und hielt ihn lange fest. Das hatte Jensen sonst noch nicht gesehen.

Ein anderes Paar verblüffte ihn noch mehr – die Ernsts.

Über deren Einladung mußte das reine Mißverständnis gewaltet haben. Da saßen sie und verstanden nichts. Gewiß, Jensens Schwiegersohn war liberal und obendrein schließlich Künstler. Doch war es der höchste Ehrgeiz des Prinzen Ernst von Sachsen-Meiningen, zu malen wie Defregger. Er saß auf der Meininger Hütte am Königssee und malte das Leben der Sennen – gesunder Sinn in gesunden Körpern. Und das schöne Käthchen an seiner Seite blickte so erstaunt mit ihren klaren blauen Jensen-Augen auf den Dr. Seif, als der vom absoluten Primat der Sexualität sprach. So redeten eigentlich doch nur Neurastheniker – andere hatten ihre sechs Kinder auch ohnedies. Jensen ahnte, warum man die Ernsts eingeladen hatte: Der Prinz war ein bewährter Mäzen. Offenbar erwartete sich die psychoanalytische Ortsgruppe München von ihm eine gewisse Unterstützung – äußerst fehlspekuliert. Wie Jensen seinen Schwiegersohn kannte, hielt der alles Psychologische für »Nervensache« und für Schwabingerei. Beides erfüllte ihn jedoch mit Abscheu.[7]

Dr. Seif beendete die Pause und rief seine Herde wieder zusammen. Die Gründungsmitglieder scharten sich um ihn: Martha Böddinghaus mit ihrem tiefen, dunklen Blick, Gebsattel, ein Schüler von Lipps und, noch besser, ein Freund Lou Salomés – die anderen alle Mediziner: Ludwig, Rehm und Wittenberg. Der Philosoph Haas stand in der Nähe, er trug sich mit Beitrittsabsichten. Auch Dr. von Hattingberg trat hinzu. Er hatte eben mit Thomas Mann noch über die Zukunftsaussichten ihrer Kinder – Spielgefährten und demnächst Klassenkameradinnen – gesprochen.[8] Sie waren leider ziemlich nervös. Hattingberg wollte sich demnächst der Psychoanalyse anschließen.

Dr. Seif richtete ehrenvolle Worte an Jensen. Der sei nun im Begriffe, nach dem heiteren Seelengeheimnis der *Gradiva* und der klaren und mächtigen Prosa-Epopöe vom *König Friedrich*[9] der Welt und damit der psychoanalytischen Bewegung ein weiteres Werk zu schenken – ein Lebenswerk in der eigentlichsten Bedeutung. Es sei – der Dichter habe es ihm freimütig zugegeben – ein Buch über sich selbst und die Lebensgefährtin und über eine geheimnisvolle Dritte. Seif lächelte kameradschaftlich: Solche Geheimnisse habe man hier gern. Jensens Buch werde übrigens einen traurigen Titel tragen: *Fremdlinge unter den Menschen.*

Dazu erlaube sich der Psychoanalytiker eine Anmerkung. Der Dichter möge gewiß Grund haben, zuweilen sein Leben zu betrauern. Man habe ja noch Jensens bitteren Nachruf auf Wilhelm Raabe im Ohr: Des Lebens Arbeit sei umsonst getan! Doch so trauere einer, dem seine Lebensarbeit nun gerade ganz besonders gelungen sei. Wenn der Psychoanalytiker nämlich an eine der schlimmsten, katastrophalsten Künstlerneurosen denke, die es überhaupt gebe – in einer der nächsten Sitzungen werde Wittenberg darüber vortragen[10] –, den *Schreibkrampf* also, dann komme ihm sofort Jensen in den Sinn. Der Name Wilhelm Jensen sei geradezu das Gegensymbol zu »Schreibkrampf«. Hier habe ein Künstler mit seiner Feder das Leben bezwungen – habe das Dunkle hell, das Formlose fest und das Starre flüssig werden lassen. *Flüssig* sei überhaupt das Wort für Jensens Prosa. Kurzum: Er gratuliere dem Dichter Wilhelm Jensen zu seinem 130. Buch, das vor dem Abschluß stehe. Daraus trage er nun vor.[11] Man stand auf, es gab herzlichen Vorapplaus.

Jensen las von Gerhart Termölen und den zwei Frauen seines Lebens.[12]

Da ist Egge, die Friesin – doch sie hat wohl auch Wendenblut, ihr Haar ist nachtschwarz. Auch Gerhart Termölen hat fremde, slawische Vorfahren. Beide wissen nicht, wohin sie am Tage gehören, ihr Reich ist die Nacht. Sie stehen am dunklen See, von riesigen Faltern umflattert. Träume und Visionen verwischen ihnen die Grenze zwischen Wirklichem und Unwirklichem. Nachrichten über sich und die Welt empfangen sie nicht auf dem Verstandeswege, sondern über telepathische Kräfte. Dämmerung liegt über ihrer Herkunft.

Jensen sah beim Lesen auf seine Zuhörer. Er fand achtungsvolle Aufmerksamkeit, Respekt auch vor den Dunkelheiten eines Alterswerks. In manchen Gesichtern las er aber auch freundliche Distanziertheit – war Jensen denn jetzt unter die Okkultisten gegangen? Er beschloß, wieder Klarheit herzustellen. Diesem Publikum war er etwas schuldig. Das Unbewußte war schon dunkel genug – wenn doch etwas klar und deutlich darüber zu sagen war, sollte es auch gesagt werden. Über solche Kenntnisse verfügte er schließlich auch. Und Jensen ließ das Dunkle, blätterte zurück und las von seinen Gewißheiten.

Gerhart Termölen ist noch sehr jung, und er kennt sich nicht. Da reist er nach Paris. Nachts kommt ein Mädchen auf sein Zimmer. Im Licht der Kerzen ist Margot wunderschön. Sie entkleidet sich, und er küßt sie. Da hat er Egge vergessen. Margots Küsse aber haben einen entsetzlichen Beigeschmack: »Süß durchgrausend wars ihm, als küsse ihn der Tod, nicht mit eisigen, sondern glühenden Lippen, und sein Herzschlag setzte aus –«[13]. Warum aber nun dies Ineinander von Liebe und Tod?

Jensen sah auf die Zuhörer. Jetzt fand er Spannung, ja, Entdeckerfreude auf den Gesichtern – ein professionelles *déjà vu* konnte dem offenbar nichts anhaben. Vom Geschlecht mochte man eben nicht genug hören. Jensen beschloß eine Dreingabe. Knapp zeigte er an, warum Gerhart Termölen beim Küssen den Tod schmeckt: Margot ist seine Schwester. Deshalb muß er sie fliehen, bevor es zum Letzten kommt. Jensen aber blieb beim Thema[14]:

Gerhart Termölen hat noch eine weitere Schwester. Diesmal weiß er auch, daß sie es ist. Mittagsheiß ist die Heide am Ugleisee, und ein junges Mädchen geht darüber hin. Merkwürdig und reizvoll ihre Art, den Fuß zu setzen. Der linke Fuß hat sich vorgesetzt, und der rechte, im Begriff nachzufolgen, berührt nur lose mit den Zehenspitzen den Boden, während die Sohle und die Ferse sich fast senkrecht erheben. Diese Bewegung ruft ein Doppelgefühl überaus leichter Behendigkeit der Ausschreitenden wach und zugleich eines sicheren Ruhens auf sich. Das verleiht ihr, ein flugartiges Schweben mit festem Auftreten verbindend, die eigenartige Anmut. Egge! Gerhart Termölen weiß in diesem Augenblick, daß er in seiner Schwester das Weib liebt. Nie wird er sich ganz erkennen – das aber weiß er. Und er wird diese Liebe vollziehen. Ging es ihr anders mit ihm? Da wendet sie sich um, und plötzlich setzt sie nun auch den rechten Fuß auf. So steht sie und erwartet Gerhart Termölen. Bald sinken zwei ins Heidegras.

Jensen sah hoch. Begeisterter Beifall klang auf, man applaudierte im Stehen weiter. Die Psychoanalytiker waren hochbefriedigt: Das war ja vorbildlich! Wie im Leben! Gemischter die Reaktion der Ehrengäste. Die Gräfin schien reserviert – das hatte offenbar an ihre Grenzen gerührt. Dagegen zeigte Thomas Mann unverhohlenen Respekt: Alle Achtung – der gönnte sich was! Er mochte an seine eigenen Versuche zum Thema denken. Prinz Ernst bewahrte Haltung, Jensen war schließlich sein Schwiegervater. Das schöne Käthchen aber lachte still in sich hinein. Dies war wieder einmal des Vaters Marotte gewesen – und nun gleich doppelt. Für ernsthaft erotisch aber hielt sie das nicht.

Man stand nachher noch etwas im Gespräch beisammen. Als sich die Schar der Gratulanten um Jensen verlaufen hatte, trat Thomas Mann auf ihn zu. Jensen sah ihn freundlich an. Der wußte, wovon er hier gelesen hatte. Übrigens sah er schlecht aus – sehr schlecht. »Es geht Ihnen nicht gut, mein Freund«, sagte Jensen zu Thomas Mann. »Ich kann kaum noch schreiben«, sagte der. »In den ganzen letzten Monaten habe ich nichts Erhebliches vor mich gebracht. Mit Kopf und Magen bin ich so herunter, daß ich schon im Begriffe bin, mich in eine bewährte Naturheilanstalt nach Zürich zurückzuziehen.«[15] »Das hilft nicht«, sagte Jensen. »Sie haben einen Knoten in Ihrem Leben. Ich habe Ihre letzte Novelle gelesen. Der kleine Johnny Bishop – da sitzt der Knoten doch.« Thomas Mann nickte. Deshalb habe er die Novelle ja geschrieben. »Also knüpfen Sie den Knoten auf!« sagte Jensen. »In einer weiteren Novelle. Seitdem ich Schwestergeschichten schreibe, geht es mir gut. Schreiben Sie auch welche, sozusagen!«

Ein etwas wohlfeiler Rat – Jensen wußte das. Literatur ließ sich schließlich nicht frei erfinden, sie brauchte einen Anstoß im Leben. Er hatte Marie. Sie war der Ausgang für seine Schwesterphantasien, ein realer Vorgeschmack. Wen aber hatte Thomas Mann? Am besten, er verliebte sich einmal wieder gründlich. Jensen war praktisch. Am nächsten Morgen schickte er dem jungen Freund eine psychoanalytische Schrift: *Der Wahn und die Träume in W. Jensens »Gradiva«* von Sigmund Freud. Mochte er sie als Anleitung lesen. Es war Mitte Mai, als Jensen dann erfuhr, Thomas Mann sei mit Frau und Bruder an die Adria gereist. Später kam eine Ansichtskarte aus Venedig: natürlich *Grandhôtel des Bains.*

GEISTERSTUNDE

Nach vier Wochen war er wieder zurück. Marie traf ihn vor der Staatsbibliothek – er wollte dort über griechische Mythologie nachschlagen. Thomas Mann schien voller Leben, doch auch noch seltsam verspannt. An einen gemeinsamen Wiedersehenskaffee war nicht zu denken. Ob Marie eine schöne Hermes-Statue kenne? Es komme besonders auf die Beine an. »Wie bei der Gradiva«, lachte Marie und empfahl ihm den Hermes des Praxiteles. Von der Freitreppe rief der

Eilige noch herunter, daß er Wilhelm heute bei Schrenck erwarte. Es sei wichtig.

Jensen ging gern zu Schrenck-Notzing.[16] Immerhin kannte er ihn seit über zwanzig Jahren – seit jenen denkwürdigen Séancen bei du Prel, auf denen er übrigens ja auch den Dr. Freud angetroffen hatte. Jensen hatte ein Faible für Schrenck, der eine beträchtliche wissenschaftliche Karriere seinen okkultistischen Obsessionen geopfert hatte. Schließlich war er im Begriff gewesen, auf dem Gebiet der Sexualpathologie zur internationalen Kapazität aufzusteigen – neben Krafft-Ebing und Moll. Um die Jahrhundertwende schon wurde Schrencks Münchener Praxis zur ersten Adresse für alle *Conträrsexuellen,* die ihren fehlgerichteten Trieb hypnotisch zu korrigieren hofften. Doch der Okkultismus ließ Schrenck nicht los. Offiziell hatte er zwar seit langem dem Spiritismus abgeschworen und war zu wissenschaftlicheren Gegenständen übergegangen. Das waren sogenannte teleplastische Phänomene: Seine Medien produzierten auf seelischem Weg nun eine Art Psychomaterie, einen feuchten, aber festen Stoff, der die Form von Klauen und groben Händen annehmen konnte. Diese Hände trugen dann Taschentücher oder auch Papierkörbe durch die Luft. Zugegeben, das waren recht triviale Erscheinungen – doch dem, der dabei war, schwankte der Boden. Das ergab ein interessantes Existenzgefühl, nach dem man süchtig werden konnte.

Schrenck-Notzing versuchte angestrengt, seine Experimente theoretisch zu unterfüttern: Die seelisch hergestellte Psychomaterie stamme aus der »unbewußten Subpersönlichkeit« seiner Medien, habe also genau denselben Ursprungsort wie das körperliche Symptom der Hysterischen. Schrenck sah hier nicht den mindesten Unterschied. Sein Leben lang war er fasziniert gewesen von dieser Grenze, an der das Seelische ins Materielle umschlug – nicht anders als Freud in Wien. Sie hatten doch schließlich beide bei Bernheim in Nancy gelernt. Jensen vermutete noch etwas anderes. Aus Oldenburg war eine Jugendanekdote über Schrenck berichtet worden: Als Student hatte er dort bei einer Geselligkeit den Anwesenden mesmerische Striche verabreicht, ohne sich mit dieser Hypnose-Art eigentlich auszukennen. Daraufhin fielen zur größten Verblüffung des jungen Schrenck drei der Behandelten in somnambulen Schlaf. Damals hatte er seine große hypnotische und suggestive Begabung entdeckt.[17] Jensen ahnte, was dieser Mann damals eigentlich in sich entdeckt hatte: seine Macht über Menschen. Die hatte er dann eine Zeitlang als Arzt erprobt – er war der erste ärztliche Psychotherapeut in Süddeutschland gewesen, ein wahrer Heiland. Was aber hatte ihn davon abgebracht?

Jensen war geneigt, hierzu auf den etwas lärmigen Dr. Moll in Berlin zu hören. Dieser einstige Weggefährte Schrencks behauptete in den Zeitungen, wahres Motiv für dessen Okkultismus sei sein »Überwertigkeitsgefühl«[18]. Die überwertige Phantasie etwa, der Materie geistig Befehle erteilen zu können? Mochte gut sein, dachte Jensen. Im übrigen mußte man gar nicht so hoch greifen. Für ein solides Machtgefühl genügte schon die Okkultistenherde, die sich um Schrenck geschart hatte und ihm alles glaubte – Leute mit Rang und Namen darunter. Wie eifrig zum Beispiel General Peter den Anordnungen Schrencks nachkam! Oder auch – Jensen sah zur Tür: Dort stand im Gespräch mit den Gästen Gabriele von Schrenck-Notzing, anmutig, schön und ein wenig zu zart. Gabriele Siegle war einmal die *reichste* Erbin Württembergs gewesen. Sie hatte ihren Mann als Arzt kennengelernt, und er hatte ihr helfen können. Seitdem folgte sie ihm bedingungslos. Ihr Reichtum war Schrenck nun auch schon mehrfach sehr zustatten gekommen. Vor einigen Jahren hatte er die Schlaftänzerin Madeleine Guipet, eine ansehnliche Französin, protegiert –

hatte ihr in Deutschland viele Auftritte ermöglicht und eine ganze Serie von Ölstudien über ihre Gebärdensprache bei dem berühmten Damenporträtisten Keller in Auftrag gegeben.[19] Jetzt hing Madeleine als »Kassandra« in der Pinakothek. Marie hatte damals ihren Freund Keller gefragt, wie er sich im raschen Mienenspiel der Guipet die interessanten Züge denn so genau gemerkt habe – immerhin tanzte die Person ja obendrein. Es stellte sich heraus, daß Schrenck auf Kellers Zuruf die schöne Madeleine jedesmal in kataleptische Starre versetzt hatte. Ihr Gesichtsausdruck gefror dann augenblicks zur Maske, und Keller konnte sie mit langen Expositionen fotografieren. Das alles konnte nicht billig gewesen sein, mutmaßte Marie. Auch Schrencks gegenwärtiges Hauptmedium Eva C., das Teleplasma in Form von Pantoffeln hervorbrachte, war wieder eine junge Französin, die er in Algier kennengelernt hatte.[20] Auch sie mochte ihn mehr als nur die Überfahrt kosten.

Wie auch immer – Schrenck war mit dem Geld seiner Frau nicht nur als Wissenschaftler unabhängig geworden, sondern trotz einiger Skandale auch gesellschaftlich unantastbar. Sein Stadtpalais hatte Gabriel von Seidl gebaut – es beherbergte auch ein okkultistisches Labor. Schrencks parapsychologische Abende galten mittlerweile als Ereignisse. Im übrigen enthielten sie ein weiteres Spannungsmoment: Es passierte immer wieder, daß sich die Medien dem Anstand und der wissenschaftlichen Kontrolle entzogen und ganz auf eigene Hand plötzlich Geister erscheinen ließen. Eben noch sah man eine wissenschaftlich gut haltbare Klaue ein Taschentuch durch den Raum tragen – da war unversehens einer mehr im Zimmer. Schwer begründbar saß etwa ein jüngst Verstorbener am Tisch und lächelte neidisch und böse.

Schrenck-Notzing waren solche Ausartungen zwar sehr peinlich, doch es stand außer Frage, daß viele Gäste gerade von der Aussicht auf solche Irregularitäten angezogen wurden – vermutlich auch Thomas Mann.

Er verkehrte bei Schrenck, seitdem Jensen die Bekanntschaft vermittelt hatte – erst hatte er den Arzt konsultiert, nun interessierte ihn der Parapsychologe. Glaubte er ans Okkulte? Vermutlich so viel und so wenig wie Jensen selbst: Das Okkulte war eine Art Verlängerung des Unbewußten – ins Ungeheure. Im übrigen, so spottete Marie, nahm Thomas Mann an Schrenck wohl auch noch eine Art verwandtschaftliches Interesse: einst mittellos aus dem hohen Norden zugezogen und nun so glücklich aufgestiegen – *reich* und von Adel, mit Villa und Landhaus.

Die Vorführungen des heutigen Abends ließen sich zäh und uninteressant an. Das Medium, eine ältere Putzmacherin aus Zwickau, war erkältet und offenbar indisponiert. Man hatte sich von ihr die Fernbewegung bedeutender Lasten versprochen – Schrenck hatte extra seinen Steinway ins Laboratorium rollen lassen. Es blieb aber beim schwunglosen Schweben eines unreinlichen Taschentuchs und dem Aufsteigen einer Hutfeder, und erst nach langen Mühen zeigte sich kurz ein verkrüppelter Fuß im Rotlicht des Labors. Vor einer Schreibmaschine, die durch die Luft in ein Wandregal befördert werden sollte, versagte das Medium bereits – es verwirrte sich und produzierte Nonsense: Auf dem Steinway erklang ein C-Dur-Akkord, und in der Schreibmaschine klapperten ein paar Tasten. Als man hinzutrat, las man: »Gesundheit!« Das Medium hatte offenbar mit sich zu tun. Thomas Mann, der heute etwas nervös die Kontrolle ausübte, löste die Fesseln des erschöpften Fräuleins. Man legte eine Pause ein. Schrenck ließ Erfrischungen reichen, und die Herren sowie Gretchen Raabe zündeten ihre Zigarren an.

Tatsächlich war das Publikum bei Schrenck heute besonders gemischt. Neben Habitués wie Jensen und Thomas

Mann, Klages und Schuler, Rat und Rätin Spatz sowie Madame Bisson aus Paris fanden sich Überraschungsgäste. Da war die Gräfin – sie machte bei den Münchener Freunden ihre Abschiedsbesuche, denn sie zog nun endgültig nach Ascona, wo sie sich jüngst verheiratet hatte. In feuerroter Robe trat sie auf das Ehepaar von Schrenck-Notzing zu, und alles beobachtete, wie der Baron sie seiner Frau vorstellte: früher meine Übersetzerin. – Jensen hatte Gretchen Raabe mitgebracht, die sich in München von Braunschweig erholte. Über ihre russischen Freundinnen hatte Gretchen den Maler Kandinsky kennengelernt und interessierte sich seitdem für Okkultes. Abstrakt malen und das Übersinnliche anerkennen sei ein und dasselbe, hatte Kandinsky sie gelehrt.[21] Mit Schrenck war er übrigens gut bekannt.

Die Gräfin war in den Park hinausgetreten, und Thomas Mann konnte sie endlich begrüßen. »Sie haben ja nun geheiratet«, sagte er freundlich. »Ja«, sagte sie, »Mitte Mai. Ich brauchte endlich Sicherheit.« – »Und wer ist es?« fragte er. »Es ist der Prinz aus dem Märchen«, sagte sie. »Ein Baron Rechenberg. Er hat einen guten Charakter, ist taub, und er säuft. Sein Vater ist vermögend. Er erbt aber nur, wenn er in geordneten Verhältnissen lebt. Die hat er nun mit mir. Der Vater mag mich, und der Ehevertrag nennt mich ausdrücklich als Miterbin. Das Ganze war eine Idee von Erich Mühsam – ein gut lübischer Handel.« Thomas Mann verzog das Gesicht. Dieser Lübecker Apothekerssohn brachte nur Schande über seine Heimatstadt. »Im Grunde aber alles ein Verdienst von Dr. Groß«, fuhr die Gräfin fort. »Er hat mich psychoanalysiert, und dabei ist er auf einen schweren Geldkomplex gestoßen.[22] Der ist nun ausgeheilt. Bald bin ich *reich.* Das Geld lege ich dann in Eisenbahnaktien an. Vielleicht frage ich dazu Ihren Schwiegervater um Rat.«[23] Da mußten sie beide lachen.

»Wie geht es übrigens mit dem Schreiben?« fragte sie

plötzlich. »Nicht so gut, wie? So sehen Sie jedenfalls aus.« Er berichtete, sachlich, ohne Klage: Bisher habe es damit ganz verzweifelt gestanden – nun aber habe er wieder Hoffnung. Er habe sich gründlich verliebt – das könne vielleicht alles ändern, und der Knoten gehe auf. »In wen?« fragte sie. »In einen kleinen Maler?« – »Nein, nein«, sagte er. »Das kommt nie wieder. In ein fernes Bild am Wege – in einen *Knaben im Lift,* sozusagen. Ganz unpersönlich – aber sehr intensiv. Es fängt jetzt an zu strömen. Die frühen Bilder sind schon wiedergekommen – die alten Lieben aus Lübeck.« »Die mit den kurzen Hosen und langen Beinen, auf dem Schulhof?« lachte die Gräfin. Das seien die Urbilder, denen entkomme man nicht, ein Leben lang. Sie habe auch ein Lübecker Urbild, Ferdinand Schluse mit Namen – als Person längst verstorben und verdorben. Auch der komme immer wieder – plötzlich lächle er ihr in irgendeinem *Lift.* Und, wie so oft, mache sie sich dann auf, ihm zu folgen. »Es gibt nur eins«, sagte die Gräfin, »nur eines: Keinen Widerstand mehr – kommen lassen, strömen lassen... Dann kommt auch alles andere in Fluß.« Sie strich über seine Schreibhand.

Schrenck bat ins Labor zurück. Die beiden verabschiedeten sich. »Grüßen Sie Bubi!« sagte Thomas Mann. »Und auch – das fremde Kind.« *»Va banque«,* sagte die Gräfin leise. Als sie sich umwandte, traf sie den starren Blick von Klages. Sie grüßte kurz. »Mein Ikarus«, dachte sie kühl und traurig. Auch ein Frühbild.

Thomas Mann nahm wieder die Kontrollstellung ein und überwachte die Fesselung der Putzmacherin. Dann schaltete Schrenck das Rotlicht an und gab seinem Medium neue Aufträge. Zur Bestätigung nieste es – mehr noch zum Zeichen seiner Indisponiertheit. Es wurde ein mühseliger Abend. Noch einmal stieg die Hutfeder auf, und die Schreibmaschine erhob sich wenig eindrucksvoll zweifingerhoch.

Der Steinway, um den Minutenwalzer gebeten, schwieg jedoch – vermutlich war er kränkbar. Die Gäste begannen sich zu langweilen, und es kam Unruhe auf. Der Putzmacherin war ihr Scheitern peinlich. Sie begann, auf Schrenck einzureden, machte ihm offenbar Vorschläge, die er anfänglich abwehrte. Dann gab er sie mit einer gewissen Verlegenheit an seine Gäste weiter. Wie jede Somnambule von Rang habe sein Medium auch einen Führer – es sei ein verstorbener Verwandter, ein Onkel mütterlicherseits. Er halte sich normalerweise in ihrem Unbewußten auf und sei bei Bedarf zur Stelle. Die wissenschaftliche Erklärung dafür sei einfach: Der Onkel sei – mit du Prel gesprochen – eine Verkörperung des *transzendentalen Ichs* der Hutmacherin. Das transzendentale Ich sei der unbewußte Teil unserer Persönlichkeit, der ungleich mehr und klarer über die Welt Bescheid wisse als unser bewußtes Ich. Das Problem sei die Grenze zwischen den beiden. Diese sei heute noch enorm schwer zu überwinden – deshalb erscheine das Unbewußte oft in so verzerrter, fragwürdiger Gestalt.[24] Für den Onkel könne er deshalb nicht die Hand ins Feuer legen. Jedoch leite er nun ein Angebot weiter. Das Medium sei bereit, seinen Führer und Onkel mütterlicherseits zur Erscheinung zu bringen – ob man daran interessiert sei?

Und ob man interessiert war! Das war ja nicht mehr zu erwarten gewesen – Schrenck hielt sich doch mit Geistererscheinungen sehr zurück. Man sah gewöhnlich Klauen, Hände, Arme und Beine bei ihm – alle teleplastisch aus Seelenmaterie geformt –, die dann Glocken läuteten und Gläser zum Tanzen brachten. Vollständige Geister jedoch erschienen selten. Dabei waren doch sie es, auf die alles wartete.

Der Abend wurde dennoch eine Enttäuschung. Der Onkel erschien zwar. Nichteingeweihte hätten seine Erscheinung allerdings für den Schal halten können, den die Putzmacherin um den Hals trug – des Onkels Geist hatte sehr undeutliche Formen. Klar vernehmbar war nur sein Husten. Leider aber hatte er einfach nichts mitzuteilen und war zudem reichlich konfus. So berichtete er, daß er »auf Putzmacherin« gelernt habe und seine Röcke selber schneidere. Hier verwechselte sich das transzendentale Ich offenbar mit seinem empirischen Gegenstück. Als dem gespenstischen Schal noch mehrfach solche Irrtümer passierten – schuld mochte das Schnupfenfieber des Mediums sein – und er sich schließlich auf erbarmungswürdige Weise auf dem Steinway mit einem Gassenhauer abmühte, entließ ihn der verlegene Schrenck ins Transzendentale. Das Medium wurde entfesselt, nieste dankbar und zog sich zurück. Schrencks Gäste verabschiedeten sich dann wie so oft mit gemischten Gefühlen. Sie hatten das Unmögliche gesehen, das dennoch geschah. Jedoch, in welch fragwürdiger Gestalt war es erschienen! Gretchen Raabe war besonders enttäuscht. Das Okkulte hatte sie sich geistiger vorgestellt. Sie schloß sich Spatzens an, die noch ins Donisl wollten.

Thomas Mann ging noch ein bißchen mit Jensen. Der wohnte immer noch am Bavaria-Ring – das würde dann ein hübsches Stück Heimweg. »Ja, wir gehen nun also über die Wälle!« sagte Jensen gerührt. Er dachte offenbar an Lübeck. Überhaupt schien er etwas sentimental. Auch war er unangenehm verschnupft. Plötzlich schob er seinen Arm unter den Thomas Manns und sah ihn dabei von der Seite an. »Was macht die Geige?« fragte er. »Noch kein Ton,« sagte der Jüngere, »noch keine Zeile geschrieben!« Aber verliebt habe er sich – auftragsgemäß. Das gehe nur aus freien Stücken, sagte Jensen nachdrücklich – das sei überhaupt der Anfang einer ganz neuen Freiheit, wenn Thomas Mann es jetzt richtig anstelle. Er solle nun erst mal berichten. Thomas Mann erzählte sein venezianisches Abenteuer und daß seitdem die Lübecker Bilder zurückgekehrt seien – Martens, Timpe, und wie sie alle hießen. Sie seien ja die Vorgänger des jun-

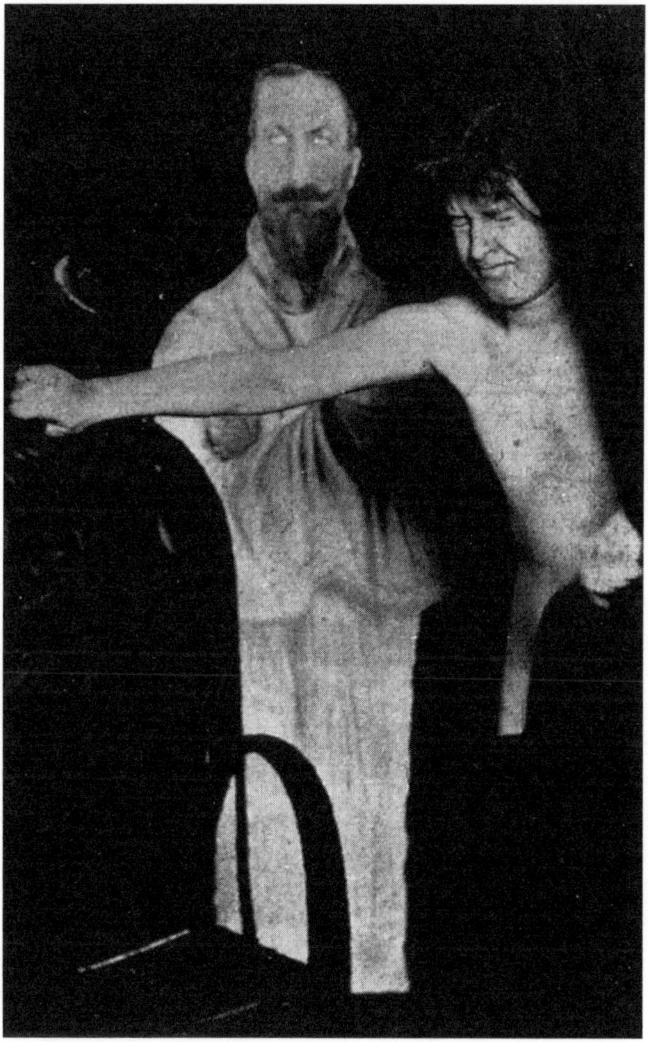

Einer mehr im Zimmer: Das Medium Eva C. bringt
ein merkwürdig bekanntes Phantom hervor.
(Okkultistische Sitzung bei Schrenck-Notzing
am 23. Februar 1913)

gen Polen gewesen. Jensen fragte, ob Dr. Freuds Schrift denn nun eine Hilfe sei.

Thomas Mann hatte Freuds *Gradiva*-Analyse genau studiert.[25] Seit vielen Jahren habe er wohl nichts Wichtigeres gelesen, und er sei sofort darin zu Hause gewesen. Ihm ergehe es ja exakt wie Norbert Hanold, dem Helden der *Gradiva:* Die frühen Lieben kehrten zurück – alles Verdrängte sei wieder da. Nur – was damit anfangen? Hanold heirate die zuvor »verdrängte« Geliebte zum guten Ende. Nun, er könne schließlich keine Polenknaben ehelichen – überdies sei er ja auch schon verheiratet. Jensen verwies ihm solche Scherze. Von wegen Polenknaben – er sei Schriftsteller. Da dürfe er den Polenknaben allenfalls einmal im *Lift* nähertreten. Ansonsten müsse er eben darüber schreiben – der Zeitpunkt sei da, das Eis sei doch schon gebrochen. Wo es denn noch hapere?

Es stellte sich heraus, daß Thomas Mann Angst hatte – Todesangst. Sie führte unmittelbar ins Okkulte hinüber. Was da in seiner Seele wiederkehrte, jene früh geliebten Bilder und Drangsale des Herzens – sie nahmen nicht nur das Gesicht des schönen Polenknaben an. Oft trugen sie nämlich auch die Maske des Todes, böse und bleich wie die Wiedergänger Schrencks kamen sie dann herauf: Totenkopf Martens und Totenkopf Timpe.

Jensen rief ihn zur Ordnung: Für einen Schriftsteller lese er wahrhaftig höchst nachlässig. Eben das stehe doch alles schon in der *Gradiva:* Meine nicht auch Hanold, die »verdrängte« Geliebte sei nur eine Abgeschiedene auf Urlaub? Und dieser liebliche Totentanz in der Mittagsgeisterstunde, bei dem Hanold ja geradenwegs erigieren müsse?[26] Er, Jensen, als der Verfasser, kenne wahrlich die Wiedergängerschrecken des Unbewußten. Und, im übrigen, Professor Freud kenne sie schließlich doch auch! Just in seiner *Gradiva*-Schrift teile er das ja mit.[27] Wer denn in der heutigen Zeit eigentlich *nicht* an Totenwiederkehr und Geister glaube, rief Jensen. Was sei denn das vorhin bei Schrenck gewesen? Und was denn dieser Dr. Jung in Zürich darüber phantasiere – sowieso aus einer alten Spökenkiekerfamilie. Und was male denn Gretchen Raabes Russe? Geisterbilder![28] Kurzum: Thomas Mann dürfe nicht nur über die Liebe, er müsse auch über deren Schrecken schreiben. Er möge nicht nur den schönen Polen, sondern auch seine Untoten in Venedig unterbringen.

Sie hatten den Kaiser-Ludwig-Platz erreicht. Drüben lag der Bavaria-Ring. Jensen blieb stehen. Der sonst so Gelassene sprach eindringlich, beschwörend: »Schreiben Sie Ihrem Unbewußten nach! Es fließt ja schon, es ist schon angestochen. Werden Sie flüssig! Sie werden begeistert sein.« Und Jensen pries die Grunderfahrung seines Lebens, damals, als er sich aus Krampf und Kampf endlich an die Schwestern getraute, und schließlich sang er noch vom Schreibfest an der *Gradiva.* Gewiß – sie war eine späte Schöpfung, aber aus jenem immerfrischen Quellpunkt wie alle anderen Schwestergeschichten auch. Die Mittagsgeisterstunden in Pompeji kamen damals wieder herauf, und dann Tieferliegendes. Dieselbe Erregung wie beim allerersten Mal. Maries Angst, daß er wieder allzu flüssig werde. Wie er dann tagelang auf einem Strom von Tinte dahergefahren sei. »Ich geriet nie dabei ins Stocken, junger Mann, fand immer alles, wiederum anscheinend ohne Nachdenken – fertig vor. Immer auf einem messerrückenschmalen Grad nachtwandlerischer Möglichkeit dahingleitend.«[29] Vor Aufregung kam er ins Husten.

Sie gingen noch die paar Schritte zum Ring hinüber. Vor Nummer 13 standen zwei Fahrräder. »Die Ernsts«, sagte Jensen voller Freude, »sie sehen sich Maries neue Bilder an – immer noch Gräser und Bäume. Möchten Sie nicht noch auf ein Glas – ?« Thomas Mann dankte. Gern hätte er den Prinzen von Sachsen-Meiningen einmal wieder privat gesprochen, doch er mußte an den Heimweg denken. Bis zum Herzogspark war es noch weit. Vielleicht fielen ihm auch schon die ersten Sätze ein. Die Hauptfigur konnte eigentlich wieder adelig sein – Prinz Karl nun ganz auf dem Weg zu sich selbst.

»DER TOD IN VENEDIG«

Angst war der Anfang, Angst und Lust und eine furchtsame Neugier nach dem, was kommen wollte. Was aber kam, waren erst einmal kühle Sätze, überdies recht geschraubt. Der Eingang war zu machen, der Held vorzuführen – er gab ihm Gustav Mahlers Statur. Den konnte er sich in Venedig gut vorstellen. Flüssig war der auch selten gewesen und trotzdem groß. Den persönlichen Adel aber hatte er doch nicht mehr erlangt, und ein Landhaus wohl auch nicht.

Er sah aus dem Fenster. Wolken zogen tief durch den Garten, ein Gewitter kündigte sich an. Die Raben, die heute übrigens noch zu füttern waren, schwangen sich in den Wipfeln der Fichten. Von Tölz her näherte sich lautes Motorengeräusch – in dieser Landhauskolonie hatte schon fast jeder seinen Daimler. Recht auf Stille? Den Kritikern des Verkehrslärms hatte *Die Automobilwelt* vor kurzem geantwortet, sie strebten die »Tyrannei der Nervösen« an.[30] Er beschloß, seinen Helden ausdrücklich als schwer Nervösen anzulegen.

So war auch gleich verständlich, daß der seine Triebe zu fürchten hatte. Traten sie mächtig und maßlos hervor, mußte er sie als tödliche Bedrohung empfinden – das war die schlimme Seite dessen, was da nun wiederkam: Martens und Timpe mit Totenkopf. Aber die passenden Sätze kamen auch, und er brachte seine Wiedergänger unter – mit diskreten Totenschädeln. Jensen würde seine Freude haben.

Tadzio hielt er sich noch eine Weile vom Leib. Er ließ den Schönen von fern auftreten, vollkommen klassisch und kühl, und sprach ihm den richtigen Kopf zu: das Haupt des Eros vom gelblichen Schmelze parischen Marmors. Allmählich aber hörte er einen neuen Ton und bemerkte, wie sich unter der Hand die Verben tieferen Gefühls einfanden: *erstaunen, erschrecken, beglücken.* Dann wagte er die erste Nähe, neutral noch, unentschieden, im schwebenden Kämmerchen – also im *Lift.* Die Gräfin würde sich freuen. Tadzio stand ganz nahe bei Aschenbach, zum ersten Male so nah, daß dieser ihn nicht in bildmäßigem Abstand, sondern genau wahrnahm und erkannte. Und dann aber: Als er von Tadzios unbeschreiblich lieblichem Lächeln schrieb, war es vorbei mit Abstand und Kühle, und die Feder fuhr ihm aus ins gänzlich Verbotene. Gerade noch gelang ihm die Rettung, indem er den Knaben fort in den Tod wünschte. Beruhigung stellte sich ein.

Die aber kam nun das letzte Mal. Die Nähe zum Knaben war endgültig hergestellt, die Dinge kamen in Bewegung. Zwar gab er sich noch etwas Aufschub: Eine überstürzte, doch scheiternde Abreise war einzuschalten – aber die Rückkehr ins Hotel war dann schon viel zu begeistert. Da gab er solch halben Widerstand endgültig auf. Mochte jetzt kommen, was so lange schon wollte.

Sein Schlaf war flüchtig. Köstlich einförmige Tage über dem Manuskript waren getrennt durch kurze Nächte voll glücklicher Unruhe. Ums erste Morgengrauen weckte ihn ein durchdringendes Erschrecken, sein Herz erinnerte sich des Abenteuers, das er jetzt unternahm, es litt ihn nicht mehr in den Kissen, er erhob sich, und leicht eingehüllt gegen die Schauer der Frühe setzte er sich wieder an seinen Schreibtisch. Zuweilen schloß er die Augen, um die Erinnerung noch genauer zu finden. Da sah er den Knaben vorm

Meer. Er ging barfuß, zum Waten bereit, die schlanken Beine bis über die Knie entblößt. Dann lief er, das widerstrebende Wasser mit den Beinen zu Schaum schlagend, hinübergeworfenen Kopfes durch die Flut. Nun wurde auch faßbar, wie sehr die frühen Bilder von Schulhof und Strand hier mitsprachen. Ehemalige Gefühle, frühe, köstliche Drangsale des Herzens, die im strengen Dienst seines Lebens erstorben waren – er erkannte sie mit verwirrtem, verwundertem Lächeln. Er sann, er träumte, langsam bildeten seine Lippen die Namen all derer, denen sie einst gegolten – Martens und Timpe natürlich voran.

Dann kam der Rausch. Sie warfen ihn nieder, die frühen Gefühle, buchstäblich lag er am Boden, die Stirn in den Händen. Da war nun das trunkene Lied unter Tränen zu singen. Tatsächlich – er wollte nun singen. Längst schon klang ihm der Text musikalisch im Ohr, Rhythmen hatten sich hergestellt, verwundert fand er Hexameter. War er ein Dichter? Oder jetzt auf dem Wege, es endlich zu werden? Doch als er begann, nun Silben zu zählen und Reime zu wählen, da gerade schien ihm der Zauber zu weichen. Er war kein Poet und wußte es im innersten Herzen. So blieb es bei Prosamusik, denn die Textmelodie erhielt sich durchaus. Noch die kleinste Einzelheit seines Erlebnisses nahm sie auf und stimmte sie ein auf den Ton der Erzählung.

Alles aber auch, was er in Venedig erlebt hatte, ließ sich nun deuten im Sinne des Ganzen. Hier schoß wie Kristall vieles zu einem Gebilde zusammen, das, im Licht mancher Facette spielend, in vielfachen Beziehungen schwebend, seinen Blick, während er es tätig bewachte, wohl zum Träumen bringen konnte. Es war ein tätiges Träumen – die Geschichte stieß ihm zu, während er schrieb. Ja, momentweise hatte er das Gefühl eines absoluten Wandels, einer souveränen Getragenheit, wie er es sonst nicht kannte. Es war wie auf See vor günstigem Wind. Nicht gerade auf einer Woge von Tinte fuhr er daher wie der flüssige Jensen – doch es trug ihn und strömte. Er war gerettet.

Vor dem Tölzer Landhaus, im Juli 1911
(Beginn der Arbeit am *Tod in Venedig*).
Von links: Samuel Fischer, Karl Vollmöller, Thomas und Katja Mann, davor Klaus und Erika

JENSENS TOD

Im November regnete es ununterbrochen, und es begann vor der Zeit, empfindlich kalt zu werden. Am Nachmittag des 10. erhielt Thomas Mann ein Telegramm von Marie: Jensen war schwer erkrankt. Gegen Abend saß er am Bett des Freundes. Dessen Bronchitis war wieder ausgebrochen und brachte diesmal ernste Herzkomplikationen mit sich. Jensen hatte an seinem Lebensroman bis zur Erschöpfung gearbeitet und vermochte nun der Infektion nicht mehr genug Widerstand entgegenzusetzen. Aber *Fremdlinge unter den Menschen* lag als hoher Manuskriptstoß auf dem Schreibtisch, schon fiebernd hatte Jensen ein zerfahrenes *Finis* unter die letzte Seite gesetzt.

Der alte Freund lag sehr geschwächt in den Kissen. Zuweilen schüttelte ihn ein Hustenanfall – danach rang er minutenlang qualvoll nach Luft. Mit Mühe fand er dann seine Miene ironischer Resignation wieder. »Kiel hat mich endlich eingeholt«, flüsterte er. Es war ein stehender Scherz von ihm, daß ihn am Ende seines Lebens zwar nicht der Teufel – das hätte die Existenz Gottes vorausgesetzt –, aber doch seine alte Küstenbronchitis holen werde. Er versuche jetzt mit Gelassenheit abzugehen, wie Schopenhauer das lehre. Thomas Mann widersprach – nichts deute auf solchen Ernst der Lage. Dann erzählte er vom *Tod in Venedig:* wie er selber nun flüssig geworden sei, wie es jetzt strömte und trug. Jensen richtete sich in seinen Kissen auf. Er war hochbefriedigt. Feierlich drückte er dem Freunde die Schreibhand. So also werde es weitergehen.

Thomas Mann möge ihm nun vorlesen. Und der las von Gustav von Aschenbach und seinem großen Abenteuer: wie dieser Schriftsteller in der Aussichtslosigkeit gelandet war und deshalb von einer Schreibhemmung befallen; wie er gegen Süden reiste, um all dem zu entkommen, und wie er gerade dort erfuhr, was er denn eigentlich gewollt hatte im Leben; und wie er das schließlich kommen ließ und bereitwillig und gelassen aufnahm. Mit der kühlen Neugier des Fachmanns verfolgte Jensen die Geschichte. Die Hustenanfälle überwand er mit dem Rest seiner Spannkraft. Manchmal fragte er in die Geschichte hinein. »Zeigen Sie einmal, wie Tadzio geht und steht!« bat er. »Worauf achten Sie dabei am meisten?« »Auf die Beine«, sagte Thomas Mann. »Hören Sie nur«:

Er ging barfuß, zum Waten bereit, die schlanken Beine bis über die Knie entblößt, langsam, aber so leicht und stolz, als sei er ohne Schuhwerk sich zu bewegen ganz gewöhnt …

»Ausgezeichnet«, sagte Jensen, »Sie haben den Blick dafür.« Dann zitierte er sich selbst: »Das verlieh ihr, ein flugartiges Schweben mit festem Auftreten verbindend, die eigenartige Anmut.« »Die Gradiva«, sagte Thomas Mann, »ja, sie hat mir sehr geholfen.«

Dann las er weiter und malte seine Strandbilder: »Er war früh auf, wie sonst wohl bei pochendem Arbeitsdrange, und vor den meisten am Strand, wenn die Sonne noch milde war und das Meer weiß blendend in Morgenträumen lag.« »Travemünde«, sagte Jensen gerührt, und der andere stimmte ihm lächelnd zu. »Sonne und Sand«, las Thomas Mann, »dies lieblich nichtige, müßig unstete Leben, das Spiel war und Ruhe, ein Schlendern, Waten, Graben und Haschen, Lagern und Schwimmen.« Der Freund nickte. So war es gewesen. Dann las Thomas Mann, wie Aschenbach das Bild seiner Sehnsucht entwarf: »Und aus Meerrausch und Sonnenglast spann sich ihm ein reizendes Bild. Es war die alte Platane unfern den Mauern Athens – war jener heilig-schattige, vom Dufte der Keuschbaumblüten erfüllte Ort …« Da lagerten sie, der Ältliche und der Junge, der Häßliche und der Schöne, und des Schönen vollkommener Leib war zum Anrühren nahe wie nur einmal noch – vor Tagen im Fahrstuhl. Jensen aber hörte nicht mehr hin. Er war in einen eigenen Traum geraten. Der mochte ihm sein eigenes Bild spinnen von der mittagsheißen Heide und dem blonden Mädchen, das darüber in merkwürdiger Anmut hinging. Als Thomas Mann einmal aufsah, war der Freund eingeschlafen. Marie begleitete ihn zum Bahnhof. Er bekam noch den Spätzug.

Einige Tage darauf erhielt er Nachricht, daß sich Jensens Zustand verschlimmert habe – eine Lungenaffektion war hinzugetreten. Er lag nun im Krankenhaus Thalkirchen. Marie und Käthchen waren ständig um ihn.

Für Thomas Mann war der November 1911 ein Monat mit besonders zahlreichen Verpflichtungen, vor allem mit Lesungen im In- und Ausland. Er hat den Freund nicht wiedergesehen. Am Abend des 24. setzte ihn ein Telefonanruf in Kenntnis, daß es zu Ende gehe. Von einem Besuch im Krankenzimmer sei nunmehr abzusehen.

Am nächsten Tage empfingen Jensens Freunde und die Verehrer seiner Dichtung voll herzlicher Trauer die Nachricht von seinem Tode.

LETZTE FAHRT

München trauerte. Jensen lag in seiner Wohnung am Bavaria-Ring aufgebahrt, wie er es verfügt hatte. Die Kondolierenden standen zeitweilig bis auf die Straße. Freilich, alle neueren Entwicklungen waren über Jensen längst hinweggegangen – doch kannte noch jeder seinen Namen. Er stand für alles Gewisse und Gelungene, das aus dem vergangenen Jahrhundert in diese so undeutlichen und spannungsreichen Jahre hinüberreichte. Abgesandte des Maximiliansordens erwiesen die letzte Ehre, der Vorsitzende des Schriftstellerverbands erschien, dann Weltrich von der Schillerstiftung, Ruederer für den »Neuen Verein«. Der Bibliothekar aus dem Lesesaal der Staatsbibliothek kam genauso wie Martens, der Literaturkritiker der *Münchener Neuesten.* Gegen Mittag aber hielten Polizeireiter vor dem Haus, und eine königliche Equipage fuhr vor, die denn doch keiner erwartet hatte: der Prinzregent. Der uralte Mann nahm Abschied, obschon er von Jensen gewiß keine einzige Zeile gelesen hatte – daß der aber »dazugehört« hatte, wußte er dafür um so sicherer. Am Abend kam Heyse. Mühsam erstieg er die Eingangstreppe und verweilte dann lange bei Freund Wim. Mit Marie saß er noch Stunden. Schließlich begann er lustige Krokodilsgeschichten zu erzählen, Paolo, der Sonnige.

Anderntags trug der Mittagszug Jensens Sarg nach Prien. Im anschließenden Waggon versammelte sich die Trauergesellschaft. Entferntere oder längst in Vergessenheit geratene Bekannte saßen im Zug verstreut, und manch dunkelgekleideter Reisender mochte einfach ein unbekannter Leser sein. In Prien warteten die Schützen und geleiteten den Sarg zum Schiffsanleger. Langsam glitten schwarz ausgeschlagene Heuboote heran, eines übernahm den Katafalk. Dann ging die Totenfahrt über den winterlichen Chiemsee, es war kalt und neblig. Endlich zogen scharf die Linien der Fraueninsel auf. Dort trugen die Freunde den Sarg zum nahegelegenen Friedhof. Thomas Mann ergriff den Tragholm neben einem Mann mit riesigem Vollbart. Es war Mühsam, der ihn ironisch begrüßte. »Das war der letzte große Lübecker«, flüsterte er.

Das Grab war neben der Ruhestelle von Freund Lugo ausgehoben worden. Einen Priester hatte Jensen sich verbeten, die anderen Redner aber mußte er nun hinnehmen. Prinz Ernst nahm Abschied für die Familie. Er würdigte den Gatten und den Vater Jensen, dann pries er den Künstler – der hatte so vielen etwas geben können, weil er zum Herzen zu reden wußte. Prinz Ernst hob hervor, wie Jensen die Mächte der Tiefe, mit denen er sehr wohl bekannt gewesen sei, immer gebändigt habe zu sittlich klaren Linien und Verhältnissen. Dann trat inmitten ihrer sechs Kinder Freifrau von Saalfeld ans Grab, Jensens schönes Käthchen. Sie sprach ein paar Verse aus des Vaters großem Familiengedicht, dem Hexametergesang auf einen Freiburger Spätsommerabend:

Drunten im Garten verstummt das Gelärm und Gelächter des Spieles,
Lustmüd, flatterndes Haars, drängen die Kinder hinzu.

Martens von den *Münchener Neuesten* sah mokant zu Thomas Mann hinüber – das war ja so zeitgemäß wie *Hermann und Dorothea.* Doch Thomas Mann tat, als verstünde er nicht. Jensens Idylle – gewiß, ein *enges Glück,* aber doch voller Lebenswärme und durchaus hexametertauglich. Man sollte einmal ähnliches versuchen.

Dr. Seif sprach ein Abschiedswort für die Münchener Psychoanalytiker. Er schilderte Jensens so früh erwachtes Gespür fürs Unbewußte und wie sein ganzes Werk sich schließlich um wenige Erlebnisse in der Kindheit gedreht habe. Immer sei er von den Mächten der Tiefe bedroht gewesen. Sein Werk aber sei sein Sieg. Leicht und anmutig komme es daher – wie die Gradiva auf dem Boden Pompejis. Die Münchner Psychoanalytiker aber wüßten, was sich darunter befinde. Als alle Reden gehalten waren, trat noch eine Gruppe rotgesichtiger, in schwarze Bratenröcke gekleideter Männer hinzu, die einen aus Eichenlaub und Heidekraut gewirkten Kranz niederlegten. Es war die junge bayrische Raabe-Gemeinde, die dem Freund ihres Dichters ein deutsches Gedenken darbrachte. Als die Männer aber an Gretchen Raabe vorbeigingen, wandte sie sich ab.

Marie stand ruhig bei ihren Kindern. Es waren fünfundvierzig Jahre mit Wilhelm gewesen – keines davon zu bereuen. Die kranztragenden Biedermänner erinnerten sie noch einmal an den anderen, der sich später noch um sie beworben hatte – der ihr nach seiner Flucht dann bald zum Räbelein geschrumpft war. Er wäre nicht der bessere gewesen, nicht fürs Leben. Als sie zum Anleger zurückgingen, trat ein langhaariger Mann im Russenkittel auf Marie zu. Es war Fidus, der Lebensreformer, Maler und Tempelbaumeister. In Jensen hatte er immer den »Sonnendichter« verehrt – von ihm habe er die Idee zu seinem *Lichtgebet* empfangen. Jensen war das sehr verbreitete Bild des nackten Sonnenanbeters jedoch immer peinlich gewesen, erotischer Kitsch.

Fidus lud Marie zur Gründungsversammlung seines St.-Georgsbundes, der einen freudigen neuen Lebensgeist schaffen wolle. Gerade am Grabe müsse davon die Rede sein. Marie beschied ihn auf später.

Eine fahle Wintersonne schien auf die dunkle Flotte, als sie den Weg zurück nach Prien nahm, das Boot mit dem leeren Katafalk voran. Verwandte und Freunde waren noch ins Häusle geladen. So saß man noch einmal wie seit vielen Jahren an der langen Tafel, einige auf der Ofenbank, Dr. Groß und Thomas Mann am Fenster. Aus der Küche kam die Zugehfrau mit dem heißen Apfelkuchen, Marie schenkte Kaffee ein, Käthchen sorgte für die Kinder. Auf dem Schreibtisch ein melancholischer Anblick: das Manuskript von *Fremdlinge unter den Menschen.* »Jedenfalls abgeschlossen«, sagte Thomas Mann, *»Finis operis!«* Das war doch wohl die Hauptsache.

Die Gräfin war in einer Mailänder Robe von leuchtendem Schwarz gekommen, einen breiten kanadischen Zuchtpelz um die Schultern –Vorgriff auf die Erbschaft des bereits kränkelnden Barons Rechenberg, wie sie erläuterte. Sie hatte Bubi mitgebracht. Rolf Reventlow war jetzt vierzehn, ein selbstbewußter, gutaussehender Jüngling, der seit Beginn der Beerdigung begeistert zu Jensens Enkelin Elisabeth hinüberstarrte. Die junge Freiin von Saalfeld war nur wenig älter und in der Tat vollkommen nach ihrer Mutter geraten. Rolf saß bald neben ihr und schwärmte ihr von der Anarchistenschule vor, die Mühsam in Ascona eröffnen wollte. Das schöne Käthchen sah gerührt auf ihre Tochter, die hingerissen zuhörte. So hatten vor Jahren in Freiburg die jungen Privatdozenten auch auf sie eingeredet. Prinz Ernst allerdings hob ein wenig die Brauen. Vor der Kunst waren alle Menschen gleich, doch er verabscheute den Umsturz.

Auch Jörg, Freiherr von Saalfeld, war nach seiner Mutter gekommen und wiederholte ihre Züge sehr markant. Er war

Jensens Vorzugsenkel gewesen und hatte den Großvater zu einigen phantastischen Rittergeschichten angeregt – denn dieser bestand gegen allen Augenschein darauf, daß man ihm die staufische Abkunft ansehe. Seit dem Verlust seines rechten Beins vor drei Jahren aber war an Jörg die Jensensche Melancholie noch stärker hervorgetreten. Vornübergeneigt saß er neben dem Vater und beobachtete still das Gespräch seiner Schwester mit dem jungen Anarchisten. Zuweilen sah er mit vollem Blick auf dessen Mutter, die sich dann zurücklehnte.

Dr. Groß war noch ein wenig blaß von seinem Klinikaufenthalt. Er trank ein um das andere Mal Kaffee und ließ sich bereits das vierte Kuchenstück reichen. Hier im Häusle fand er wieder einmal Seelenfrieden. Die letzten Monate hatte die Schweizer Polizei ihn gesucht – »behufs Versorgung wegen Geisteskrankheit«. »Nase spitz, vorn blau, krankhaft« hatte in der Polizei-Ausschreibung gestanden, was ihn ganz bürgerlich geärgert habe.[31] Diese Geschichte hatte sein Vater jetzt wieder einmal regeln können. Nun wollte Dr. Groß sich in Ascona an der Anarchistenakademie beteiligen. Thomas Mann dauerte dieser geniale und sympathische Mensch. So ging es, wenn man sich keine Verfassung gab. Später hatte Dr. Groß zuviel Kaiserstühler getrunken und begann, Gretchen Raabe von Feuerland zu erzählen. Dort hatte er vom Paradies gekostet.

Gegen Abend brachen alle auf und gingen in Gruppen zum Bahnhof. Auf dem Weg von Sankt Salvator nach Prien drehte mancher sich noch einmal um. Dies war nun vorbei, hierher würde man wohl nicht wiederkommen. Die meisten wußten es wohl: Dichterwitwen bekamen nur selten Besuch.

Thomas Mann verabschiedete sich als letzter. Marie stand am Fenster und weinte ruhig. »Es hat sich gelohnt«, sagte Thomas Mann, und er deutete auf das Regal mit Jensens 129 Büchern. »Jedenfalls war es das Leben«, sagte Marie. »Was mag schließlich davon bleiben? Aber das war nicht *seine* Sorge. Um die Familie hat er sich gesorgt.« Das nun hatte sich ganz ohne Zweifel gelohnt, fand Thomas Mann. Eine Tochter hatte es sogar zu erblichem Adel gebracht, und ihre Kinder waren Staufer. In gewisser Weise lebte Jensen nun als Staufer fort. War das besser als in seinem Werk? Wenn Thomas Mann ehrlich war: Es *war* besser. Prinz Karl im Fleisch war eben konkreter als eine ferne Gesamtausgabe. Der Tagtraum zog Prinz Karl vor, nicht das Werk – das Fleisch, nicht das Buch.

Als Marie die Tür hinter ihm schloß, sah Thomas Mann auf den Weg nach Prien. Im schwachen Abendrot waren noch einige Gestalten erkennbar, die dem Bahnhof zustrebten. Die letzte hatte einen merkwürdigen Gang. Es war der kleine Freiherr mit dem Holzbein. Er hüpfte beim Gehen. Wenn er den linken Fuß vorsetzte, zog er den rechten nach, der dann nur lose mit den Zehenspitzen den Boden berührte, während Sohle und Ferse in ihrem künstlichen Gelenk sich beinahe senkrecht emporhoben. Dies Hüpfen des Schönen war seltsamerweise fast anmutig.

Anmerkungen

ANTRITTSBESUCH

[1] Zitiert nach Gustav Adolf Erdmann, *Wilhelm Jensen. Sein Leben und Dichten,* Leipzig 1907, 99
[2] Jensen an Wilhelm Raabe 6.9.1894
[3] Thomas Mann, *Gesammelte Werke in dreizehn Bänden,* Frankfurt a.M. 1990, Bd. VIII, 33
[4] Wilhelm Jensen, *Lieder aus Frankreich. Von einem deutschen Soldaten,* Berlin (Gebr. Paetel) 1871
[5] Wilhelm Raabe an Marie Jensen 25.11.1871, Jensen an Raabe 19.12.1871, Raabe an Jensens 1.1.1872
[6] Wilhelm Jensen, *Tagebuch* vom 10.9.1894 (n.M.)
[7] Wilhelm Jensen, *Heimat-Erinnerungen,* in: *Velhagen & Klasings Monatshefte,* Jg. 1899/1900, Bd. II: *1. Emanuel Geibel,* 437; Erdmann, *Wilhelm Jensen,* 32 f.
[8] Wilhelm Jensen, *Heimat-Erinnerungen: 2. Theodor Storm,* 504 f.

VON HEILIGENHAFEN NACH FREIBURG

[1] Zitiert nach Erdmann, *Wilhelm Jensen,* 7
[2] Sigmund Freud, *Der Wahn und die Träume in W. Jensens »Gradiva«,* mit der Erzählung von Wilhelm Jensen, hg. und eingeleitet von Bernd Urban, Frankfurt a.M. 1995 (Fischer Tb. 10455), zitiert fortan: *Freud/Jensen,* hier: 129 f.
[3] Zu den »Krokodilen« und der damaligen Literaturszene siehe vor allem Johannes Mahr (Hg.), *Die Krokodile. Ein Münchner Dich-*

terkreis, Stuttgart 1987

4 Hans Landsberg, *Wilhelm Jensen,* in: Wilhelm Jensen, *Westwardhome,* Leipzig 1908, 3

5 Wilhelm Jensen, *Heimat-Erinnerungen 1: Emanuel Geibel,* 440

6 Robert von Hornstein, *Lesungen im Krokodil,* in: Mahr (Hg.), *Die Krokodile,* 89

7 Friedrich Bodenstedt, *Münchner Tagebuchaufzeichnungen,* in: Mahr (Hg.), *Die Krokodile,* 99

8 Friedrich Bodenstedt, *Münchner Tagebuchaufzeichnungen,* in: Mahr (Hg.), *Die Krokodile,* 102 f.

9 Bodenstedt im Tagebuch am 14. 3. 1863

10 Jensens Lesung im »Krokodil« verläuft nach den Berichten Hornsteins, Landsbergs und Schmids. Siehe Robert von Hornstein, *Lesungen im Krokodil,* und Hermann von Schmid, *Krokodile in München,* beide in: Mahr (Hg.), *Die Krokodile,* 33, 90–92, und Hans Landsberg, *Wilhelm Jensen,* 4

11 Zitiert nach Erdmann, *Wilhelm Jensen,* 57

12 Wilhelm Jensen, *Hunnenblut,* in: W. J., *Chiemgaunovellen,* Leipzig (Elischer) 1892, 49

13 Wilhelm Jensen, *Hunnenblut,* 59

14 Zu Marie Brühls Biographie vor allem Horst Denkler, *Marie Jensen. Angaben zur Person einer schönen Unbekannten,* in: Ders., *Neues über Wilhelm Raabe,* Tübingen 1988, hier S. 45

15 Hierzu Erdmann, *Wilhelm Jensen,* 58

16 Zum Bergwerk vor allem Werner Fuld, *Wilhelm Raabe. Eine Biographie,* München, Wien 1993, 187–89

17 Das Wesentliche zum Stuttgarter Milieu, den Details um Raabe bis hin zu Raabes nervösem Asthma und Jensens geschwollenen Mandeln (Vorbote seiner Bronchitis) nach: Erdmann, *Wilhelm Jensen,* 58–72, Fehse, *Raabe und Jensen,* Berlin 1940, pass., Fuld, *Wilhelm Raabe,* 163–246, Oppermann, *Wilhelm Raabe,* Reinbek 1970 (rowohlts monographien 195), 58–76; *Briefwechsel Raabe-Jensen,* in: Wilhelm Raabe, *Sämtliche Werke,* Ergänzungsband 3, Göttingen 1970, hier die Korrespondenz vom 1. 7. 1868 bis 11. 12. 1868 und pass.

18 *Tapetentür und weitere Kriegszurüstungen* bei Erdmann, *Wilhelm Jensen,* 72–74

19 Marie Jensen an Raabes 16.12.1868

20 Raabe an Jensens 14.12.1868

21 *Zu Groth* nach Wilhelm Jensen, *Heimaterinnerungen 3: Klaus Groth,* 626–632

22 *Der Kieler Freundeskreis* nach Erdmann, *Wilhelm Jensen,* 78–82, und Wilhelm Jensen, *Heimaterinnerungen 2 und 3: Theodor Storm, Klaus Groth,* passim

23 *Geibels Werdegang* nach Mahr (Hg.), *Die Krokodile,* 469–474, und Wilhelm Jensen, *Heimat-Erinnerungen 1: Emanuel Geibel,* 437–444

24 Geibel, *An Georg Herwegh,* in: Mahr (Hg.), *Die Krokodile,* 139–141 und 471

25 *Nur fünf Vorlesungen* nach Mahr (Hg.), *Die Krokodile,* 472

26 »Dein Bräut'gam naht...« aus Emanuel Geibel, *An Deutschland,* in: Mahr (Hg.), *Die Krokodile,* 170–172

27 *Preußischer Ehrensold:* nach Mahr (Hg.), *Die Krokodile,* 173 f.

28 *Zu Geibel und diesem Vorfall:* die Figur des Professors von Heines in Heinrich Mann, *Eugénie oder die Bürgerzeit,* und Wilhelm Jensen, *Heimat-Erinnerungen 2: Theodor Storm,* 511

29 *Zur Kieler Kälte und Freiburger Wärme:* Marie und Wilhelm Jensen an Raabe vom Pfingstdienstag 1876

30 *Lebensmitte mit 37:* Jensen vermutet genau richtig, er stirbt mit 74

31 Marie Jensen an Raabe 1.2.1870

32 Raabe an Jensens 30.1.1875

33 Wilhelm Jensen, *Nach Sonnenuntergang,* Berlin (Gose & Tetzlaff) 1879 (entstanden 1876)

34 Wilhelm Jensen, *Nach Sonnenuntergang,* I, 53

35 Wilhelm Jensen, *Nach Sonnenuntergang,* I, 303. – Die Kältephantasie im Teufelsgespräch des *Doktor Faustus* stammt wohl von hier und auch das Verbot des »Du darfst nicht lieben« (VI, 297, 331 f.). In Jensens Novelle *Unter den Schatten* (in: *Aus stiller Zeit,* Weimar 1896) findet sich das Thema narzißtischer Kälte wieder (und prompt auch Textechos im *Tonio Kröger* VIII, 322, 336): Georg Rodewald hat einen Schneetraum, in dem ihm gesagt wird: »Du hast nie geliebt, weil du nicht lieben kannst ... dein Herz ist wie der kahle Strauch, dein Blut wie der Schnee« (S. 17 f.). Endlich begegnet ihm in Gestalt der Kindfrau Marguerite dennoch die Liebe, »da wußte er, daß sein Herz lebte« (S. 94). Natürlich

darf Rodewald diese *Schwester* nicht begehren. Als er es tut, tötet sie sich. – Im Unterschied zu Jensen, der die *Schwester*-Schranke schließlich überwindet, wird das Liebesverbot bei Thomas Mann bestehen bleiben. Er tauscht dafür Werk und Ruhm ein.

36 Wilhelm Jensen, *Nach Sonnenuntergang,* I, 309

37 Wilhelm Jensen, *Nach Sonnenuntergang,* I, 133, 196

38 Wilhelm Jensen, *Nach Sonnenuntergang,* I, 211 f.

39 Wilhelm Jensen, *Nach Sonnenuntergang,* II, 266

40 Das Motiv wird Heinrich Mann später bei Jensen aufgreifen und im *Professor Unrat* verarbeiten.

41 Karl Schorn, *Wilhelm Jensen. Der Mensch, seine Weltanschauung und seine Kunst,* Diss. phil. (Mschschr) Bonn 1924, 60. – In der Jensen-Forschung dürfte es sich bei Schorns Dissertation um *die* grundlegende Studie handeln.

42 Schorn, *Wilhelm Jensen,* 66

43 *Über Freiburg und die Melone:* Jensens an Raabe Anfang September 1876, Raabe an Jensens 26. 9. 1876 sowie Jensens an Raabe 7. 7. 1877

44 Wilhelm Jensen, *Aus dem Hause,* in: W. J., *Vom Morgen zum Abend,* Leipzig (Elischer), 2. Aufl. 1897

SELTSAMES NATURVERLANGEN

1 Noch am 4. 9. 1910 schreibt Otto Behaghel an Jensen über sein Kaiserstuhl-Buch *Die Heiligen von Amoltern* (Heyck-Jensen-Archiv).

2 Wilhelm Wundt an den »Sänger vom lieblichen Kaiserstuhl« vom September 1905 (Heyck-Jensen-Archiv)

3 Franz Keller an Wilhelm Jensen vom 21. 4. 1908 (Heyck-Jensen-Archiv)

4 Das gilt wiederum auch für heute (1997): Siehe Franz Keller (Hg.), *Wilhelm Jensen: »Im Talgang des Kaiserstuhls«,* Freiburg 1993, 70–79. – Wilhelm Jensen, *Mutterrecht. Im Talgang des Kaiserstuhls,* Berlin (Schwetschke) 1903

5 Das hat 1980 der Lyriker Christoph Meckel über seinen Vater gesagt. Auch Eberhard Meckel hatte immer wieder im Kaiserstuhl seine Seelenruhe erwandert – ein »mittlerer« Schriftstel-

ler, dem die Zeitläufte jedoch den goldenen Mittelweg mäßigen Kritikerlobes und auskömmlicher Auflagen verwehrt hatten. Er fühlt sich auf Zeit zur Landschaft und zu den Bauern gehörig, in einer fraglosen Einheit vor jeder Konkurrenz: »Dann Speck und Wein im Gasthaus zum Engel.« Christoph Meckel, *Suchbild. Über meinen Vater,* Düsseldorf 1980, 165–172

6 Meckel, *Suchbild,* 165

7 Aus Wilhelm Jensen, *Hochsommernacht,* in: W. J., *Vom Morgen zum Abend,* Leipzig, 2. Aufl. 1897

8 Aus Wilhelm Jensen, *Aus wechselnden Tagen* (1878), zitiert nach Waldemar Barchfeld, *Wilhelm Jensen als Lyriker,* Münster 1913, 39

9 Wilhelm Jensen, *Seltsames Verlangen,* in: W. J., *Im Vorherbst. Gedichte,* zitiert nach Barchfeld, *Wilhelm Jensen als Lyriker,* 66 f.

10 Wilhelm Jensen, *Die Nacht,* zit. nach Schorn, *Wilhelm Jensen,* 12

11 Wilhelm Jensen, *Nur zum Vergehn,* zitiert nach Schorn, *Wilhelm Jensen,* 10

12 Wilhelm Jensen, *Nur zum Vergehn,* zitiert nach Schorn, *Wilhelm Jensen,* 9

13 Am 6.9.1881 berichtet Jensen Raabe davon.

14 Wilhelm Jensen, Einleitungsgedicht zu *Schwarzwaldtage* d.i. Separatdruck aus Wilhelm Jensen, *Der Schwarzwald,* Leipzig (Amelang) 1891, zitiert nach Schorn, *Wilhelm Jensen,* 10

15 Wilhelm Jensen, aus *Schwarzwaldtage,* zitiert nach Schorn, *Wilhelm Jensen,* 10

DIE WELT – EIN »BLEICHES SCHATTENSCHWEBEN«

1 *Gellender Schrei:* nach Mahr (Hg.), *Die Krokodile,* 505

2 Zitiert nach Erdmann, *Wilhelm Jensen,* 61

3 Absenderin war (Original im Heyck-Jensen-Archiv) die Lübecker Malerin und Schriftstellerin Hermione von Preuschen, die ihn und Thomas Mann (»eine ziemliche Gans« an Ida Boy-Ed vom 14.12.1903) in München später besuchen wird.

4 Anonym, in: *Die Grenzboten,* Jg. 1891, Nr. 33, zitiert nach Erdmann, *Wilhelm Jensen,* 130–132

5 Avenarius an Jensen 28.12.1886 (Heyck-Jensen-Archiv)

6 Avenarius an Jensen 13.8.1881 (Heyck-Jensen-Archiv)

7 Auch dieser Teil der Korrespondenz im Heyck-Jensen-Archiv

8 Hierzu Hans Wysling, *Ein Elender,* in: Paul Scherrer, Hans Wysling, *Quellenkritische Studien zum Werke Thomas Manns,* Bern, München 1967 (= Thomas Mann-Studien 1), 106–122; Peter de Mendelssohn, *Der Zauberer,* Frankfurt am Main 1975, 826, 856 und passim

9 Heinrich Mann, der Jensen sehr schätzte und auch nachahmte, stand im Gespräch mit Heinrich Schunck und sandte ihm öfter Arbeiten. Von dort gingen sie dann zu Jensen. Im November 1889 zeigt Heinrichs Freund Ewers dem verehrten Schunck auf Bitten Thomas Manns auch dessen eigene Gedichte, worüber der ältere Bruder entsetzt ist (»Brrr!«). Jensen hat dann über diese »Gefühlsprodukte einer halbwüchsigen liebenden Seele« (Heinrich) höflich geschwiegen; hierzu der Brief Heinrich Manns an Ludwig Ewers vom 25.11.1889, in: Heinrich Mann, *Briefe an Ludwig Ewers,* Berlin, Weimar 1980, siehe auch zu Jensen und Schunck dort das Register.

10 Im Heyck-Jensen-Archiv

11 An Jensen 12.3.1882

12 Ida Boy-Ed an Jensen vom 9.1.1883

13 An Jensen 6.5.1882

14 Ida Boy-Ed an Jensen 1.6.1883

15 *Publikum,* zitiert nach Barchfeld, *Wilhelm Jensen als Lyriker,* 47

16 Wilhelm Jensen, *Das Buch Ruth* (Novelle), zitiert nach Schorn, *Wilhelm Jensen,* 20

17 An Jensen vom 13.2.1884

18 Raabe an Jensens, 20.12.1888

19 Jensen an Raabe vom 26.7.1885

20 Raabe an Jensen vom 4.8.1885

21 So gegenüber seinem Vertrauten Erdmann; Erdmann, *Wilhelm Jensen,* 110

22 Jensen an Raabes 4.2.1874

23 Marie Jensen an Raabe vom 27.1.1869

24 Raabe an Jensens, datiert »St. Fastnacht 1869«

25 Autobiographische Bemerkung Raabes, zitiert bei Fehse, *Raabe und Jensen,* 1

[26] Marie Jensen an Raabe vom 19.2.1869

DER GLÜCKLICHE, LEICHTHIN SCHREIBENDE

[1] Erdmann, *Wilhelm Jensen,* 160 f., urteilt 1907: »Wilhelm Jensen ist einer der größten lebenden Lyriker Deutschlands, wenn nicht vielleicht der größte.« Allerdings habe sich diese Tatsache noch nicht durchgesetzt, sonderbarerweise. »Man wird es bei fremden Völkern, soweit diese sich mit der deutschen Literatur beschäftigen, nicht verstehen.«

[2] Zum *deutschen Gemüt* Erdmann, *Wilhelm Jensen,* 176

[3] Erdmann, *Wilhelm Jensen,* 176

[4] Briefe Jensens und Raabes vom 25.11.1871, 19.12.1871 und vom 1.1.1872

[5] Wilhelm Jensen, *Lieder aus Frankreich. Von einem deutschen Soldaten,* Caput LXXIV

[6] Erdmann, *Wilhelm Jensen,* 111 ff.

[7] Wilhelm Jensen, *Der Schleier der Maja,* zitiert nach Schorn, *Wilhelm Jensen,* 98

[8] Wilhelm Jensen, *Jenseits des Wassers,* zitiert nach Schorn, *Wilhelm Jensen,* 99

[9] Wilhelm Jensen, *Die Nacht,* zitiert nach Schorn, *Wilhelm Jensen,* 12

[10] Hierzu Jensens Kampfschrift gegen Wagners naturfromme Überzeugungen *Über die Vivisektion, ihre Gegner und Herrn Richard Wagner,* Stuttgart (Levy und Müller) 1885

[11] Wilhelm Jensen, *Die Namenlosen,* Schwerin i.M. (A. Hildebrands) 1873, Bd. II, S. 199

[12] Wilhelm Jensen, *Fremdlinge unter den Menschen,* Dresden und Leipzig (Carl Reißner) 1911, zitiert nach Schorn, *Wilhelm Jensen,* 96

[13] Marie Jensen an Raabe 14.1.1877

[14] Zum Manuskript der *Psychologie des Leidenden* siehe Thomas Manns Brief an Otto Grautoff vom 17.1.1896

[15] Wilhelm Jensen, *Unter den Schatten,* in: W. J., *Aus stiller Zeit,* 2. Aufl., Weimar (Emil Felber) 1896, 7

16 Wilhelm Jensen, *Unter den Schatten,* 3

17 Wilhelm Jensen, *Unter den Schatten,* 113

18 Wilhelm Jensen, *Nur zum Vergehn,* zitiert nach Schorn, *Wilhelm Jensen,* 9

19 Wilhelm Jensen, *Abschiedsbrief an Wilhelm Raabe,* in: *Raabe-Kalender* für 1912, Berlin (B. Grote) 1912, 14

20 Dieses Zusammentreffen ist in der Tat bedeutend. Jensen und Nietzsche wandern im August 1881, nur zweihundert Kilometer voneinander entfernt, zugleich im Schweizer Hochgebirge. Fast am selben Tag wie Jensen steigt in den Engadiner Bergen auch Nietzsche der Gedanke der Ewigen Wiederkunft auf. Die Erklärung mag im gemeinsamen Schopenhauer-Erlebnis liegen. In Jensen und Nietzsche wird dabei ja Schopenhauers *nunc stans,* sein »ewiger Mittag«, wirksam – von der empirischen Augustsonne bestens unterstützt. – Zur Datierung siehe Jensen an Raabe vom 6. September 1881: »Wir sind vor acht Tagen aus viel Sonne und Regen von der Wengernalp heimgekehrt, wo wir uns einen Monat unmittelbar neben der Jungfrau einquartirt gehabt und Freud' und Leid mit ihr getheilt. Ich habe sie besungen, Marie hat sie gemalt und die Kinder Edelweiß gesucht und nicht gefunden. Du siehst, der Aufenthalt bei ihr ähnelt merkwürdig demjenigen im Leben überhaupt.« Sein Wiederkehrerlebnis behält er für sich. Dagegen Nietzsche am 14. August 1881 aus Sils-Maria: »Die Augustsonne ist über uns, das Jahr läuft davon, es wird stiller und friedlicher auf Bergen und in den Wäldern. An meinem Horizonte sind Gedanken aufgestiegen, dergleichen ich noch nicht gesehen habe ...« Nietzsche meint den Gedanken der »Ewigen Wiederkunft«.

21 Wilhelm Jensen, *Altflorentinische Tage,* 2. Aufl. 1895, in: W. J., *Jenseits der Alpen,* Dresden und Leipzig (Carl Reißner) 1895; Seitenangaben im Folgenden nach dieser Ausgabe

22 Er hat ihr denn auch das Buch zur Johannisnacht 1895 gewidmet: »Seinem liebsten Boy zur Sonnenwende 1895 – vom Papa« (Exemplar der Kieler Landesbibliothek *Li 182*)

23 Schon 1881 – im Jahr des Wiederkunftsgedankens also – hat Jensen in *Unter den Schatten* diesen Gedanken erstmals mit Schopenhauer ausgearbeitet: Ein Greis wandert in seiner Heimat-

stadt umher, Burschen und Mädchen gehen nickend vorüber. »Sie alle sind andere, doch in Farbe und Gebahren, in Stimmenklang und Zügen scheinen sie auch die nämlichen seiner Jugend, und er fühlt sich heimisch unter ihnen, denn die Bühne blieb unverändert um ihn her, auf der sie ahnungslos nur dasselbe alte Spiel des Lebens, das hinter ihm versank, wiederholen.« Wilhelm Jensen, *Aus stiller Zeit,* 24; vgl. Schopenhauer, *Sämtliche Werke,* Bd 6, 293, und dann natürlich *Tonio Kröger,* VIII, 327 f.

24 Wilhelm Jensen an Raabe vom 22.12.1892

25 Wilhelm Jensen, *Lycaena Silene,* in: W. J., *Aus stiller Zeit,* Bd. 1, 117: »in der sonnenheißen Juninachmittagsluft ... wie wenn Alles im Traum vor sich gehe« u. ö.

26 Wilhelm Jensen, *Unter den Schatten,* in: W. J., *Aus stiller Zeit,* 101

27 Freud/Jensen, 52

28 Arthur Schopenhauer, *Sämtliche Werke,* Bd. 2, 331

29 Keller an Storm 20.12.1879

30 Storm an Keller 27.11.1881

31 Jensen an Raabe 30.12.1903

WIEDER IN MÜNCHEN

1 Conrad Alberti 1889 in *Die Gesellschaft,* zitiert nach Mahr (Hg.), *Die Krokodile,* 478

2 Zu diesem Gedicht siehe Erdmann, *Wilhelm Jensen,* 70

3 Jensen an Raabe 31.10.1888

4 M. G. Conrad, *Die Ziele der »Gesellschaft für modernes Leben«,* in: Walter Schmitz (Hg.), *Die Münchner Moderne,* Stuttgart 1990, 142

5 Nietzsche, *Zur Genealogie der Moral,* in: F. N., *Werke in drei Bänden,* hg. von Karl Schlechta, München 1955, Bd. II, 896

6 Marie Jensen an Raabe 6.9.1889

7 Jensen an Raabe 22.9.1891

8 Raabe an Marie Jensen 10.11.1891

9 Raabe an Jensen 15.2.1894

10 Raabe an Jensen 30.12.1898, 30.12.1900, 6.9.1900

11 Nach Janos Frecot u.a. (Hg.), *Fidus 1868–1948. Zur ästhetischen Praxis bürgerlicher Fluchtbewegungen,* München 1972, 61 f.

12 Zum ganzen Fidus-Komplex siehe Frecot u.a. (Hg.), *Fidus 1868–1948,* 61–86, 217

13 *Zu Gott* ist die erste Fassung des später in der Jugendbewegung so verbreiteten *Lichtgebets*

14 Fidus in seinen Lebenserinnerungen, zitiert nach Frecot u.a. (Hg.), *Fidus 1868–1948,* 86

15 Oskar Panizza, *Der Illusionismus und die Rettung der Persönlichkeit. Skizze einer Weltanschauung* (1895), zitiert nach: Schmitz (Hg.), *Die Münchner Moderne,* 487

16 Das war eine häufiger gehörte Entschuldigung des irritierbaren Geben. Siehe Schmitz (Hg.), *Die Münchner Moderne,* 491

DER JUNGE MANN

1 Siehe Fidus in: *Kleine Lebenserinnerungen,* zitiert nach Frecot u.a. (Hg.), *Fidus 1868–1948,* 64

2 Marie Jensen an Raabe 22.12.1893 und Raabe an Jensens 15.2. 1894

3 Es wurde dann doch ein Prosa-Epos daraus, da die Meininger schon den *Kampf für's Reich* aufführen wollten (1898). So schrieb Jensen sein Drama zum Roman um: *Der Hohenstaufer Ausgang* (1896)

4 Siehe Richard Voss, *Aus einem phantastischen Leben. Erinnerungen,* Stuttgart 1920, 223

5 Wilhelm Jensen, *König Friedrich. Ein geschichtlicher Roman,* 3 Bände, Berlin 1908

6 Raabe notiert im Tagebuch Ende 1894 als »Durchschnittseinkommen aus ›literarischen Arbeiten‹: 3400 Mark«. Zitiert nach Werner Fuld, *Wilhelm Raabe,* 341

7 Heinrich Mann an Ludwig Ewers 12.5.1893

8 Heinrich Mann kurierte im Juli 1892 in Erlenbruck bei Hinterzarten eine Lungenblutung aus. Hierzu und zu Jensens *Schwarzwald* siehe Heinrich Mann an Ludwig Ewers vom 5.7. 1892

9 Siehe Heinrich Mann, *Briefe an Ludwig Ewers 1889–1913,* Berlin und Weimar 1980, 514

10 Thomas Mann an Grautoff 22.9.1894

11 *Erlebnisse:* Heinrich Mann an Ludwig Ewers 10.8.1893 u.ö.

12 *Keimkräftig:* Überliefert von Ludwig Ewers in seinem Aufsatz *Heinrich Mann,* abgedruckt in: Heinrich Mann, *Briefe an Ludwig Ewers,* 475

13 Zu Vorstehendem siehe Michael Georg Conrad, *Berlin, Wien, München* (1892), in: Schmitz (Hg.), *Die Münchner Moderne,* 590 ff.

14 Heinrich Mann an Ludwig Ewers 20.3.1890 und 3.12.1894

15 Heinrich Mann an Ludwig Ewers 27.3.1890

16 Heinrich Mann an Ludwig Ewers 21.11.1890

17 Zum Vorstehenden Heinrich Mann an Ludwig Ewers 8. und 10.9.1891

18 Zu diesen Therapien Frecot (Hg.), *Fidus 1868–1948,* 72, 218, 225

19 *Stolz und besorgt:* Heinrich Mann an Ewers am 8.9.1891: »Es ist ... wieder mal eine krankhafte Sinnlichkeit in mir ausgebrochen, vor der mir selbst bange wird.« Er schlägt darüber gleich in Krafft-Ebings *Psychopathia Sexualis* nach.

20 Wilhelm Jensen, *Der Hohenstaufer Ausgang,* Dresden und Leipzig (Carl Reißner) 1896

21 Zu Alfred Binets und Albert von Schrenck-Notzings völlig neuartiger Bewertung von Kindheitserlebnissen bei Perversionen siehe Frank J. Sulloway: *Freud – Biologe der Seele. Jenseits der psychoanalytischen Legende,* Hohenheim 1982, 397–403

22 *Fabrik des Unbewußten:* Jensen an Raabe 9.9.1896

23 Sulloway, *Freud – Biologe der Seele,* 399 f.

24 Wilhelm Jensen, *Am ersten Sarge,* in: *Hausbuch deutscher Lyrik,* gesammelt von Ferdinand Avenarius, München 1902, zitiert nach der 10. Aufl. München 1910, 191

25 Nietzsche, *Zur Genealogie der Moral,* Dritte Abhandlung, Abschnitte 6–8, 18–19

26 Nietzsche, *Zur Genealogie der Moral,* 863

27 Nietzsche, *Zur Genealogie der Moral,* 850

28 Nietzsche, *Zur Genealogie der Moral,* 865

29 *Untergang im Geschlechtlichen:* siehe XIII, 136, und Thomas Mann an Grautoff vom 8.11.1896

30 Notizbuch 7, 94 (um 1902)
31 Nietzsche, *Zur Genealogie der Moral,* Dritte Abhandlung, Abschnitt 17, und Thomas Mann an Grautoff 5.3.1895, 8.11.1896
32 Zitate im Folgenden aus Nietzsche, *Zur Genealogie der Moral,* Dritte Abhandlung, Abschnitt 8 und 13
33 Nietzsche, *Zur Genealogie der Moral,* Dritte Abhandlung, Abschnitt 8
34 Nietzsche, *Zur Genealogie der Moral,* Dritte Abhandlung, Abschnitt 8
35 Nietzsche, *Zur Genealogie der Moral,* Dritte Abhandlung, Abschnitt 8
36 Thomas Mann an Grautoff 8.11.1896
37 Nietzsche, *Zur Genealogie der Moral,* Dritte Abhandlung, Abschnitt 8
38 Nietzsche, *Zur Genealogie der Moral,* Dritte Abhandlung, Abschnitt 13
39 Nietzsche, *Zur Genealogie der Moral,* Dritte Abhandlung, Abschnitt 8
40 Thomas Mann an Grautoff 8.11.1896
41 An Grautoff 8.1.1901
42 Zu Raabes Freund Adolf Glaser siehe Fuld, *Wilhelm Raabe,* 314 ff., und Raabe an Marie Jensen 6.9.1894
43 Thomas Mann an Grautoff 21.7.1897
44 Nietzsche, *Zur Genealogie der Moral,* 773
45 Albert Moll, *Probleme in der Homosexualität,* in: *Zeitschrift für Criminal-Anthropologie, Gefängnis-Wissenschaft und Prostitution,* Jg. 1, 157–89
46 Thomas Mann an Grautoff 13.1.1897
47 Thomas Mann an Grautoff 17.2.1896
48 Heinrich begann den Roman *Im Schlaraffenland.*
49 Wilhelm Jensen, *Späte Heimkehr,* in: ders., *Lübecker Novellen,* Schleswig 1868
50 Wilhelm Jensen, *Der Herr Senator,* Leipzig 1890, 143
51 Das sind Pläne für die *Buddenbrooks,* von Anfang an. Siehe Notizbuch 2, S. 38 und S. 52, sowie Thomas Mann an Grautoff 14.5.1898

1 Jensen an Raabe auf dem Theaterzettel der Uraufführung 22.2. 1898 in Meiningen

2 Wilhelm Jensen, *Eine Sommermondnacht,* Dresden und Leipzig (Carl Reißner) 1898, *Das Bild im Wasser,* Dresden und Leipzig (Carl Reißner) 1898, *Iris und Genziane,* Breslau (Schottländer) 1898

3 Marie Jensen an Raabe 28.12.1898

4 Jensen an Raabe 18.2.1899

5 Horst Denkler, *Neues über Wilhelm Raabe,* Tübingen 1988, 45

6 Denkler, *Neues über Wilhelm Raabe,* 45

7 Die Briefe Franziska zu Reventlows an Emanuel Fehling (März 1890 – 30.10.1891) sind enthalten in: Franziska Gräfin zu Reventlow, *Briefe 1890–1917,* hg. von Else Reventlow, München, Wien 1975; darin auch die Briefe an Michael Georg Conrad, Ludwig Klages, Karl Wolfskehl, Roderich Huch u.a.

8 Franziska zu Reventlow an Emanuel Fehling 13.1.1891, 6.7.1891 u.ö.

9 Franziska Gräfin zu Reventlow, *Gesammelte Werke in einem Bande,* herausgegeben und eingeleitet von Else Reventlow, München 1925, darin: *Ellen Olestjerne. Roman,* 690

10 Franziska zu Reventlow an Emanuel Fehling 29.11.1890

11 Franziska zu Reventlow, *Ellen Olestjerne,* 575

12 Franziska zu Reventlow, *Ellen Olestjerne,* 575

13 Franziska zu Reventlow, *Ellen Olestjerne,* 584

14 Franziska zu Reventlow an Dr. Michael Georg Conrad vom 30. 12.1893

15 Geheimer Polizeibericht über Adolf Herstein und Franziska Gräfin Reventlow, später verehelichte Lübke ca. vom Jahre 1894/95, jetzt mitgeteilt in Schmitz (Hg.), *Die Münchner Moderne,* 605–606

16 Franziska zu Reventlow, *Tagebücher 1897–1910,* in: F.z.R., *Gesammelte Werke in einem Bande,* hier: Tagebucheintrag Neujahr 1896–97

17 Zum Vorstehenden vgl. Franziska zu Reventlow, Tagebucheinträge Neujahrsnacht 1896–97, 22. August 1898 u.ö.

18 Franziska zu Reventlow, Tagebucheintrag vom 22. 8. 1898
19 Franziska zu Reventlow, *Ellen Olestjerne,* 701–704
20 Franziska zu Reventlow, Tagebucheinträge 5. 6. 1898, 25. 7. 1898, 22. 8. 1898
21 Franziska zu Reventlow, Tagebucheintrag 7. 11. 1897
22 Franziska zu Reventlow, Tagebucheintrag vom 19. 12. 1898
23 Nietzsche, *Der Antichrist,* Abschnitt 54
24 Notizbuch 3, 2
25 Nietzsche, *Zur Genealogie der Moral,* 806
26 Thomas Mann bezeugt das Zusammentreffen im Brief an Siegfried Marck vom 7. 3. 1941 (unveröffentlicht, siehe Regesten Nr. 41/96)
27 Franziska zu Reventlow, Tagebucheintrag am 21. 10. 1899
28 Zur Entstehung des Romans *Ellen Olestjerne* von Franziska zu Reventlow siehe ihre *Tagebücher 1895–1910* unter den angegebenen Daten des Jahres 1901 und Hans Eggert Schröder, *Franziska Gräfin zu Reventlow. Schwabing um die Jahrhundertwende,* in: Marbacher Magazin 8/1978, 12–13
29 Lenin war vom September 1900 bis April 1902 in München und gab dort, unter Mitarbeit von Marchlewski, die *Iskra* heraus. Zur fraglichen Zeit wohnte er in der Siegfriedstraße 14, III, links. Er zitiert aus seiner Broschüre *Was tun?,* die er Ende 1901 bis Anfang 1902 verfaßt hat (Dietz-Verlag Stuttgart 1902) und deren Erscheinen am 10. März in der *Iskra* angekündigt wird.
30 Fanny Gräfin zu Reventlow, *Viragines oder Hetären,* in: *Zürcher Diskußionen,* hg. von Oscar Panizza, 2. Jg., Folge 22, 1899, 1–8
31 Wilhelm Jensen, *Mutterrecht,* 213
32 Wilhelm Jensen, *Mutterrecht,* 239 f.
33 Fuld, *Wilhelm Raabe,* 349 ff., und Raabe an Jensens 30. 12. 1902

DIE LIEBE IM JAHRE 1903

1 Bei sonstiger Skepsis gegenüber der Psychoanalyse; Schrenck-Notzing schrieb schon 1892 in seinem Buch über *Die Suggestionstherapie* S. 164: »Die Bedeutung des sexuellen Faktors für das geistige Leben und die Charakterentwicklung überhaupt ist

allerdings zu wichtig und maßgebend, um übersehen zu werden.«

[2] Siehe Sigmund Freud, *Aus den Anfängen der Psychoanalyse 1887–1902. Briefe an Wilhelm Fließ,* Frankfurt am Main 1975, insbesondere Freuds Briefe der ersten Jahre.

[3] Siehe die Darstellung von Jones in: Ernest Jones, *Das Leben und Werk von Sigmund Freud,* Bern und Stuttgart 1962, Bd. I, Kapitel 13, und die Ausführungen von Ernst Kris in der Einleitung zu den Fließ-Briefen.

[4] Emanuel Hurwitz, *Otto Gross. Paradiessucher zwischen Freud und Jung. Leben und Werk, dargestellt von E. H.,* Frankfurt am Main 1979, 52, 292

[5] Thomas Mann, Notizbuch 7, Mitte 1903, 125

[6] Thomas Mann, Notizbuch 7, 88

[7] Thomas Mann, Notizbuch 7, 116

[8] Thomas Mann an Heinrich Mann 7.3.1901

[9] Thomas Mann an Grautoff 22.2.1901

[10] Thomas Mann an Grautoff 6.11.1901

[11] Thomas Mann, Notizbuch 7, 49

[12] Thomas Mann, Notizbuch 7, 52

[13] Thomas Mann, Notizbuch 7, 76, 98

[14] Das Fazit der Freundschaftsbeziehung zieht Thomas Manns Tagebucheintragung vom 15.7.1935: »Durch K[atja]s Mutter erfuhr ich den Tod O. Grautoffs, meines Schulvertrauten, und des Vertrauten meiner Passion für W[illri] T[impe], den zu Pribislav Hippe Erhöhten. Ich habe mich um den öde gewordenen Wichtigtuer lange nicht mehr bekümmert, nun berührt mich der Tod des Genossen leid- und gelächtervoller Knabenjahre doch kalt und traurig. Dabei kann ich es nicht anders empfinden, als daß er nur zu meinem Leben gehörte und dann selbst etwas sein wollte, tölpelhaft. – Spät abends Ankunft Golos.«

[15] Thomas Mann an Grautoff vom 22.2.1901

[16] Thomas Mann an Heinrich Mann 7.3.1901

[17] Die gesamte Textpartie aus *Tonio Kröger* ist ihrerseits schon eine Travestie der *Genealogie der Moral* (v.a. der Abschnitte 13 und 14 der 3. Abhandlung). Siehe hierzu auch die Eintragung in Notizbuch 7 von 1903, in der nun Savonarola als neuer Hirte der

»kranken Herde« erscheint (S. 111).

18 Thomas Mann, Notizbuch 7, 113

19 Siehe hierzu den Brief an Grautoff 6.11.1901

20 Thomas Mann hat die Unangemessenheit des Verkehrs mit dem durchschnittsmäßigen Einzelschaf später in der bekannten Bauschan-Episode dargestellt. Darin auch eine versteckte Selbstanklage: Der Autor als Judasschaf, das sein Opfer führt und verführt und sich dann davonstiehlt (VIII, 572 f.)

21 Nietzsche, *Zur Genealogie der Moral,* 866–869, und an Grautoff 22.2.1901

22 Beobachtungen Thomas Manns aus dem Park-Hotel in Düsseldorf am 5. und 6. Oktober 1903 (Notizbuch 6, 25, 26)

23 Notizen am 5. oder 6. Oktober im Düsseldorfer Parkhotel (Notizbuch 6, 29)

24 Nietzsche, *Zur Genealogie der Moral,* 866 f.

25 Thomas Mann an Walter Opitz 5.12.1903

26 Marie Jensen an Raabe 6.12.1895

27 Helene Raff, *Blätter vom Lebensbaum,* München 1938, 230

28 Prinz Ernsts Angaben sind überprüfbar im diplomatisch-statistischen Jahrbuch für 1900.

29 Käthchen und Ernst wohnten dort Jensens Freund Lugo gegenüber, siehe Jensens an Raabe 2.1.1902

30 Hedwig Dohm, *Sibilla Dalmar* (1896)

31 Siehe hierzu den Abschnitt *Von der Fernstenliebe* in den Reden Zarathustras

32 Nietzsche, *Also sprach Zarathustra: Vom Wege des Schaffenden*

33 Thomas Mann, Notizbuch 7, 145

34 Siehe dazu Thomas Mann an Heinrich Mann 27.2.1904

35 Thomas Mann an Grautoff »vom 29. August 03. Abends« (Briefentwurf, Notizbuch 7, 120)

36 Nach Erdmann, *Wilhelm Jensen,* 91, gehörte Alois Riehl, Professor für Philosophie an der Universität Freiburg, zu Jensens näherem Freundeskreis. Groß heiratete im Februar 1903 Frieda Schloffer, eine Nichte Alois Riehls (Hurwitz, *Otto Gross,* 112).

37 Raabe an Jensen vom 6.9.1894

38 Siehe hierzu den Brief Jensens an Freud vom 13.5.1907, greifbar in Freud/Jensen, 19 f.

39 Das Vorstehende folgt Raabes Roman-Fragment *Altershausen.* Er hat das Manuskript 1899 begonnen, mit Unterbrechungen daran geschrieben und es Mitte 1902 unabgeschlossen weggelegt. Es wurde dann 1911 aus dem Nachlaß veröffentlicht. Jensen hat davon schon vorher Kenntnis durch Raabes Freund Brandes.

40 Raabe an Jensen 30.12.1902

41 Jensen an Freud, 25. Mai 1907, in Freud/Jensen, 22 ff.

42 Jensen an Freud vom 25.5.1907 (Freud/Jensen, 23 f.)

43 Ernest Jones, *Das Leben und Werk von Sigmund Freud,* Bd. I, 417

44 Leopold Löwenfeld gab die Reihe *Grenzfragen des Nerven- und Seelenlebens* heraus und hatte Freud gebeten, dafür eine gekürzte und gemeinverständliche Fassung der *Traumdeutung* zu schreiben, die dann 1901 unter dem Titel *Über den Traum* erschien.

45 Freud/Jensen, 146 f.

46 Die Einzelheiten des »antiken Fests« am 22.2.1903 im Hause Wolfskehl folgen meist der Schilderung bei Franziska Gräfin zu Reventlow, *Herrn Dames Aufzeichnungen oder Begebenheiten aus einem merkwürdigen Stadtteil,* mit einem Nachwort von Walter Rösler, Berlin 1990

47 Die Anschauungen der »Kosmiker« Klages, Schuler und Wolfskehl werden nach ihren Hauptwerken und Erinnerungen mitgeteilt (im Falle Schulers nach Klages' Edition seiner Nachlaßschriften). Eine gute Orientierung hierzu bietet Johannes Székely, *Franziska Gräfin zu Reventlow. Leben und Werk,* Bonn 1979

48 Der Ausdruck stammt aus Klages' Hauptwerk *Der Geist als Widersacher der Seele.*

49 Hierzu Else Reventlow, die Herausgeberin der *Gesammelten Werke in einem Bande* Franziska zu Reventlows, München 1925, in ihrem Vorwort S. 16

50 Thomas Manns Novelle *Gladius Dei* erschien im Juli 1902 in der Wiener *Zeit.*

51 Putti ist Hedwig Bernhard, die Tochter von Klages' Pensionswirtin in der Heßstraße.

52 Franziska zu Reventlow, Tagebucheinträge vom 19.9.1899 und vom 1.9.1901, Brief an Klages vom 2.9.1901

53 Franziska zu Reventlow, Tagebucheintrag vom 21.10.1899

54 Franziska zu Reventlow, Tagebucheintrag vom 28.7.1901

55 Franziska zu Reventlow, Tagebucheintrag vom 10.3.1901
56 Franziska zu Reventlow, Tagebucheintrag zur Neujahrsnacht 1896/97
57 Hierzu Székely, *Franziska Gräfin zu Reventlow*, 114–117, und die Tagebucheintragung von Reventlow im Januar 1904
58 Eine gute Zusammenfassung seiner Willenstheorie gibt Klages in *Die Sprache als Quell der Seelenkunde*, Stuttgart 1948, in der sich diese Gedanken S. 318 finden.
59 Hierzu Hans Eggert Schröder (Hg.), *Katalog zur Centenarausstellung Ludwig Klages 1872–1956*, Stuttgart 1972, 51
60 Franziska zu Reventlow an Klages Ende Mai 1902
61 Franziska zu Reventlow an Klages 11.10.1902
62 Franziska zu Reventlow an Klages 1.4.1902
63 Franziska zu Reventlow, Tagebucheintrag 21.2.1901
64 Franziska zu Reventlow, Tagebucheintrag vom 10.11.1901
65 Ausführungen zum »Eros der Ferne« nach Klages, *Vom kosmogonischen Eros* in der Zusammenfassung bei Székely, *Franziska Gräfin zu Reventlow*, 39
66 Franziska zu Reventlow, Tagebucheintrag in der Neujahrsnacht 1896/97
67 Franziska zu Reventlow an Klages Ende Mai 1902
68 Roderich Huch, *Die Enormen von Schwabing. Erinnerungen aus der Zeit der Jahrhundertwende*, in: *Atlantis* 30 (1958), 148
69 Roderich Huch, *Die Enormen von Schwabing*, 148
70 Franziska zu Reventlow, Tagebucheintrag vor dem 1. Januar 1903
71 Hierzu siehe die Tagebucheinträge Franziska zu Reventlows vor dem 1.1.1903 und vom 5.1.1903

VA BANQUE

1 *Weltanschauungskrawatte* usw.: Székely, *Franziska Gräfin zu Reventlow*, 102, Anm. 170
2 Zu den *Judenerklärungen* Klages' und Schulers siehe Roderich Huch, *Die Enormen von Schwabing*, 145, 147
3 Über den »Bruch« unter den Kosmikern siehe Székely, *Franzis-*

ka Gräfin zu Reventlow, 117–123, Roderich Huch, *Die Enormen von Schwabing,* 149 f., und Walter Röslers Nachwort zu Franziska zu Reventlow, *Herrn Dames Aufzeichnungen,* 194

4 Hierzu Peter de Mendelssohn, *Der Zauberer,* 552

5 Ludwig Derleth, *Die Proklamationen,* in: Walter Schmitz (Hg.), *Die Münchener Moderne,* 484

6 *Beim Propheten* (VIII, 362–370)

7 Franziska zu Reventlow, Tagebucheintrag vom 25. 8. 1904

8 Franziska zu Reventlow, Tagebucheinträge vom 20. 2. 1904 und 21. 5. 1904

9 Wilhelm Jensen, *Mutterrecht,* 213

10 Franziska zu Reventlow, Brief an Wolfskehl aus Forte dei Marmi vom 29. 9. 1904

11 Thomas Mann an Heinrich Mann 23. 12. 1904

12 Franziska zu Reventlow, Tagebucheinträge vom 11. 12. 1904, 17. 12. 1904, 6. 1. 1905

13 Nietzsche, *Zur Genealogie der Moral,* Dritte Abhandlung, 4. Abschnitt. Siehe die großen Ehe-Rechtfertigungsbriefe an Heinrich (27. 2. 1904, 27. 3. 1904, 23. 12. 1904, 18. 2. 1905), die weitgehend mit der *Genealogie der Moral* argumentieren.

14 *Bilderlieben:* VII, 445 f.; Thomas Mann: Tagebucheinträge vom 1. 12. 1949, 6. 8. 1950, 11. 7. 1950, 16. 7. 1950

15 Franziska Gräfin zu Reventlow, *Von Paul zu Pedro. Amouresken,* in: *Gesammelte Werke in einem Bande,* 941 f.

16 Franziska Gräfin zu Reventlow, *Ellen Olestjerne,* 690

17 Franziska zu Reventlow, Tagebucheinträge vom 19. 9. 1899, 1. 9. 1901 u. ö., Brief an Klages vom 2. 9. 1901

18 *Die Götter:* Franziska zu Reventlow, Tagebucheintrag vom 26. 1. 1907

19 *Die Götter haben* bis *meine Kraft wiedergefunden habe* siehe Franziska zu Reventlow, Tagebucheinträge vom 26. 1. 1907, 18. 2. 1895 und von der Neujahrsnacht 1896/97

20 *Zypressen:* Franziska zu Reventlow: Tagebucheintrag vom 24. 1. 1907

21 *So elend:* Franziska zu Reventlow: Tagebucheintrag Neujahrsnacht 1896/97

22 *Das fremde Kind in mir* bis *zweites Ich:* Franziska zu Reventlow:

Tagebucheinträge vom 22.5.1895, 16.6.1895, Neujahrsnacht 1896/97

23 *Bronchitis, Stomatitis:* Franziska zu Reventlow: Tagebucheintrag vom 29.9.1905

24 Thomas Mann an Otto Grautoff 6.11.1901

25 Thomas Mann an Heinrich 18.2.1905. Vgl. Nietzsche, *Zur Genealogie der Moral,* 1. Abhandlung, Abschnitt 6. Der ganze Ehebrief an Heinrich bezieht sich bis zum direkten Zitat auf die *Genealogie* und das Verhältnis des »Priesters« zu Macht, Krankheit und Ehe.

26 Nietzsche, *Zur Genealogie der Moral,* 848

27 Hierzu Thomas Mann an Heinrich Mann vom 23.12.1904, wobei er fast wörtlich aus *Zur Genealogie der Moral* zitiert.

28 Nietzsche, *Zur Genealogie der Moral,* 843; eine Kernstelle für *Tonio Kröger*

29 Jensens an Raabe 7.9.1908

30 Franziska zu Reventlow, Tagebucheintrag Weihnachten 1903

FULL HOUSE

1 *Mein Bienenstock* (VIII, 423): Gemeint ist das Manuskript von *Königliche Hoheit*

2 Nietzsche, *Zur Genealogie der Moral,* 763

3 Thomas Mann an Heinrich Mann 17.1.1906

4 *Gefühl von Unfreiheit:* Thomas Mann an Heinrich Mann 17.1.1906

5 *Bilse und ich,* X, 22

6 *Sanatorium des Dr. von Hartungen:* Fakten nach Klaus D. Seckelmann, *Ein Tusculum für Dichter und Künstler. Aus der Geschichte des Sanatoriums Dr. med. Christoph von Hartungen,* in: *Deutsches Ärzteblatt,* Nr. 5 und 6, 1969, 306–309, 382–385 sowie jetzt: Albino Tonelli, *Ai confini della Mitteleuropa. Il Sanatorium von Hartungen di Riva del Garda,* Riva del Garda 1995

7 Nietzsche, *Zur Genealogie der Moral,* 1. Abhandlung, Abschnitt 6, 2. Abhandlung, Abschnitt 7

8 Nietzsche, *Zur Genealogie der Moral,* 3. Abhandlung, Abschnitt 14

9 *Herdenfoto:* in Seckelmann, *Ein Tusculum,* 306
10 Seckelmann, *Ein Tusculum,* 385
11 *Gregorius:* Notizen im Kollegheft 1894, mitgeteilt von de Mendelssohn, *Der Zauberer,* 176
12 *Wilhelm von Hertz:* Mahr (Hg.), *Die Krokodile,* 498–502
13 *Rang, prinzliches Empfinden:* Thomas Mann an Kurt Martens 2.1.1908
14 Marie Jensen an Raabe 1.1.1908
15 Thomas Mann an Ida Boy-Ed 19.3.1909
16 Thomas Mann an Philipp Witkop 1.11.1908
17 *Herrensitzchen:* de Mendelssohn, *Der Zauberer,* 779
18 *Voß und Herzog Georg:* Siehe Richard Voß, *Aus einem phantastischen Leben. Erinnerungen,* Stuttgart 1920, 315 f.
19 Wilhelm Jensen, *König Friedrich. Ein geschichtlicher Roman,* Berlin (Gebr. Paetel) 1908, 3 Bde.
20 Wilhelm Jensen, *König Friedrich,* 724, 682
21 Thomas Mann an Stefan Zweig 5.5.1914
22 Wilhelm Raabe an Jensens 8.10.1909
23 Das Folgende nach Hurwitz, *Otto Gross,* 132–198
24 Jones, *Das Leben und Werk von Sigmund Freud,* Bd. II, 402
25 Von der langen Dauer dieser Beziehung weiß die Freud-Forschung nichts, da sie Wilhelm Jensen häufig mit dem dänischen Schriftsteller Vilhelm Jensen (1873–1950) verwechselt – so Jones im 2. Band seiner Biographie (S. 402) und so die Herausgeber des Briefwechsels Freud/Jung, die Jones' Irrtum nicht bemerken; siehe Sigmund Freud, C. G. Jung, *Briefwechsel,* hg. von William McGuire und Wolfgang Sauerländer, Frankfurt am Main 1974, 49, Anmerkung 5
26 Carl Gustav Jung, *Zur Psychologie und Pathologie sogenannter occulter Phänomene,* Leipzig 1902
27 C.G. Jung an Sigmund Freud 24.5.1907
28 C.G. Jung an Sigmund Freud 24.5.1907
29 C.G. Jung an Sigmund Freud 24.5.1907
30 Sigmund Freud an C. G. Jung 26.5.1907
31 *Klopfgeist:* C.G. Jung, *Erinnerungen, Träume, Gedanken,* Zürich, Suttgart 1963, 159, und Sigmund Freud an C.G. Jung 16.4.1909
32 C.G. Jung an Sigmund Freud 19.6.1908

33 C. G. Jung an Sigmund Freud 19. 6. 1908
34 In der Krankengeschichte von Otto Groß; siehe Hurwitz, *Otto Gross,* 148

DIE ARBEIT DES LEBENS

1 Zum Vorstehenden Thomas Mann an Otto Grautoff 30. 8. 1900
2 *Katastrophe mit Hauptmann:* Thomas Mann an Samuel Fischer 29. 10. 1903
3 Thomas Mann an Samuel Fischer 29. 10. 1903
4 Hierzu und zum Folgenden Thomas Mann an Ida Boy-Ed 28. 8. 1904
5 Zum Folgenden auch Nietzsche, *Zur Genealogie der Moral,* 3. Abhandlung, Abschnitt 23 und 24
6 Thomas Mann an Heinrich Mann 18. 2. 1905
7 Notizbuch 7, 145
8 An Katja Mitte September 1904
9 Thomas Mann an Philipp Witkop 14. 5. 1905 und an Heinrich Mann 5. 12. 1905, 17. 1. 1906
10 *Anfälle:* Thomas Mann an Ida Boy-Ed 27. 2. 1906
11 Thomas Mann an Korfiz Holm Ende März 1911 (unveröffentlicht, nach Bürgin/Meyer: *Thomas Mann. Eine Chronik seines Lebens,* Frankfurt am Main 1974), Thomas Mann an Heinrich 24. 3. 1911
12 Jensen im *Raabe-Kalender* auf 1912, zitiert nach Fehse, *Raabe und Jensen,* 182
13 *Jörgs Beinamputation:* Jensens an Raabe 15. 4. 1908

WAS BLEIBT

1 Zur *Mahler-Episode:* Jones, *Das Leben und Werk von Sigmund Freud,* Bd. II, 104 f.
2 Siehe hierzu: de Mendelssohn, *Der Zauberer,* 855 f., 870
3 Freud/Jensen, 55 f.
4 Nach Voß, *Aus einem phantastischen Leben,* 331 f.

[5] Thomas Mann an Kurt Martens 14.7.1904

[6] Groß ist mit seiner Theorie von der Ehe als permanenter Vergewaltigung und der »Beziehung« als Eheersatz auf matriarchalischer Grundlage einer der Väter der heutigen Frauenbewegung. Siehe Hurwitz, *Otto Gross*, 263–301

[7] Siehe Thomas Mann an Stefan Zweig am 5.5.1914 über die Reaktion des Prinzen auf einen Spendenaufruf für Wedekind

[8] Dr. Hans von Hattingbergs Tochter war eine Mitschülerin Erika Manns. Siehe Thomas Manns Tagebücher 1918–21, Anmerkung 4, zum 23.11.1919

[9] Wilhelm Jensen, *König Friedrich*, 3 Bde., Berlin 1908

[10] *Zentralblatt für Psychoanalyse*, Jg. 1, 1911, S. 241, Veranstaltungen der Ortsgruppe München – Sitzung am 14. Juni 1911: »Dr. Wittenberg: Analyse eines Falles von hysterischem Somnambulismus. Fall einer Konversions- und Angsthysterie, unter deren Symptomen ein Schreibkrampf im Vordergrund steht.«

[11] *Jensens 130. Buch:* Die Zahl ist eher untertrieben. Es gibt noch keine vollständige Bibliographie Jensens.

[12] Im Folgenden Inhaltszitate nach Wilhelm Jensen, *Fremdlinge unter den Menschen.*

[13] Wilhelm Jensen, *Fremdlinge unter den Menschen*, II, 113

[14] Jensen liest im Folgenden aus später ausgeschiedenen Manuskript-Blättern. Die endgültige Fassung von *Fremdlinge unter den Menschen* schildert die Liebesvereinigung der Geschwister in einem Fischerboot – bei Ausbruch eines Orkans.

[15] Thomas Mann an Heinrich Mann 24.3.1911 und an Korfiz Holm 20.3.1911 (unveröffentlicht, nach Bürgin-Mayer, *Thomas Mann. Eine Chronik seines Lebens*)

[16] Zum Folgenden siehe Albert Freiherr von Schrenck-Notzing, *Grundfragen der Parapsychologie*, hg. von Gerda Walther, Stuttgart 1962, und darin die Biographie Schrenck-Notzings von der Herausgeberin; die Berichte Thomas Manns über seine Besuche bei Schrenck *Okkulte Phänomene* und deren Vorläufer XIII, 33–48; Albert Freiherr von Schrenck-Notzing, *Die Suggestions-Therapie bei krankhaften Erscheinungen des Geschlechtssinns, mit besonderer Berücksichtigung der conträren Sexualempfindung*, Stuttgart 1892, Ders., *Materialisationsphänomene, ein Beitrag zur Erforschung der me-*

diumistischen Teleplastie, 2. Aufl., München 1923, und Ders., *Experimente der Fernbewegung,* Stuttgart 1924

17 Gerda Walther in Schrenck-Notzing, *Grundfragen der Parapsychologie,* 11

18 Moll faßt die Ergebnisse seiner vielen Artikel und Bücher instruktiv zusammen in: Albert Moll, *Psychologie und Charakterologie der Okkultisten,* Stuttgart 1929, hier S. 113

19 *Madeleine Guipet:* Siehe Schrenck-Notzing, *Grundfragen der Parapsychologie,* 17 und 351 f.

20 *Eva C.:* Moll, *Psychologie und Charakterologie der Okkultisten,* 20; Eva C. (Marthe Béraud) ist das Hauptmedium in Schrenck-Notzing, *Materialisationsphänomene* (1914)

21 Kandinskys Programmschrift für die Abstrakte Malerei scheint in der Tat auch auf dem Okkultismus zu beruhen. Hierzu Monika Fick, *Sinnenwelt und Weltseele,* Tübingen 1993, 4 f.

22 *Geldkomplex:* Hierzu der Sanatoriumsroman der Reventlow, *Der Geldkomplex,* München 1916 (»Meinen Gläubigern zugeeignet«)

23 Franziska zu Reventlow hatte am 16.5.1911 in Ascona den baltischen Baron Alexander von Rechenberg-Linten geheiratet, um zusammen mit ihm an die später zu erwartende bedeutende Erbschaft zu gelangen. Die berühmte Affäre lief dann für die Gräfin stilgerecht so aus, daß das tatsächlich eintreffende Geld bei einem Bankkrach vollständig verlorenging. Über die weiteren Einzelheiten – die Psychoanalyse bei Groß, den Geld-Komplex, die Eisenbahnobligationen usw. – siehe Reventlow, *Der Geldkomplex* und die Darstellung bei Székely, *Franziska Gräfin zu Reventlow,* 175–214

24 Zur Lehre vom Unbewußten als »transzendentalem Subjekt« siehe die Monographie von Schrenck-Notzings langjährigem Mentor in okkulten Studien, Carl du Prel, *Die Philosophie der Mystik,* Leipzig 1885, vor allem Kapitel III *Der Traum ein Dramatiker.* Du Prel argumentiert recht weitgehend im Sinne Schopenhauers und Eduard von Hartmanns.

25 *Genau studiert:* Hierzu Manfred Dierks, *Der Wahn und die Träume im »Tod in Venedig«. Thomas Manns folgenreiche Freud-Lektüre im Jahr 1911,* in: *Psyche,* 44. Jg. (1990), H. 3, 240–268

26 Freud/Jensen, 164–182

[27] Freud/Jensen, 105; zu Freuds Ambivalenz gegenüber dem Okkultismus siehe Jones, *Das Leben und Werk von Sigmund Freud,* Bd. I, Kapitel 14 *Okkultismus*

[28] *Geisterbilder:* Kandinskys *Dame in Moskau.* Hierzu Fick, *Sinnenwelt und Weltseele,* 3 f.

[29] *Ich geriet nie:* Siehe Jensen an Freud 25.5.1907, in: Freud/Jensen, 23 f.

[30] Gemeint ist die Auseinandersetzung zwischen den Automobilclubs und Theodor Lessings Anti-Lärm-Organ *Der Antirüpel. Antirowdy. Das Recht auf Stille.* Siehe Joachim Radkau, *Geschichte der Nervosität,* in: *Universitas,* H. 6, 1994, 537

[31] Hurwitz, *Otto Gross,* 216

Zitierte Literatur

THOMAS MANN

Gesammelte Werke in Dreizehn Bänden, Frankfurt a. M 1960, 1974
Briefe 1889–1936, hg. von Erika Mann, Frankfurt a. M. 1961
Briefe an Otto Grautoff 1894–1901 und Ida Boy-Ed 1903–1928, hg. von Peter de Mendelssohn, Frankfurt a. M. 1975
Thomas Mann/Heinrich Mann: Briefwechsel, hg. von Hans Wysling, Frankfurt a. M. 1984
Notizbücher 1–14, hg. von Hans Wysling und Yvonne Schmidlin, 2 Bde., Frankfurt a. M. 1991, 1992

WILHELM JENSEN

Späte Heimkehr, in: W. J., Lübecker Novellen, Schleswig (Hermann Heiberg) 1868
Dido. Tragödie, Berlin (Franz Duncker) 1870
Lieder aus Frankreich. Von einem deutschen Soldaten, Berlin (Gebr. Paetel) 1871
Die Namenlosen, Schwerin (Hildebrands) 1873
Nach Sonnenuntergang, Berlin (Gose & Tetzlaff) 1879
Die Pfeifer vom Dusenbach, Leipzig (Elischer), 6. Aufl. 1882
Die Heiligen von Amoltern, Leipzig (Elischer) 1884
Über die Vivisektion, ihre Gegner und Herrn Richard Wagner, Stuttgart (Levy und Müller) 1885
Der Herr Senator, Leipzig (Elischer) 1890
Im Vorherbst. Gedichte, Leipzig (Elischer) 1890

Der Schwarzwald, Leipzig (Amelang) 1891
Hunnenblut, in: W. J., Chiemgaunovellen, Leipzig (Elischer) 1892
Von Jenseits der Alpen, Dresden und Leipzig (Carl Reißner) 1895
Aus stiller Zeit, Weimar (Emil Felber), 2. Aufl. 1896
Der Hohenstaufer Ausgang, Dresden und Leipzig (Carl Reißner) 1896
Luv und Lee, Leipzig (Elischer), 2. Aufl. 1897
Vom Morgen zum Abend, Leipzig (Elischer), 2. Aufl. 1897
Das Bild im Wasser, Dresden und Leipzig (Carl Reißner) 1898
Iris und Genziane, Breslau (Schottländer) 1898
Eine Sommermondnacht, Dresden und Leipzig (Carl Reißner) 1898
Heimaterinnerungen (über Geibel, Storm, Groth), in: Velhagen & Klasings Monatshefte, Jg. 1899/1900, Bd. II
Gradiva. Ein pompejanisches Phantasiestück, Berlin (Carl Reißner) 1903
Mutterrecht. Im Thalgang des Kaiserstuhls, Berlin (Schwetschke) 1903
König Friedrich. Ein geschichtlicher Roman, 3 Bde., Berlin (Gebr. Paetel) 1908
Fremdlinge unter den Menschen, Dresden/Leipzig (Carl Reißner) 1911
Abschiedsbrief an Wilhelm Raabe, in: Raabe-Kalender für 1912, Berlin (Grote) 1912
Briefwechsel Raabe–Jensen, in: Wilhelm Raabe, Sämtliche Werke, Ergänzungsband 3, Göttingen 1970

ZU THOMAS MANN

Bürgin, Hans/Meyer, Hans-Otto: Thomas Mann. Eine Chronik seines Lebens, Frankfurt a. M. 1974
Dierks, Manfred: Mythos und Psychologie bei Thomas Mann, Bern, München 1972 (Thomas Mann-Studien 2)
Dierks, Manfred: Der Wahn und die Träume im »Tod in Venedig«. Thomas Manns folgenreiche Freud-Lektüre im Jahr 1911, in: Psyche, 44. Jg. 1990, H. 3

Dierks, Manfred: Traumzeit und Verdichtung. Der Einfluß der Psychoanalyse auf Thomas Manns Erzählweise, in: Thomas Mann und seine Quellen. Festschr. für Hans Wysling, Frankfurt a. M. 1991

Dierks, Manfred: Thomas Mann und Wilhelm Jensen. Nach Möglichkeit eine Begegnung, in: Zwischen ständischer Gesellschaft und »Volksgemeinschaft«, Vorträge eines Kolloquiums zu Ehren von Wolfgang Günther, hg. von Ernst Hinrichs u. a., Oldenburg 1993

Mendelssohn, Peter de: Der Zauberer. Das Leben des deutschen Schriftstellers Thomas Mann. Erster Teil 1875–1918, Frankfurt a. M. 1975

Scherrer, Paul/Wysling, Hans: Quellenkritische Studien zum Werke Thomas Manns, Bern, München 1967 (Thomas Mann-Studien 1)

ZU WILHELM JENSEN

Barchfeld, Waldemar: Wilhelm Jensen als Lyriker, Münster 1913

Erdmann, Gustav A.: Wilhelm Jensen. Sein Leben und Dichten, Leipzig (Elischer) o.J. [1907]

Fehse, Willy: Raabe und Jensen, Berlin 1940

Fraas, Otto: Wilhelm Jensen. Zu seinem Gedächtnis, München 1913

Freud, Sigmund: Der Wahn und die Träume in W. Jensens »Gradiva«. Mit der Erzählung von Wilhelm Jensen. Herausgegeben und eingeleitet von Bernd Urban, Frankfurt a. M. 1995 (Fischer Tb 10455)

Keller, Franz (Hg.): Wilhelm Jensen, »Im Talgang des Kaiserstuhls«, Freiburg i.Br. 1993, darin: F. K., Hundert Jahre Franz Keller-Weine

Landsberg, Hans: Wilhelm Jensen, in: Wilhelm Jensen, Westward-home, Leipzig (Hesse) 1908

Schorn, Karl: Wilhelm Jensen. Der Mensch, seine Weltanschauung und seine Kunst, Bonn 1923 (Diss. phil. Bonn, Mschr.)

WERKE ANDERER

Avenarius, Ferdinand (Hg.): Hausbuch deutscher Lyrik, München 1902

Denkler, Horst: Marie Jensen. Angaben zur Person einer schönen Unbekannten, in: H. D., Neues über Wilhelm Raabe, Tübingen 1988

Denkler, Horst: Neues über Wilhelm Raabe, Tübingen 1988

Fick, Monika: Sinnenwelt und Weltseele, Tübingen 1993

Frecot, Janos u. a. (Hg.): Fidus 1868–1948, München 1972

Freud, Sigmund/Jung, C. G.: Briefwechsel, hg. von William McGuire und Wolfgang Sauerländer, Frankfurt a. M. 1974

Freud, Sigmund: Aus den Anfängen der Psychoanalyse. Briefe an Wilhelm Fließ, Abhandlungen und Notizen aus den Jahren 1887–1902, Frankfurt a. M. 1975

Fuld, Werner: Wilhelm Raabe. Eine Biographie, München, Wien 1993

Hornstein, Robert von: Lesungen im Krokodil, in: Johannes Mahr (Hg.), Die Krokodile. Ein Münchner Dichterkreis, Stuttgart 1987

Huch, Roderich: Die Enormen von Schwabing. Erinnerungen aus der Zeit der Jahrhundertwende, in: Atlantis 30 (1958)

Hurwitz, Emanuel: Otto Gross. Paradies-Sucher zwischen Freud und Jung. Leben und Werk, dargestellt von E. H., Frankfurt a. M. 1979

Jones, Ernest: Das Leben und Werk von Sigmund Freud, Bern, Stuttgart 1962, Bde. 1–3

Jung, C. G.: Zur Psychologie und Pathologie sogenannter occulter Phänomene, Leipzig 1902

Jung, C. G.: Erinnerungen, Träume, Gedanken, Stuttgart 1963

Keller, Gottfried/Storm, Theodor: Der Briefwechsel zwischen Theodor Storm und Gottfried Keller, hg. von Albert Köster, Berlin 1904

Klages, Ludwig: Die Sprache als Quell der Seelenkunde, Stuttgart 1948

Lenin, W. J.: Ausgewählte Werke, Berlin 1961

Mahr, Johannes (Hg.): Die Krokodile. Ein Münchner Dichterkreis, Stuttgart 1987

Mann, Heinrich: Briefe an Ludwig Ewers, Berlin, Weimar 1980
Meckel, Christoph: Suchbild. Bericht über meinen Vater, Düsseldorf 1980
Moll, Albert: Probleme in der Homosexualität, in: Zeitschrift für Criminal-Anthropologie, Gefängnis-Wissenschaft und Prostitution, Jg. 1, S. 157–189
Moll, Albert: Psychologie und Charakterologie der Okkultisten, Stuttgart 1929
Nietzsche, Friedrich: Werke in drei Bänden, hg. von Karl Schlechta, München 1955
Oppermann, Hans: Wilhelm Raabe, Reinbek 1970 (rm 195)
Prel, Carl du: Die Philosophie der Mystik, Leipzig 1885
Radkau, Joachim: Geschichte der Nervosität, in: Universitas, 1994, H. 6
Raff, Helene: Blätter vom Lebensbaum, München 1938
Reventlow, Franziska Gräfin zu: Viragines oder Hetären, in: Zürcher Diskußionen, hg. von Oskar Panizza, 2. Jg. 1899, Folge 22, S. 1–8
Reventlow, Franziska Gräfin zu: Der Geldkomplex, München 1916
Reventlow, Franziska Gräfin zu: Gesammelte Werke in einem Band, hg. und eingeleitet von Else Reventlow, München 1925
Reventlow, Franziska Gräfin zu: Tagebücher 1895–1910, hg. von Else Reventlow, München, Wien 1971
Reventlow, Franziska Gräfin zu: Briefe 1890–1917, hg. von Else Reventlow, München, Wien 1975
Reventlow, Franziska Gräfin zu: Herrn Dames Aufzeichnungen oder Begebenheiten aus einem merkwürdigen Stadtteil, mit einem Nachwort von Walter Rösler, Berlin 1990
Schmid, Hermann von: Krokodile in München, in: Johannes Mahr (Hg.), Die Krokodile. Ein Münchner Dichterkreis, Stuttgart 1987
Schmitz, Walter (Hg.): Die Münchner Moderne, Stuttgart 1990
Schopenhauer: Sämtliche Werke, Wiesbaden 1946 ff.
Schrenck-Notzing, Albert Freiherr von: Die Suggestionstherapie bei krankhaften Erscheinungen des Geschlechtssinns, mit besonderer Berücksichtigung der conträren Sexualempfindung, Stuttgart 1892
Schrenck-Notzing, Albert Freiherr von: Materialisationsphänomene.

Ein Beitrag zur Erforschung der mediumistischen Teleplastie, 2., stark vermehrte Aufl., München 1923
Schrenck-Notzing, Albert Freiherr von: Experimente der Fernbewegung, Stuttgart 1924
Schrenck-Notzing, Albert Freiherr von: Grundfragen der Parapsychologie, hg. von Gerda Walther, Stuttgart u. a. 1962
Schröder, Hans-Eggert: Franziska Gräfin zu Reventlow. Schwabing um die Jahrhundertwende, in: Marbacher Magazin Nr. 8, 1978
Schröder, Hans-Eggert (Hg.): Katalog zur Centenarausstellung Ludwig Klages 1872–1956, Stuttgart 1972
Seckelmann, Klaus D.: Ein Tusculum für Dichter und Künstler. Aus der Geschichte des Sanatoriums Dr. med. Christoph von Hartungen, in: Deutsches Ärzteblatt, Nr. 5, 6, 1969, S. 306–309, 382–385
Sulloway, Frank J.: Freud – Biologe der Seele. Jenseits der psychoanalytischen Legende, Hohenheim 1982
Székely, Johannes: Franziska Gräfin zu Reventlow. Leben und Werk, Bonn 1979
Tonelli, Albino: Ai Confini della Mitteleuropa. Il Sanatorium von Hartungen di Riva del Garda, Riva del Garda 1995
Voß, Richard: Aus einem phantastischen Leben, Stuttgart 1920

Zeittafel

WILHELM JENSEN		THOMAS MANN
*Wilhelm Jensen in Heiligenhafen (Ostholstein)	1837	
Vater Schwen Hans Jensen, Bürgermeister von Kiel, Mutter Doris Bahr, Dienstmagd in Heiligenhafen		
Umzug nach Lübeck, Besuch des Katharineums	1855–1856	*1852–1868 Emanuel Geibel in München*
Studium der Medizin, dann der Philologie, Promotion über die Nibelungen	1856–1860	*1856–1882 Dichterkreis »Die Krokodile« in München (Geibel, Heyse, Bodenstedt u. a.)*
Freier Schriftsteller in München, Gast im Dichterkreis der »Krokodile«	1863–1865	
Heirat mit der Malerin Marie Brühl	1865	
Journalist in Stuttgart, Freundschaft mit Wilhelm Raabe	1865–1868	
»Karin von Schweden« (Roman) Festungshaft auf dem Hohenasperg	1867	
Journalist in Flensburg, freier Schriftsteller in Kiel	1869–1876	* 1871 Heinrich Mann *und Fanny Gräfin zu Reventlow*

* Tochter Katharina	1874	
		*1875 Thomas Mann
Übersiedlung nach Freiburg im Breisgau	1876	*1877 *Otto Groß*
Rückkehr nach München	1888	*1887–1902 Freundschaft Sigmund Freuds mit Wilhelm Fließ*
		1891 Gretchen Raabe in München
Katharina Jensen heiratet als Freifrau von Saalfeld den Prinzen Ernst von Sachsen-Meiningen	1892	*1893 Fanny zu Reventlow in München*
Jensens bauen ein Landhaus in Prien	1894	Thomas Mann in München Erster Besuch bei Jensen (6. 9.)
	1896–1898	Italienaufenthalt Oktober 1897 »Buddenbrooks« begonnen
	1901	»Buddenbrooks« (Roman) Freundschaft mit Paul Ehrenberg
»Gradiva. Ein pompejanisches Phantasiestück« (Novelle)	1903	
	1905	Heirat mit Katja Pringsheim
Sigmund Freud: »Der Wahn und die Träume in W. Jensens ›Gradiva‹«	1907	
	1908	Manns bauen ein Landhaus in Tölz
	1909	»Königliche Hoheit« (Roman)
Wilhelm Raabe gestorben	1910	
Münchener Ortsgruppe für Psychoanalyse gegründet Jensen erkrankt und stirbt am 25. 11.	1911	Reise nach Venedig
»Fremdlinge unter den Menschen« (Roman)	1912	»Der Tod in Venedig« (Novelle)

Dank

Meinen herzlichen Dank für ihre Hilfe sage ich folgenden Institutionen:

- dem Thomas Mann-Archiv der Eidgenössischen Technischen Hochschule in Zürich
- der Handschriftenabteilung der Schleswig-Holsteinischen Landesbibliothek in Kiel (Heyck-Jensen-Archiv)
- dem Staatlichen Museum Meiningen
- dem Staatsarchiv Meiningen

Bildnachweis

1 Thomas Mann-Archiv, Zürich

2 Gustav A. Erdmann, »Wilhelm Jensen. Sein Leben und Dichten«, Leipzig (Elischer) 1907

3 Aus dem Skizzenbuch von Marie Jensen (Heyck-Jensen-Archiv der Schleswig-Holsteinischen Landesbibliothek Kiel)

4 Schiller-Nationalmuseum, Deutsches Schillerarchiv Marbach

5 Schleswig-Holsteinische Landesbibliothek Kiel, Handschriftenabteilung

6 Janos Frecot u. a., »Fidus 1868–1948«, München (Rogner & Bernhard) 1972, S. 76

7 Hans Wysling/Yvonne Schmidlin (Hg.), »Thomas Mann. Ein Leben in Bildern«, Zürich (Artemis) 1994, S. 181

8 »Sigmund Freud. Sein Leben in Bildern und Texten«, hg. von Ernst Freud u. a., Frankfurt am Main 1985, S. 156

9 Thomas Mann-Archiv, Zürich

10 Edmund Engelmann: »Berggasse 19. Das Wiener Domizil Sigmund Freuds«, Zürich (Belser) 1977, Abbildung 12

11 Staatliches Museum Meiningen

12 Thomas Mann-Archiv, Zürich

13 Thomas Mann-Archiv, Zürich

14 Albert Freiherr von Schrenck-Notzing, »Materialisations-Phänomene. Ein Beitrag zur Erforschung der mediumistischen Teleplastie.« 2. Auflage, München (Reinhardt) 1923 (1. Auflage 1913), Tafel 88

15 Thomas Mann-Archiv, Zürich

Namenregister